AF202697

Simon Beckett ist einer der erfolgreichsten englischen Thrillerautoren. Seine Serie um den forensischen Anthropologen David Hunter wird rund um den Globus gelesen und wurde für Paramount+ als sechsteilige Serie verfilmt: «Die Chemie des Todes», «Kalte Asche», «Leichenblässe», «Verwesung», «Totenfang» und «Die ewigen Toten» waren allesamt Bestseller, ebenso sein atmosphärischer Psychothriller «Der Hof». «Die Verlorenen», der Auftakt einer neuen Thrillerserie um den ehemaligen Polizisten Jonah Colley, stand mehrere Wochen auf Platz 1 der SPIEGEL-Bestsellerliste. «Tiere» ist Simon Becketts zweiter Roman und wurde mit dem «Marlowe»-Preis der Raymond-Chandler-Gesellschaft ausgezeichnet. Simon Beckett ist verheiratet und lebt in Sheffield.

Andree Hesse wurde 1966 in Braunschweig geboren und wuchs bei Celle auf. Bevor er sich an der Filmhochschule in München einschrieb, erlernte er das Sattlerhandwerk. Sein erster Roman erschien 2001. Andree Hesse lebt als freier Autor und Übersetzer in Berlin.

«Simon Becketts Thriller machen süchtig.»
Bild am Sonntag

«Nur gut, dass einer die Sprache der Toten spricht.»
Berliner Morgenpost

«Beckett lesen definiert das Gruseln neu.»
Focus Spezial

Simon Beckett

TIERE

Thriller

Aus dem Englischen
von Andree Hesse

Rowohlt Taschenbuch Verlag

Die englische Originalausgabe erschien 1995 unter dem Titel
«Animals» bei Allison & Busby, London.

2. Auflage Juli 2025
Neuausgabe
Veröffentlicht im Rowohlt Taschenbuch Verlag,
Rowohlt Verlag GmbH, Kirchenallee 19, 20099 Hamburg, November 2024
Copyright © 2011 by Rowohlt Verlag GmbH, Reinbek bei Hamburg
«Animals» Copyright © 1995 by Hunter Publications, Ltd.
Redaktion Jan Valk
Die Nutzung unserer Werke für Text- und Data-Mining im Sinne
von § 44b UrhG behalten wir uns explizit vor.
Covergestaltung Hafen Werbeagentur, Hamburg
Satz aus der Aldus bei Pinkuin Satz und Datentechnik, Berlin
Druck und Bindung CPI books GmbH, Leck
ISBN 978-3-499-01632-5

Kontaktadresse nach EU-Produktsicherheitsverordnung:
produktsicherheit@rowohlt.de

Dank an Barbara und Bill vom *The Washington*

Vorwort

Tiere ist mein zweiter Roman und bis heute wohl mein bösester. Hinsichtlich des Stils, der Geschichte und der Erzählperspektive war und ist er sicherlich ein Sonderfall. Mehr noch als beim Vorgänger *Voyeur* wollte ich einen Erzähler erschaffen, der grausame Taten begeht, für den der Leser aber dennoch Sympathien hegt. Ein Monster mit menschlichem Antlitz, wenn man so will. Außerdem steckt in dem Roman viel schwarzer Humor, denn der Leser soll lachen, selbst wenn ihn die Geschichte erschreckt.

Keine Figur hat mir beim Schreiben so wenig Mühe gemacht wie Nigel, was bei näherer Betrachtung etwas bedenklich ist. Ein Comic-Fan und fernsehsüchtiger Einzelgänger, dem nicht einmal bewusst ist, dass das, was er tut, falsch ist, ja der gar nicht versteht, warum er es tut. Und der, trotz der Vorgänge in seinem Keller, Angst hat, nachts auf die Straße zu gehen, weil ihm ein «Irrer» auflauern könnte.

Da *Tiere* nach *Voyeur* erschien, einem feinsinnigen Thriller aus der Sicht eines kultivierten und hochgebildeten Kunsthändlers, wussten viele Leute nicht so recht, wie sie auf Nigel oder auf das Buch reagieren sollten. Deshalb war es umso schöner, als das Buch in Deutschland einen Preis gewann, nämlich den «Marlowe» der Raymond-Chandler-

Gesellschaft für den besten internationalen Kriminalroman. Es ist der einzige Preis, den ich jemals gewonnen habe, und ich bin noch heute stolz darauf. *Tiere* ist wie seine Hauptfigur Nigel ohne Zweifel etwas … anders. Doch mir sind beide ans Herz gewachsen.

Simon Beckett, Oktober 2010

Kapitel 1

Ich hasse es, wenn Karen mit mir flirtet. Sie meint es auch gar nicht ernst. Ich habe extra früher Feierabend gemacht, um ihr aus dem Weg zu gehen, doch dann habe ich den Bus verpasst und stand noch an der Haltestelle, als sie mit Cheryl vorbeikam.

«Hey, Süßer», sagte Karen und zwinkerte mir zu. Cheryl lächelte nur und sagte: «Schönen Abend, Nigel.» Ich wollte sie zurückgrüßen, bekam die Worte aber nicht richtig raus. Ich fühle mich immer komisch, wenn Cheryl mit mir spricht.

Ich grübelte noch darüber nach, als der Bus kam. Ich stieg ein und ging nach oben. Wenn man unten sitzt und es voll wird, steht immer irgendeine fette alte Frau vor einem, und dann kriegt man ein schlechtes Gewissen, wenn man nicht aufsteht. Aber ich sitze sowieso lieber oben. Da hat man einen besseren Ausblick. Sobald man aus dem Stadtzentrum raus ist, kann man meilenweit gucken, jetzt, wo die meisten Fabriken und Geschäfte verschwunden sind. Obwohl nicht mehr viel übrig geblieben ist, was man angucken kann.

Ich muss an der zweiten Haltestelle hinter der Kanalbrücke aussteigen. Ich nehme mir immer vor, eines Tages im Bus zu bleiben, um zu sehen, wohin er fährt, aber ich mache es nie. Wahrscheinlich würde es eh ein Vermögen kosten. Als wir an der Stelle vorbeikamen, wo mal das Schwimmbad gewesen ist, drückte ich auf den Halteknopf und stieg aus. Das Schwimmbad wurde vor ungefähr einem Jahr abgerissen, aber das war mir ziemlich egal. Es ist schon seit Ewigkeiten geschlossen, und ich kann sowieso nicht schwimmen. Und jetzt, wo es weg ist, kann man eine Abkürzung über das Gelände nehmen und muss nicht den ganzen Weg drum herumgehen.

Wenn es abends schon dunkel ist, gehe ich dort nicht mehr lang, denn die Straßenlaternen in der Nähe sind kaputt, und es wird ein bisschen unheimlich. Aber im Sommer, wenn das ganze Unkraut und so wächst, ist es schön. Fast so schön wie ein Park.

Da es warm und sonnig war, ging ich quer über das Gelände. Zum Pub sind es von dort nur zehn Minuten zu Fuß. Er liegt an einer Ecke, und jetzt, wo praktisch alle anderen Häuser abgerissen sind, kann man ihn nicht verfehlen. Schon aus einiger Entfernung konnte ich das Schild quietschen hören. Das macht es immer, sobald eine leichte Brise aufkommt. Irgendwann werde ich es mal ölen müssen.

Ich ging durch das Tor in den Biergarten, der hinter dem Pub liegt, und schloss die Tür zur Küche auf. Ich gehe immer hier rein und nicht durch die Vordertür, weil man dann eher das Gefühl hat, als würde man in ein normales Haus gehen. Und nicht in einen leeren Pub. Ich war kurz davor zu verhungern, ging aber erst mal nach oben, um mich umzuziehen. Ich erledige immer erst die nötigen Arbeiten, bevor ich mir was zu essen mache. Auf diese Weise kann ich danach alles in Ruhe angehen.

Nachdem ich mir ein T-Shirt und eine Jeans angezogen

und mein Hemd und die gute Hose aufgehängt hatte, damit die Falten rausgehen, ging ich runter in die Schankstube und dann in den Keller. Man würde annehmen, dass ein Keller total dunkel und dreckig ist, aber das ist er nicht. Die Wände sind mit so einem Isolierzeug weiß getüncht, und es gibt eine richtig helle Glühbirne, damit man sehen kann, was man macht. Dort unten stehen noch immer ein paar Fässer rum, aus denen Schläuche kommen, die durch die Decke zur Theke führen, aber die sind alle leer. Wahrscheinlich ist das Bier mittlerweile verdunstet.

Ich ging zum Spülbecken an der hinteren Wand und nahm die Hundetröge, die darunter stehen. Ich benutze diese Doppelschüsseln, bei denen man auf der einen Seite Futter und auf der anderen Wasser reintun kann. Das ganze Hundefutter lagere ich auch dort. Früher habe ich Dosen gekauft, aber jetzt hole ich das Zeug in den großen Plastikwürsten. Die sind billiger und nehmen später im Mülleimer nicht so viel Platz weg. Ich quetschte ungefähr eine halbe Wurst in jede der vier Schüsseln und stellte sie dann auf das Tablett. Seit ich die Schüsseln mal fallen gelassen habe, nehme ich immer das Tablett. Das war nämlich eine echte Schweinerei.

Gleich neben der Spüle ist eine Tür. Ich schloss sie auf und ging mit dem Tablett in den Gang. Er wirkt ein bisschen schmuddeliger als der Pubkeller, weil die Wände nicht getüncht sind. Aber mein Papa hat eine Lampe angebracht, sodass es jetzt wenigstens hell genug ist. In der Mitte liegt das Ende eines Schlauches mit einer Spritzdüse. Er ist mit der Spüle verbunden, und ich habe ihn so weit wie möglich unter der Tür hindurch in den Gang gezogen, damit ich für das Wasser nicht den ganzen Weg in den Hauptkeller zurückgehen muss.

Ich füllte die leeren Hälften jeder Schüssel und ging weiter zur Tür am anderen Ende. Die schweren Riegel klemmen, und ich habe mir schon ein paar Mal die Knöcheln an ihnen aufgescheuert. Doch an diesem Abend bekam ich sie ohne Probleme auf, öffnete dann die Tür und machte das Licht an.

Zur Fütterung werden sie oft unruhig, an diesem Abend erschienen sie jedoch recht friedlich. Trotzdem schob ich die Schüsseln lieber mit einem Besenstiel unter den Gittern der einzelnen Abteile hindurch. Nur für den Fall. Das Neue bekam sein Futter zum Schluss. Die anderen drei begannen sofort zu fressen, das Neue aber nicht. Es betrachtete nur das Futter und kippte dann die Schüssel um.

«Du kannst uns nicht ständig diesen Fraß vorsetzen!», schrie es, als ich hinausging.

Ich wusste, dass ich mit dem Rothaarigen Probleme bekommen würde.

Kapitel 2

Ich hatte es erst seit ein paar Tagen und bereute es schon. Eigentlich wollte ich es auch gar nicht. Es war selbst schuld gewesen. Ich hatte es auf der Straße stehen sehen, als ich zum Fish-and-Chips-Laden gegangen bin. Ich dachte, es würde auf seinen Freund warten oder so. Es sah nicht so aufgetakelt und verbraucht aus wie die meisten von dieser Sorte. Als ich aus dem Laden kam, stand es immer noch dort, und als ich vorbeiging, sagte es: «Hast du mal die Uhrzeit für mich, Schätzchen?» Ich dachte, sein Freund hat sich verspätet, deswegen sagte ich ihm, wie spät es ist, und wollte schon weitergehen. Aber da fragte es plötzlich: «Wohnst du weit weg von hier?»

Ich dachte immer noch nicht, dass es eine Hure ist. Es hatte zwar einen schwarzen Minirock an und trug hochhackige Schuhe und so, aber es sah trotzdem nicht wie eine aus. Es hatte dunkelrotes Haar, so ein echtes Rot und kein Rotblond, und unglaublich strahlende blaue Augen. Es sah nett aus. Einen Augenblick dachte ich, es wäre einfach nur freundlich. Wollte ein wenig plaudern. Dann sagte es: «Lust auf Gesellschaft?»

Ich war ein bisschen enttäuscht, um ehrlich zu sein. Trotzdem hätte ich es fast dabei belassen. Ich hatte ziemlichen

Hunger und wollte meine Fish and Chips nicht kalt werden lassen. Doch während ich noch überlegte, was ich tun soll, meinte es: «Mit mir kann man viel Spaß haben. Es wird dir gefallen», und lächelte. Ein völlig falsches Lächeln. Das war es dann. «In Ordnung», sagte ich.

Es forderte einen Aufpreis, um mit zu mir nach Hause zu kommen, anstatt zu ihm zu gehen. Aber wir klärten das und gingen los. «Ich bin Marcie», sagte es. «Wie heißt du?» Ich sagte meinen Namen, hielt mich aber ansonsten zurück, weil ich überlegte, was ich tun soll, wenn wir bei mir sind. Ich hatte nicht damit gerechnet, etwas mit nach Hause zu nehmen. Ich war nicht darauf vorbereitet.

Als es den Pub sah, war es total überrascht. «Hier wohnst du?», fragte es. «Ganz allein?» Es blieb vor der Tür stehen, als würde es sich fragen, ob es reingehen soll oder nicht, aber dann folgte es mir doch. Ich hatte seit ein paar Tagen nicht abgewaschen, und als es den Geschirrhaufen in der Spüle sah, meinte es: «Ja, jetzt sehe ich, dass du alleine wohnst.»

Ich wollte es nicht nach oben ins Wohnzimmer bringen. Dann hätte ich es nämlich wieder die Treppe runtertragen müssen. Außerdem hatte es dort oben einfach nichts verloren. Deshalb hielt ich die Tür zur Schankstube auf, damit es dort reinging. Es rührte sich aber nicht. Guckte mich einfach nur an und sagte: «Ich will das Geld im Voraus.» Ich musste mein Essen ablegen und mein Portemonnaie hervorholen. Von meinem Lohn war nicht mehr viel übrig, aber das war egal. Ich würde das Geld ja später zurückbekommen. Als es das Geld nahm, sagte es nicht einmal danke. Ich ging in die Schankstube.

«Hier rein?», fragte es. Ich sagte ja, und es zuckte mit den Schultern. «Wie du willst.» In der Mitte des Raumes blieb es stehen und schaute mich an. Ich legte mein Essen auf einen Tisch, ging hinter die Theke und nahm eine Flasche Whisky. «Willst du was trinken?», fragte ich.

«Ich mag keinen Whisky, danke», sagte es. Das brachte mich durcheinander. Etwas anderes hatte ich nämlich nicht. Bisher hatte noch keines von ihnen abgelehnt. «Eine Tasse Tee?», fragte ich. Es lächelte und sagte: «Nein danke.»

«Ich trinke einen Tee», erklärte ich, und es sagte: «Oh, bitte, lass uns einfach zur Sache kommen, Süßer, ok?» Es klang eher gelangweilt als böse.

Ich wurde ein bisschen nervös. Es musste unbedingt etwas trinken. «Und mein Essen?», fragte ich. Es guckte mich an und sagte: «Du willst vorher essen? Du bist ein echtes Raubtier, was?» Ich wurde rot, aber es lachte nur, schaute auf seine Uhr und meinte: «Na schön, meinetwegen, dann nehme ich eine Tasse Tee.»

Ich sagte, dass ich in einer Minute zurück wäre, und ging wieder hinter die Theke und in die Küche. Ich schloss die Thekenklappe hinter mir, damit ich hören konnte, falls das Rothaarige mir folgen sollte. Dann setzte ich Wasser auf und lief so leise wie möglich nach oben ins Badezimmer. Ich nahm eine Flasche mit den Tabletten meiner Mama aus dem Schrank und ging wieder nach unten. Von den richtig starken waren keine mehr übrig, weil ich die schon aufgebraucht und den Rest in den Whisky getan hatte. Aber ich hatte noch genug von den Tabletten, die sie davor genommen hat, und von denen musste ich einfach nur mehr reintun.

Da das Wasser noch nicht kochte, als ich runterkam, blieb mir genug Zeit, um die Tabletten mit dem Nudelholz meiner Mama zu zermahlen. Das Puder tat ich mit einem Teebeutel in eine Tasse und rührte um. Sie lösen sich immer ziemlich schlecht auf. Selbst den Whisky muss ich vorher immer erst schütteln, damit sich das weiße Zeug vom Boden löst. Zur Sicherheit gab ich ein paar Zuckerwürfel und Milch in den Tee und rührte noch einmal um.

Als ich in die Schankstube zurückkam, saß es vor meinem Essen am Tisch und aß von den Pommes. Als es mich sah, lächelte es. «Hast mich ertappt, was?», sagte es. Ich wusste nicht, was es meinte, und fragte: «Wobei?» – «Wie ich dir deine Pommes wegesse», sagte es. «Tut mir leid, aber wenn man sie riecht, kann man nicht widerstehen, oder? Obwohl sie meiner Figur nicht guttun.»

Es sah nicht so aus, als müsste es auf seine Figur achten. Als ich ihm die Teetasse gab, sagte es danke und trank einen Schluck. Sofort verzog es das Gesicht. «Mein Gott, wie viel Zucker hast du denn da reingetan?», fragte es.

«Nur einen Würfel», sagte ich.

«Aber einen großen», sagte es.

«Ist er zu süß?»

«Nein, schon in Ordnung. Früher habe ich immer zwei genommen, aber das habe ich runtergeschraubt.» Es nahm noch einen Schluck und sagte: «Keine Ahnung, was für einen Tee du hast, aber ich kaufe immer eine andere Sorte.» Ich schob die Pommes und den Fisch rüber.

«Willst du noch Pommes?», fragte ich. «Du mästest mich», sagte es und bediente sich. Aber nur von den Pommes, nicht vom Fisch.

Mitten im Kauen begann es zu gähnen. Ich aß weiter und versuchte, mir nichts anmerken zu lassen. Es trank noch einen Schluck Tee, aber als es dann die Tasse absetzte, verfehlte es fast den Tisch.

«Ich fühl mich komisch», sagte es. Es sprach ziemlich undeutlich und sah aus, als könnte es die Augen kaum offen halten. Ich hob seine Tasse hoch und sagte: «Trink noch einen Schluck.» Es versuchte, den Kopf zu schütteln, aber ich hielt ihm den Becher genau vor den Mund, und es nahm noch ein paar Schlucke, bevor es den Kopf wegdrehte. Der Tee tropfte ihm vom Kinn. Es hatte einen komischen Blick aufgesetzt und sagte etwas, aber ich konnte es nicht verstehen. Dann versuchte es aufzustehen, setzte sich aber sofort wieder hin. Ich ging hinüber und half ihm auf. Es lehnte sich an mich, und als ich es zur Kellertür führte, sackte ihm der Kopf weg. Der Gang die Treppe hinab war etwas heikel, weil es total schlaff war. Aber das waren sie immer, und ich bin schon mit Schwereren fertiggeworden.

Als wir unten waren, öffnete es die Augen und wollte etwas sagen. Ich lehnte es gegen die Wand, während ich die Tür am anderen Ende entriegelte, doch dann sagte es nein und versuchte wegzugehen. Es sah ziemlich komisch aus, denn seine Beine waren total wacklig. Ich musste loslaufen, damit ich es auffangen konnte, bevor es vornüberkippte. Wenn sie erst mal am Boden liegen, kriegt man sie kaum noch hoch.

Als ich es zum letzten Abteil führte, sagten die anderen, das alte Weib, das Dicke und das Schwarze, kein Wort. Sie schauten einfach zu. Das alte Weib brummelte nur wie immer vor sich hin, und dann sagte das Schwarze: «Nein, Mann», und begann zu stöhnen und den Kopf zu schütteln. Das macht es häufig.

«Du kannst sie hier bei mir reinstecken, wenn du willst», sagte das Dicke. Wenn ich das Rothaarige nicht hätte halten müssen, hätte ich ihm einen Eimer Wasser über den Kopf gekippt. Aber da ich das im Moment nicht tun konnte, sagte ich nur, es solle den Mund halten, und ging weiter zum nächsten Abteil. Das hatte eine richtige Matratze und war schon seit ein paar Wochen leer. Das Rothaarige schaute sich um und gab ein paar unverständliche Laute von sich, als ich das Metallgitter aufmachte und es gegen die Wand schlug. Das Rothaarige versuchte, sich von mir loszureißen, aber ich gab ihm einen kleinen Stoß, da stürzte es ins Abteil und fiel auf die Matratze. Es sackte einfach in sich zusammen, sodass ich mich nicht einmal beeilen musste, um das Gitter zu schließen. Ich vergewisserte mich, dass alle Riegel anständig verschlossen waren, und holte dann einen Eimer mit Wasser. Ich habe unten immer zwei oder drei volle Eimer stehen, nur für den Fall. Ich drehte mich zum Abteil des Dicken um und tat so, als würde ich mit dem Eimer ausholen. Da duckte es sich weg und rief: «Nein, nicht! Es tut mir leid!» Es verharrte so, wartend, dann stellte ich den Eimer ab, ohne das Wasser über ihm auszukippen.

Manchmal ist es besser, wenn man sie einfach im Glauben lässt, man würde etwas tun. Auf diese Weise wissen sie nie, wann man es ernst meint.

Wir sind in den Pub gezogen, nachdem mein Papa im Stahlwerk entlassen wurde. Er war Elektriker in der Schmelzerei. Dort stehen die großen Öfen und Maschinen. Einmal hat er mich mitgenommen. An viel kann ich mich nicht erinnern, außer dass es heiß und dunkel und unglaublich laut war. Es gefiel mir nicht. Ich hatte Angst, dass ich mich verlaufen könnte oder dass mich die ganzen Funken verbrennen, die dort rumfliegen.

Dann haben sie ihn entlassen und ihm jede Menge Geld

gegeben, mit dem meine Mama und er den Pub kaufen konnten. Der war nicht an eine Brauerei gebunden und hieß früher *The Saddle*, mein Papa taufte ihn aber in *The Brown Bear* um. So hieß sein Lieblingspub, als er jünger war. Er hatte extra ein neues Schild anfertigen lassen, doch als es geliefert wurde, war der Bär eher weiß als braun. Meine Mama bekam einen Anfall, weil wir es schon bezahlt hatten. Mein Papa versuchte, den Schildmaler dazu zu kriegen, ein neues zu machen, aber er weigerte sich. Deshalb hatten wir schließlich einen Eisbären draußen hängen. Mein Papa machte immer einen Witz draus und erzählte jedem, der fragte, dass es ein Braunbär ist, dem es nicht besonders gutgeht. Aber meine Mama fand das nie lustig. Ich fand immer, dass der Bär, unabhängig davon, welche Farbe er eigentlich haben sollte, ein bisschen bösartig aussieht.

Die erste Zeit nach unserem Einzug war furchtbar aufregend. Ich lag nachts im Bett und lauschte den Leuten, die unten lachten und redeten. Es war, als würden meine Mama und mein Papa jeden Abend eine Party feiern. Manchmal schlich ich mich runter und spähte durch die Tür in die Küche. Von dort konnte man ein bisschen vom Gesellschaftsraum und von der Schankstube sehen. Der Gesellschaftsraum war fast immer leer, die Schankstube aber jedes Mal zum Bersten voll, sowohl nachmittags als auch abends, denn ständig kamen neue Schichtarbeiter aus den Fabriken. Alle Männer trugen Overalls und Arbeitsklamotten. Unter dem Zigarettenqualm und Bierdunst lag immer ein öliger Maschinengeruch. Ich lauschte gerne ihren Stimmen und dem Klirren der Gläser. Das gab mir ein warmes, behagliches Gefühl.

Aber das ist jetzt alles vorbei.

Kapitel 3

Am nächsten Tag luden mich Cheryl und Karen ein. Ich hatte sie den ganzen Morgen nicht gesehen. So ist es manchmal. Wenn man nichts in ihrer Abteilung zu tun hat, kann man ihnen tagelang nicht über den Weg laufen. Ich arbeite in diesem großen Bürogebäude vom Arbeitsamt. Da geht es überall um Arbeitsvermittlung und so weiter, und es ist echt riesig. Es hat zwölf Stockwerke, und man kann sich leicht darin verlaufen. Ich kenne mich aber ziemlich gut dort aus.

Meine Mama war unglaublich froh, als ich den Job bekam, denn so konnte sie den Leuten sagen, dass ich für die Regierung arbeite. Dabei musste ich mich nicht einmal bewerben. Das Arbeitsamt hatte mich gefragt, ob ich an ein paar Förderprogrammen teilnehmen wollte, und ich sagte, in Ordnung, und füllte ein paar Formulare aus. Als Nächstes sagten sie mir, ich würde hier anfangen. Das Gehalt ist nicht gerade gut, eigentlich kaum höher, als wenn ich Arbeitslosengeld bekommen würde. Aber meine Mama meinte, darum geht es nicht. «Es ist besser für dich, wenn du eine anständige Arbeit hast», sagte sie immer. «Ich will nicht, dass mein Sohn zum Schnorrer wird.»

Ich erledige alle möglichen Arbeiten. Fotokopieren, das

mache ich oft. Und Faxe einsammeln. Solche Sachen eben. Zuerst wurde ich in die dritte Etage gesteckt und hatte ein bisschen Angst, dass ich was falsch machen könnte. Abgesehen von mir schien jeder genau zu wissen, was er zu tun hat. In der ersten Woche verursachte ich beim Fotokopieren ein totales Chaos. Ich habe keine Ahnung, wie es passiert ist, aber am Ende waren alle Seiten in der falschen Reihenfolge und die Kopien mit den Originalen vermengt. Als ich merkte, was ich angerichtet hatte, versuchte ich den ganzen Haufen zu ordnen, machte aber alles nur noch schlimmer. Ich war den Tränen nahe, als Mrs. Lepping kam. Ich dachte, ich werde gefeuert, und wusste nicht, wie ich es meiner Mama sagen soll.

Aber Mrs. Lepping machte keinen Aufstand. Sie sagte nur: «Oh, meine Güte, da haben wir wohl alles durcheinandergebracht, was, Nigel?» Ich sagte ja, und sie meinte, ich solle nicht den Kopf hängen lassen. Dann holte sie jemanden, der mir beim Sortieren half. Ich mochte Mrs. Lepping wirklich gern und war traurig, als sie ging, weil sie ein Baby bekam. Mr. Standing, der ihre Stelle übernahm, war auch in Ordnung. Aber nicht so nett wie sie.

Bevor bei der Arbeit alles umgekrempelt wurde, hatte ich nie mit Cheryl und Karen gesprochen. Nicht nur auf unserer Etage wurde alles anders, sondern im ganzen Amt. Ich landete in der fünften, um für Mr. Dewer zu arbeiten. Obwohl ich dort die gleiche Arbeit mache, wäre meine Mama stolz gewesen, denn in den Etagen aufzusteigen ist praktisch eine Beförderung. Doch am Anfang gefiel es mir nicht. Die Fax- und Kopiergeräte waren anders, außerdem kannte ich keinen. Es war wieder wie damals, als ich eingeschult wurde. Und Mr. Dewer mochte ich auch nicht. Er sieht aus, als hätte er anstelle von Augen Glaskugeln, und will mir ständig was anhängen. Wenn er einem eine Arbeit aufträgt, ist seine Stimme ganz ruhig, aber es klingt immer so, als solle man bloß nicht wagen, etwas falsch zu machen. Als ich einmal stolperte und ein Tablett mit Kaffee auf das Faxgerät fallen ließ, ist er ausgeflippt, obwohl es nicht meine Schuld war. Schließlich hat niemand seine Handtasche auf den Gang zu legen.

Das einzig Gute war, dass ich jetzt im gleichen Stockwerk war wie Cheryl und Karen. Ich hatte sie schon ein paarmal gesehen, in der Kantine oder im Fahrstuhl, aber noch nie mit ihnen gesprochen. Sie hängen immer zusammen rum, und ich finde beide echt hübsch. Karen ist groß und schlank und hat dunkles Haar, Cheryl hat blondes Haar und ist kleiner und ein bisschen mollig. Nicht fett oder so, nur schön.

Ich weiß noch genau, was die ersten Worte waren, die Cheryl zu mir sagte. Ich hatte gerade ein neues Blatt auf den Kopierer gelegt, als sie kam und sagte: «Bist du bald fertig?» Ich nickte, und sie lächelte und sagte: «Danke. Wir wollen ja Seine Hoheit nicht warten lassen.» Zuerst wusste ich nicht, was sie meinte, dann wurde mir aber klar, dass sie über Mr. Dewer gesprochen hatte. Sie hatte sich mit mir über ihn lustig gemacht, und das hat mir sehr gefallen. Ich meine, sie hätte ja nicht freundlich sein müssen, oder?

Danach hat sie immer hallo gesagt und gelächelt, wenn ich an ihrem Schreibtisch vorbeikam. Manchmal gehe ich auch dort vorbei, wenn ich es eigentlich gar nicht muss, obwohl ich dann rot werde. Karen sitzt neben ihr, und ich weiß nicht genau, ob ich Karen mag oder nicht. Ihr Gesicht ist nicht so nett wie Cheryls, nicht so freundlich. Man weiß bei ihr nie, ob sie sich lustig über einen macht. Bis Cheryl mich zu grüßen begann, ignorierte sie mich, aber seitdem grinst sie, wenn ich vorbeigehe. Sie lächelt nicht wie Cheryl, sondern grinst, als würde sie etwas Unanständiges wissen. Dadurch werde ich noch röter. Sie sagt so Sachen wie: «Na, gestern Abend einen draufgemacht, Nigel?», oder: «Dieses Wochenende ab nach Monte Carlo?», und so weiter.

Und auch sonst verhält sie sich komisch. Einmal legte ich gerade ein paar Papiere in einen Aktenschrank, als Karen vorbeiwollte. Sie schlug mir auf den Hintern und sagte: «Na los, beweg deinen Arsch.» Dann, ehe ich mich rühren konnte, begann sie sich vorbeizuzwängen. Allerdings beeilte sie sich nicht, und als ich mich an die Wand drückte, damit sie mehr Platz hatte, blieb sie stehen und sagte: «Was ist los, Nigel? Ich störe dich doch nicht, oder?» Ich schüttelte den Kopf, und sie fragte: «Und warum wirst du dann rot?» Sie wusste genau, warum. Sie stand so nah vor mir, dass mich ihr Busen praktisch berührte. Außerdem hielt ich meinen Atem an, weil ich Cheese-and-Onion-Chips gegessen hatte und sie nicht anhauchen wollte. Ich sagte, ich wüsste nicht, warum, und sie grinste wieder und sagte: «Ja, du weißt es wahrscheinlich wirklich nicht.» Dann ging sie vorbei, und als sie um die Ecke war, hörte ich sie lachen. Außerdem konnte ich danach noch eine Ewigkeit ihr Parfüm an mir riechen. Danach hat sie erst mal nicht mehr mit mir gesprochen. Und auch Cheryl hat immer nur hallo und guten Abend gesagt.

Deshalb konnte ich es nicht glauben, als sie mich einluden. Es war Donnerstag, und ich war zur Mittagszeit mit meinen Broten und einer Dose Cola in den Personalraum gegangen. In die Kantine gehe ich nur freitags, als eine Art

Belohnung. Wie auch immer, ich hatte mich gerade hingesetzt und abgebissen, als Cheryl ihren Kopf reinsteckte und fragte: «Lust auf einen Drink? Debbie hat Geburtstag.»

Ich wusste, dass jemand Geburtstag hatte, denn einer der Schreibtische war voll mit diesen Karten. Ich hatte mich aber nicht groß darum gekümmert. Ich kannte die Frau nicht gut genug, um ihr zu gratulieren, außerdem hatte mich vorher noch nie jemand auf einen Drink eingeladen, wenn gefeiert wurde.

Mein Mund wurde ganz trocken. Karen stand hinter Cheryl und sah aus, als könnte sie kaum ein Lachen unterdrücken. Cheryl lächelte auch, aber nicht gehässig. Ich spürte, wie ich rot anlief. Ein Teil von mir wäre gerne mitgegangen, aber ich konnte nicht. Die Vorstellung, dass alle Leute aus dem Büro dort waren und tranken und laut waren und so, behagte mir nicht. Ich schüttelte den Kopf.

«Komm schon, zieh dir ein paar Drinks rein», sagte Karen. «Das wird dir guttun.» Ich schüttelte wieder den Kopf. Ich hätte sowieso nichts sagen können, weil das Brot in meinem Mund zu einem Klumpen geworden war, den ich nicht runterschlucken konnte.

«Trinkst du etwa nicht?», meinte Karen. Sie sagte es so, dass ich mich schämte. So, als wäre es klug, wenn man sich betrinkt, und ich wäre blöd, weil ich es nicht tue. Ich sagte nein und wünschte, die beiden würden mich in Ruhe lasse, selbst Cheryl. Aber Karen grinste noch breiter als sonst. «Warst du überhaupt schon mal in einem Pub?», fragte sie. Ich nickte, und sie meinte: «Ja, ganz bestimmt.»

«Doch, ich wohne in einem», sagte ich. Ich hatte vergessen, dass mein Mund voll war, und als ich sprach, versprühte ich die Krümel überall. Ich trank schnell einen Schluck, um das Brot runterzuspülen, aber ich glaube, darauf achteten sie gar nicht. Sie waren zu überrascht.

«Nie im Leben», sagte Karen.

«Doch!», sagte ich.

Cheryl sagte: «Du wohnst in einem Pub? Ehrlich?», und ich nickte. «Wo denn?», fragte sie. Ich erzählte ihr, wo der Pub ist, und dann meinte Karen: «Und wem gehört er?»

«Mir», sagte ich, und sie rief: «Hör doch auf! Du hast keinen Pub!»

Da flippte ich echt aus. «Doch, ich habe einen! Er gehörte meiner Mama und meinem Papa, aber dann sind sie gestorben und haben ihn mir hinterlassen!» Die beiden schauten sich an, und Cheryl meinte: «Echt?» Sie sahen total beeindruckt aus. Sogar Karen. «Wie heißt er?», wollte Cheryl wissen.

«*The Brown Bear*», sagte ich.

Karen sah immer noch so aus, als wüsste sie nicht, ob sie mir glauben soll oder nicht. «Hat er eine Konzession und so?», fragte sie. Ich sagte ihr, dass er keine hat. «Dann ist also kein Alkohol mehr da?», sagte sie. Ich wünschte bereits, ich hätte den Mund gehalten. Ich schüttelte wieder den Kopf, aber Karen grinste. «Doch, da ist noch Alkohol, oder?»

«Nein, ehrlich», sagte ich, aber ich merkte, dass sie mir nicht glaubte.

Sie begann zu lachen. «Verdammte Scheiße, hättest du das gedacht?», sagte sie zu Cheryl, schaute mich dann wieder an und fragte: «Und du trinkst nie was?» Ich schüttelte wieder den Kopf, und sie meinte: «Gott, ich wäre die ganze Zeit besoffen!»

Ich wollte sagen, dass wirklich keine Getränke mehr übrig geblieben sind, aber dann steckte dieser Stuart, der immer total geschniegelte Anzüge trägt, seinen Kopf durch die Tür. «Kommt ihr beiden jetzt, oder wie?», fragte er, und Karen sagte: «Ja, in Ordnung. Komm mit, Cher», und ging hinaus.

Cheryl blieb zurück. «Willst du nicht doch mitkommen?», fragte sie. Ich sagte nein danke. Ich war echt durcheinander. Ich wünschte, ich hätte nichts von dem Pub gesagt, und hätte sie fast gebeten, den anderen nichts davon zu erzählen, aber ich traute mich nicht. Und selbst wenn Cheryl nichts sagen würde, Karen würde es bestimmt tun. So etwas gefällt ihr.

Ich wartete die ganze Zeit darauf, dass sie zurückkehrten, und bekam keinen Bissen mehr herunter. Obwohl ich mir meine Lieblingssandwiches mit gekochtem Schinken und Tomaten gemacht hatte, verlor ich total den Appetit. Ich begann bald wieder mit der Arbeit, damit ich keinem über den Weg lief, und eine Weile dachte ich, die Sache wäre überstanden. Aber dann kam Alan, einer von den Typen, die an den Computern arbeiten, auf mich zu und fragte: «In letzter Zeit ein paar Pints gezapft, Herr Wirt?», und alle lachten.

So nannten sie mich für den restlichen Nachmittag: Herr Wirt. Als wenn das ein toller Witz wäre oder so. Ich hätte mich am liebsten verkrochen.

Als ich gerade ein paar Aktenkisten im Lagerraum verstaute, kam Cheryl zu mir. «Sollte das mit dem Pub ein Geheimnis bleiben?», fragte sie.

«Nein, schon in Ordnung», sagte ich. Ich wollte nicht, dass alle Leute denken, ich wäre deswegen sauer. Aber sie merkte wohl, dass es nicht in Ordnung war, denn sie sagte: «Tut mir leid. Ich wusste nicht, dass es kein anderer erfahren soll.»

Ich sagte nichts. Nicht nur deshalb, weil ich noch ein bisschen verärgert war. Sondern vor allem, weil ich ihr noch nie so nahe gewesen war. Sie stand genau vor mir, und der Raum war klein, und wir waren ganz allein. Sie roch nach so einem süßlichen Parfüm, und das benebelte mich völlig.

«Na ja», fuhr sie fort, «ich wollte dir nur sagen, dass es mir leidtut.» Dann lächelte sie total nett und ging hinaus.

Kapitel 4

An diesem Abend spielte das Rothaarige wieder verrückt. Kaum kam ich rein, begann es herumzukeifen.

«Glaubst du, du kannst uns einfach hier unten einsperren?»

Ich beachtete es nicht. Mein Kopf war voll mit anderen Dingen. Unter anderem hatte ich am Tag zuvor vergessen, die leeren Schüsseln einzusammeln. Ich habe zwei Sets, und wenn ich die vollen reinstelle, nehme ich normalerweise die leeren mit raus. So spare ich mir einen zweiten Weg nach unten. Das Problem ist nur, dass ich nicht immer daran denke. Deshalb musste ich jetzt erst die leeren Schüsseln einsammeln, bevor ich sie füttern konnte. Und wenn man den ganzen Tag gearbeitet hat, wird einem alles zu viel.

Aber das Rothaarige wollte den Mund nicht halten. «Ich rede mit dir», fuhr es fort. «Glaubst du, du kannst uns einfach so einsperren, habe ich gefragt?»

«Ja», sagte ich. Ich stand jetzt vor seinem Abteil. Das Futter, das es ausgekippt hatte, lag immer noch auf dem Boden und über die Matratze verteilt. Aber das hatte es sich selbst zuzuschreiben. Wenn es im Dreck schlafen wollte, bitte schön. Nach einer Weile taten es die meisten.

«Gib mir die Schüssel», verlangte ich. Alle wussten, dass

sie ihre Schüsseln durch die Lücke am Boden schieben sollen, damit ich sie einsammeln kann. Die anderen drei hatten es auch schon getan, aber das Rothaarige hatte die Schüssel noch immer in der Hand. Und starrte mich nur an.

«Warum?», wollte es wissen.

«Stell sie hin», sagte ich.

Es drehte die Schüssel um. «Und wenn nicht?», fragte es.

Ich hasse es, wenn sie aufsässig werden. Als würden sie erwarten, dass man ihnen immer antwortet. «Wenn du mir die Schüssel nicht gibst, kriegst du nichts zu essen.»

Es lachte. «Glaubst du, das interessiert mich einen Scheiß?», meinte es. «Soll ich um dieses Scheiß-Hundefutter betteln, oder was?»

Ich mag das Sch-Wort nicht. Ich mag überhaupt keine Flüche, aber das Sch-Wort am wenigsten. Meine Mama ist jedes Mal ausgeflippt, wenn es jemand im Pub benutzt hat. Mein Papa hat zwar immer gesagt, es wäre eine Gastwirtschaft und kein Kloster, aber meine Mama wollte partout keine bösen Worte hören. «Diese Ausdrucksweise kannst du dir für die Arbeit aufsparen», sagte sie immer, wenn sie jemanden fluchen hörte. Als ihr ein Mann daraufhin sagte, sie solle ihn am A... lecken, erteilte sie ihm Hausverbot. Meinen Papa hat das ganz schön sauer gemacht. Im Pub wurde es wesentlich ruhiger, und er sagte, dass wir zu wenig Gäste haben und es uns nicht erlauben können, die paar rauszuschmeißen, die noch kommen. Wenn es ihm nicht gefallen würde, sagte meine Mama, könnte er ja gehen und mit ihnen in der Gosse leben. Ich bin damals verschwunden, denn mir war klar, dass sie gleich wieder streiten würden.

Bevor ich etwas zu dem Rothaarigen sagen konnte, mischte sich das Dicke ein. «Wenn sie kein Essen will, dann gib ihr nichts. Ich nehme ihrs.» Ich nenne es immer noch das Dicke, obwohl es nicht mehr ganz so dick ist wie damals, als ich es holte. Aber es ist immer noch ziemlich dick. Und gefräßig. Manchmal gebe ich ihm extra weniger Futter als den anderen, nur um es zu ärgern.

«Nein, das wirst du nicht, verdammte Scheiße!», schrie das Rothaarige. «Was ist los mit dir, hast du keinen Stolz?»

«Stolz kann man nicht essen», sagte das Dicke. Es stand genau vor seinem Gitter und versuchte, das Rothaarige im Nachbarabteil zu sehen. «Das wirst du auch noch kapieren!»

«Ist mir scheißegal», sagte das Rothaarige. «Ich werde nicht um beschissenes Hundefutter betteln!»

«Warte ab, bis du etwas länger hier bist. Dann wirst du froh sein, etwas zu bekommen», sagte das Schwarze. Es ist in einem der gegenüberliegenden Abteile. Das Rothaarige warf seine Schüssel zu Boden.

«Ihr könnt ja Scheiße fressen, wenn ihr wollt, aber ich nicht!», schrie es. «Ihr seid verdammte Feiglinge, ihr alle!»

«Mund halten! Alle zusammen!», forderte ich sie auf. Ich mag es nicht, wenn sie miteinander reden, solange ich dort bin. Doch das Rothaarige starrte mich nur provozierend an. «Und – was willst du machen?»

Das Dicke stand immer noch direkt vor seinem Gitter und versuchte, um die Ecke zu spähen. «Halt's Maul, du dämliche Schlampe», rief es, «sonst kriegt keiner was!»

«Gut! Besser wir verhungern, als von ihm wie Tiere gehalten zu werden!», giftete das Rothaarige, und das Dicke schrie zurück: «Halt deine verdammte Klappe!» Sie brüllten sich an, deswegen nahm ich einen Eimer mit Wasser und schüttete ihn erst auf das eine, dann auf das andere. Das Dicke bekam am meisten ab. «Hört auf zu fluchen», sagte ich ihnen, hob die schmutzigen Schüsseln auf und ging hinaus.

Das Schwarze habe ich am längsten. Es war das Erste. Als ich eines Abends von der Arbeit nach Hause kam, stand es da und pinkelte in den Hauseingang. Es lehnte gegen die Wand, in der einen Hand eine Dose Cider, in der anderen sein Ding, und sang. Als ich sagte, es soll aufhören, schaute es auf und drehte sich dann um. Ihm hing immer noch sein Ding raus, es hörte nicht einmal auf zu pinkeln. Ich musste zur Seite springen, um nichts abzukriegen. Es sagte etwas und kam mit ausgestreckter Hand auf mich zu. Wahrscheinlich wollte es Geld, aber genau wusste ich es nicht, denn es lallte total. Und es stank.

Ich ging weg, aber es folgte mir. Ich wünschte, ich hätte es einfach in Ruhe pinkeln lassen, und versuchte, das Tor um die Ecke aufzuschließen, bevor es mich einholte. Nach einer Weile bekam ich es endlich auf, doch das betrunkene Etwas war genau hinter mir, und ich konnte das Tor nicht mehr rechtzeitig zumachen. Ich lief durch den Biergarten zur Hintertür. Den Schlüssel hatte ich zwar schon griffbereit, aber ich kriegte ihn nicht ins Schloss. Es war wie in einem dieser Träume, wo man verfolgt wird und davonlaufen will, aber irgendwie am Boden festklebt. Ich hörte, wie die Kanalratte immer näher kam. Dann ging die Tür endlich auf, und ich schlüpfte hinein. Aber als ich sie hinter mir zumachen wollte, war das Vieh bereits da. Es war total dreckig und nass und eklig. Es steckte eine Hand in die Spalte und berührte mich. Ich konnte nichts machen. Als ich zurückwich, sprang die Tür auf, und die Ratte fiel hinein.

Ich schrie es an, aber es nützte nichts. Es sagte die ganze

Zeit: «Hör mal, guck mal, hör mal», als hätte es etwas Wichtiges zu sagen, könnte sich aber nicht klar ausdrücken. Es versuchte, sich am Küchentisch hochzuziehen, schaffte es aber nicht und blieb schwankend und stinkend und schmutzig auf allen vieren hocken. Dann begann es, auf mich zuzukrabbeln, immer noch vor sich hin brabbelnd. Ich nahm die Pfanne aus der Spüle und knallte sie ihm auf den Kopf. Es gab so ein Krachen wie in einem Film. Das Vieh stöhnte, und ich schlug erneut zu und hätte es noch einmal getan, wenn es nicht zur Seite gekippt und liegen geblieben wäre.

Vom rußigen Boden der Pfanne hatte es einen großen, schmierigen Fleck auf dem Kopf. Ich dachte, es wäre tot, aber dann stöhnte es wieder. Trotzdem glaubte ich, es würde gleich sterben. Ich wusste nicht, was ich machen sollte. Ich wusste nur, dass es hier nicht bleiben konnte. Dann fiel mir der Keller ein.

Das Problem war nur, dass ich es nicht anfassen wollte. Abgesehen davon, dass es echt schmutzig war und stank, hing immer noch sein Ding raus, und die ganze Vorderseite der Hose war nass. Deshalb zog ich mir die Gummihandschuhe an, die meine Mama immer zum Abspülen benutzt hat, und ihre zweitbeste Schürze. Das Vieh war total schwer, aber ich musste es nicht hochheben. Da der Boden mit Linoleum und nicht mit Teppich ausgelegt ist, ließ es sich ziemlich leicht durch die Küche und die Schankstube zur Kellertür schleifen. Auf der Treppe wurde es etwas schwierig, aber ich ging die Stufen rückwärts runter und zog es hinter mir her. Danach war es nicht mehr so schlimm, denn unten ist alles eben. Ich schleifte es durch den Gang und in den hinteren Keller. In einem der Abteile lag eine alte Matratze, auf der ich das Vieh ablud. Ich hatte keine Ahnung, ob es sterben würde oder nicht, stellte aber ein Glas Wasser hin, falls es aufwachen sollte.

Als ich etwas später wieder runterging, war es immer noch nicht wach. Gestorben war es aber auch nicht. Es sah so aus, als würde es einfach schlafen, und ich begann mich zu fragen, was passieren würde, wenn es tatsächlich aufwacht. Ich wollte nicht runterkommen und die Tür aufschließen und einem wildgewordenen Vieh gegenüberstehen. Dann fiel mir der große Maschendrahtverschlag im Hauptkeller ein, in dem mein Papa immer die Flaschenkisten gelagert hat, damit Einbrecher nicht so leicht an sie rankamen. Erst überlegte ich, das Vieh wieder aus dem Abteil und in den Verschlag zu schleppen, aber die Idee gefiel mir nicht. Ich wollte es lieber nicht im Hauptkeller haben. Schließlich gelang es mir, die Maschendrahttür mit den alten Werkzeugen meines Papas zu lösen. Sie war groß genug, um das Abteil damit zu verschließen. Mir war nicht ganz klar, wie ich sie befestigen sollte, aber dann erinnerte ich mich an die großen Schrauben, die übrig geblieben waren, als mein Papa das neue Schild draußen angebracht hatte. Die Arbeit hat mir echt Spaß gemacht. Mein Papa war immer ein guter Heimwerker gewesen, und wenn er mich ließ, habe ich ihm gerne geholfen.

Nachdem ich fertig war, machte das Drahtgitter vor dem Abteil einen recht soliden Eindruck, doch um sicherzugehen, holte ich noch ein paar Holzlatten zur Verstärkung. Erst als ich einen Schritt zurücktrat und mein Werk begutachtete, fiel mir ein, dass es nun echt schwer werden würde, das Vieh wieder rauszulassen. Immerhin hatte ich am Boden eine kleine Lücke gelassen, durch die man Futter hereinschieben konnte.

Die Sache mit dem Schwarzen war so leicht gewesen, dass mir gar nicht richtig bewusst war, dass ich es hatte. Ich ging nur einmal am Tag runter, um es zu füttern, und machte einmal in der Woche das Katzenklo sauber, das ich ins Abteil geschoben hatte, damit es sein Geschäft erledigen konnte. Erst jetzt, wo ich es hatte, fielen mir die ganzen anderen auf, die draußen herumliefen. Wenn ich im Bus saß und aus dem Fenster schaute, sah ich mit einem Mal die ganzen Kanalratten und Landstreicher und Flittchen. Es gibt immer mehr davon. Überall sieht man sie betteln und trinken und so weiter. Es sind auch nicht nur alte. Manche sind jünger als ich. Sie arbeiten nicht und sind zu nichts gut. Sie sind nichts weiter als eine Plage.

Deshalb machte ich mich daran, die Seitenteile des Verschlags vor den anderen Kellerabteilen anzubringen. Aber dieses Mal anständig, mit Scharnieren und Riegeln und so, damit ich sie auf- und zumachen kann. Nach zwei weiteren Abteilen ging mir der Draht aus, aber das war kein Problem. Dort, wo die Fabriken abgerissen worden waren, lagen haufenweise Geländer und Fenstergitter und Teile rum. Das Zeug war sogar noch besser als der Draht. Stabiler.

Das alte Weib war das erste, das ich mir absichtlich geholt habe. Es war einfach, aber ich war trotzdem total nervös. Ich bin nicht ins Stadtzentrum gegangen, wo die meisten herumhängen. Von dort wäre der Weg zurück zu weit gewesen. Doch ungefähr eine halbe Meile vom Pub entfernt gibt es noch ein paar Geschäfte an der Hauptstraße. Dort findet man eine Menge Gesocks, denn es gibt ein paar billige Kneipen und viele Hauseingänge, in denen sie pennen können.

Ich sah das alte Weib in einem Mülleimer herumwühlen. Es hatte lange Barthaare am Kinn und ungefähr fünfzig Mäntel und Pullover an, obwohl es gar nicht kalt war. Ein echt schrecklicher Anblick. Es schleppte einen Müllbeutel voller Aluminiumdosen mit sich herum, also ging ich hin und sagte, ich hätte Hunderte davon, die ich wegwerfen wollte und die es haben könnte. Auf dem Weg zurück ging ich ein Stück voraus. Ich wollte nicht, dass jemand denkt, wir gehören zusammen, außerdem roch es echt übel. Noch viel schlimmer als das Schwarze. Und es dauerte eine Ewigkeit, bis wir zu Hause waren, weil wir an jedem Mülleimer anhalten mussten, damit es nach Dosen wühlen konnte.

Sie hätten sehen sollen, wie seine Augen aufleuchteten, als es sah, wohin wir gehen. Nur mit viel Mühe konnte ich es von der Theke in der Schankstube fernhalten, und am Ende musste ich versprechen, dass es später einen Drink bekommt. Es muss dumm oder blind gewesen sein, denn jeder kann sehen, dass die ganzen Flaschen in den Regalen leer sind. Auf dem Weg runter in den Keller brummte es die ganze Zeit vor sich hin, und als es die vielen Flaschen in den Kisten sah, wollte es wieder anhalten. Ich sagte, wenn es sich nicht beeilte, würde ich die Dosen behalten.

Es wollte nicht in den Gang gehen. Es blieb immer wieder stehen und schaute sich um, als würde es nervös werden oder so. Als ich die Tür am anderen Ende aufmachte, wollte es partout nicht rein, aber ich stand hinter ihm, und so hatte es keine andere Wahl. Vor das Abteil des Schwarzen hatte ich eine Decke gehängt, damit das Neue es nicht sehen konnte und Angst bekam. Wir waren aber kaum ein Stückchen reingegangen, als das Schwarze zu schreien begann und am Gitter rüttelte. Das alte Vieh wollte Theater machen, aber es stand genau vor einem Abteil. Ich musste es nur etwas schubsen, schon war es drin. Es landete auf Händen und Knien, und als es sich wieder aufrappelte, hatte ich das Gitter schon zugemacht und verriegelt. Es begann zu heulen und sich die Knie zu reiben. Offenbar hatte es sich beim Hinfallen wehgetan, aber das war seine eigene Schuld. Ich hatte es in ein Abteil mit einer Matratze stecken wollen, aber nun war es in einem gelandet, in dem nur ein paar alte Sofakissen lagen.

Geschah ihm recht.

Kapitel 5

Am nächsten Tag hoffte ich, dass bei der Arbeit jeder vergessen hatte, dass ich in einem Pub wohne. Es war Freitag, und wenn ich den überstand, ohne dass jemand etwas sagte, standen die Chancen nicht schlecht, dass sie es nach dem Wochenende vergessen hatten. Besonders weil am Montag auch noch Feiertag war.

Aber sie hatten es nicht vergessen. Das Erste, was Karen zu mir sagte, war: «Na, hast du dir gestern Abend ein paar Pints gezapft?» Egal, was sie sagt, bei ihr klingt alles gemein. Danach ging es nur noch «Wirt, tu dies», «Wirt, tu das». Ich versuchte, mir nichts anmerken zu lassen, wünschte aber, sie würden alle den Mund halten. Nur Cheryl ließ mich in Ruhe, obwohl auch sie manchmal lachte.

Später sah ich dann, wie sie mit Karen tuschelte und die beiden zu mir rüberguckten. Beide kicherten. Cheryl sah ein bisschen unsicher aus, aber Karen nickte die ganze Zeit und schob sie dann in meine Richtung.

«Wir sprachen nur gerade darüber, dass du in einem Pub wohnst», sagte Cheryl. «Und wir haben uns gefragt, ob es okay wäre, wenn wir irgendwann mal vorbeischauen.»

«Ja, das wäre echt lustig», sagte Karen grinsend, und Cheryl gab ihr einen Stups.

«Können wir mal kommen und uns den Pub anschauen?», fragte sie. Ich wusste nicht, was ich sagen soll. Wenn Cheryl kommen wollte, würde ich mich zwar freuen, aber bei Karen wusste ich nicht so recht. Dann fragte Karen: «Warum wirst du rot?»

«Werde ich nicht», sagte ich, was blöd war, denn ich wusste ja, dass es stimmte.

«Ist doch nichts dabei, wenn zwei tolle Frauen dich zu Hause besuchen wollen», sagte Karen.

«Wenn du nicht willst, ist es auch okay», sagte Cheryl, aber Karen meinte: «Natürlich will er, oder? Du möchtest doch gerne, dass Cheryl dich besucht und sieht, wo du wohnst, nicht wahr? Und du ihr dein Schlafzimmer zeigen kannst?» Cheryl versuchte, nicht zu grinsen, und sagte, ich soll nicht auf sie hören, aber dann gab ihr Karen einen Schubs, und Cheryls Brust streifte meinen Arm.

Ich sagte, ich müsse jetzt los, und ging aus dem Büro. Ich hörte, wie Cheryl zu Karen sagte, sie solle nicht so gemein sein, aber sie lachten beide, als sie es sagte.

Ich verschwand für eine Weile auf die Toilette. Ich wünschte, ich hätte nie etwas gesagt. Ich wünschte, ich würde irgendwo in einem normalen Haus wohnen. Oder dass Karen etwas Schlimmes zustieß. Vor allem aber musste ich die ganze Zeit daran denken, wie Cheryls Brust mich berührt hatte. Sie fühlte sich irgendwie hart und gleichzeitig weich an. Warm. Ich konnte immer noch ihr Parfüm riechen, genau wie am Tag zuvor. Wenn ich mir vorstellte, dass sie in den Pub kommt, wurde mir komisch zumute. Ich hatte ein ganz flaues Gefühl im Magen und auch etwas Angst. Dann klopfte jemand an die Toilettentür, und ich zog ab und ging hinaus.

Danach hielt ich mich von ihrem Teil des Büros fern. Ich ging auch nicht in die Kantine, obwohl es Freitag war, und wartete, bis alle anderen mit ihrem Mittagessen fertig waren, bevor ich selbst Pause machte. Wenn ich den Mund hielt, würden sie vielleicht den Besuch im Pub vergessen. Zumindest hoffte ich das. Doch gerade als ich im Personalzimmer ein Wurstbrötchen aß, kam Karen herein.

Dieses Mal war sie allein. Sie setzte sich direkt vor mir auf die Tischkante. Sie trug einen ziemlich kurzen Rock und hatte keine Strumpfhose an, sodass ich praktisch alles sehen konnte. Aber ich schaute nicht hin. Ich starrte lieber auf mein Wurstbrötchen. Da Karen so nah und so hoch über mir thronte, wäre jeder andere Blick unschicklich gewesen.

Für eine Weile sagte sie nichts, und ich tat so, als hätte ich sie nicht gesehen. Dann fragte sie: «Und, was machst du am Feiertag, Nigel?»

Jetzt musste ich zu ihr hochschauen. Sie hatte so ein enges, ärmelloses Oberteil an, deshalb schüttelte ich schnell den Kopf und schaute wieder weg. Ich wünschte, sie würde gehen. «Keine Ahnung», sagte ich. Ich biss wieder von meinem Wurstbrötchen ab und hoffte, dass sie den Wink verstand. Tat sie aber nicht.

«Cheryl würde dich echt gerne besuchen, weißt du?», sagte sie, und ich wünschte, ich hätte nicht weitergegessen, denn mein Mund wurde total trocken, und ich konnte nicht schlucken. Karen schlug direkt vor meinem Gesicht ihre Beine übereinander, und ich konnte jetzt sehen, dass sie etwas Weißes unter ihrem Rock trug. Dabei wollte ich gar nicht hingucken. Es war völlig unbeabsichtigt.

«Würde es dir denn nicht gefallen, wenn sie dich am Montagnachmittag besucht?», fragte sie und rutschte näher an die Tischkante heran. Ich zuckte nur irgendwie mit den Schultern. Ihr Parfüm war anders als Cheryls. Herber. Dann sagte sie: «Ich glaube, sie mag dich. Merkst du das nicht?» Ich sagte nichts. Mit dem Wurstbrötchen im Mund konnte ich auch gar nicht anders. Ich versuchte, mir nichts anmerken zu lassen.

«Aber es stimmt», fuhr Karen fort. «Und ich weiß, dass sie dich Montag echt gerne besuchen würde. Dir würde das doch auch gefallen, oder?» Ihre Knie waren genau vor meinem Gesicht. Mir wurde total heiß, nicht nur im Gesicht, sondern überall, und ich nickte, ohne darüber nachzudenken. Sie grinste und sagte: «Ja, das dachte ich mir.» Dann rutschte sie von der Tischkante und stand direkt vor mir. Ich konnte nicht wegrücken, weil mein Stuhl schon vor der Wand stand.

«In Ordnung. Dann bis Montag», sagte sie und ging davon.

Ich wartete, bis sie weg war, und spuckte dann das Wurstbrötchen in meine Hand.

Als wir damals in den Pub gezogen sind, erzählte mir mein Papa, dass es in diesem Stadtteil überall unterirdische Tunnel gäbe. Viele von ihnen sind richtig alt, sagte er, und früher waren sie einmal alle miteinander verbunden. Ich fand das toll, besonders weil ein Teil davon nun uns gehörte. Wenn wir eine Lieferung bekamen, ging ich immer mit meinem Papa in den Keller, und während er die Fässer sortierte, untersuchte ich den Gang. Eigentlich gab es nicht viel zu entdecken, aber man merkte, dass er total alt war. Er war nicht weiß getüncht wie unser Keller und hatte eine Gewölbedecke. Außerdem war er nicht besonders hoch, was daran lag, dass die Leute früher kleiner waren als heute, wie mein Papa sagte.

Als Kind kam er mir unendlich vor, und bevor mein Papa ein Licht anbrachte, wurde es immer dunkler, je weiter man ging. Ich traute mich nie, bis zur Tür am anderen Ende zu laufen. Mein Papa hatte einmal versucht, sie aufzumachen, aber sie war auf beiden Seiten verriegelt. Er meinte, dass wäre auch gut so. Seiner Meinung nach führte der Gang dahinter unter der Stahlfederfabrik entlang, die gleich hinter dem Pub lag. Er wollte schließlich auch nicht, dass jemand von der anderen Seite in unseren Keller kommen konnte.

Nachdem die Fabrik geschlossen wurde, nahm mein Papa ein Stemmeisen und hebelte die Tür auf. Ich war total aufgeregt. Ich hatte mir die ganze Zeit alle möglichen Dinge auf der anderen Seite vorgestellt. Doch als er sie aufmachte, war dort nur ein weiterer Keller. Er war ein bisschen kleiner als unserer, hatte aber diese engen, höhlenartigen Nischen in den Wänden. Drei auf jeder Seite, jeweils gut sechs Quadratmeter groß und mit gewölbten Decken. Mein Papa nannte sie Abteile und sagte, sie wären dazu da, um Dinge zu lagern. Welche, sagte er nicht.

Auf der hinteren Seite war wiederum eine Tür, die mein Papa allerdings nicht aufstemmen musste. Sie war nicht verriegelt, und was dahinter lag, war noch enttäuschender. Ich hatte erwartet, eine Menge weiterer Kellerräume und Gänge zu finden, doch als wir die Tür aufmachten, konnten wir kaum durchgehen. Die Wände und die Decke waren eingestürzt, und die Ziegel lagen so hoch, dass man nicht weiterkam. «Das war's dann», sagte mein Papa.

Kapitel 6

Samstag ist mir der liebste Wochentag. Man hat zwei ganze Tage, bevor man daran denken muss, wieder zur Arbeit zu gehen. Und dieser Samstag war noch besser, weil am Montag Feiertag war. Der Sonntag würde also wie ein Samstag sein, wenn Sie wissen, was ich meine. Als ich aufwachte, fühlte ich mich jedenfalls richtig gut, und zuerst dachte ich, dass es am verlängerten Wochenende liegt. Dann fielen mir Cheryl und Karen ein, und in meinem Magen begann es zu rumoren.

Ich blieb noch eine Weile liegen und überlegte, was ich mit dem Tag anfangen soll. Die Sonne schien durch die Vorhänge, es war herrlich. Als ich aufstand und runterging, war der Zeitungsjunge bereits da gewesen und hatte meine Comics auf die Türschwelle gelegt. Ich machte mir eine Tasse Tee und eine Schüssel Cornflakes und ging wieder hoch ins Wohnzimmer. Schön an einem Samstag ist nämlich auch, dass es immer etwas Gutes im Fernsehen gibt. Am Morgen gibt's eine Menge Zeichentrickfilme und Kindersendungen und am Abend Quizshows und manchmal einen Spielfilm.

Ich gucke total gerne Fernsehen. Und Videos. Die gucke ich mir haufenweise an. Man sollte meinen, der Apparat müsste langsam hinüber sein, weil er echt alt ist und keine Fernbedienung oder so hat, aber er funktioniert noch gut. Die Videos leihe ich mir beim Zeitungshändler nicht weit vom Pub aus. Ich fände es gut, wenn es in der Nähe noch einen anderen Verleih geben würde, aber es gibt keinen. Der Zeitungshändler verleiht die Videos echt billig und hat auch Sonderangebote, wie zum Beispiel drei Filme zum Preis von zweien. Aber ich kann ihn nicht leiden. Er findet es nämlich total lustig, dass ich Zeichentrickfilme mag, und macht immer fiese Bemerkungen. Manchmal weiß ich nicht, was er meint, aber ich weiß, dass er fies ist. Als ich mir *Die Schöne und das Biest* ausgeliehen habe, meinte er: «Du kannst auch die scharfe Version haben, wenn du willst.» Dann schaute er hinüber zu einem anderen Kunden und sagte: «Du hast sie gesehen, Fred, oder?», und der Mann sagte: «Hab ich. Mein Gott!», und die beiden begannen zu lachen.

Aber ich kümmere mich nicht darum. Meiner Meinung nach geht nichts über Walt Disney. Ich habe so gut wie alle seine Filme gesehen und gucke sie mir immer noch gerne an. *Bambi* und *Das Dschungelbuch* sind die besten, aber gut sind sie alle. Als ich hörte, dass er tot ist, war ich richtig traurig. Obwohl er nicht wirklich tot ist. Mein Papa hat mir davon erzählt, als wir uns *101 Dalmatiner* angeguckt haben. Die Welpen versteckten sich gerade im Schnee vor Cruella de Vil, da hat sich mein Papa zu mir gebeugt und gesagt, dass Walt Disney irgendwo eingefroren ist und dass man ihn irgendwann auftauen will, wenn man ihn wieder lebendig machen kann.

Das hat mich völlig vom Film abgelenkt. Ich fragte, wieso er dann immer noch Filme machen kann? Mein Papa erzählte mir, dass sie von seiner Firma gemacht werden, aber ich konnte nicht verstehen, wie man behaupten kann, dass etwas von Walt Disney gemacht ist, wenn er irgendwo in einem Eisblock steckt. Es kam mir nicht richtig vor. Am Ende wurde meine Mama sauer auf meinen Papa, weil er mich auf den Arm genommen hat, und mein Papa sagte mir, ich solle den Mund halten und den Film gucken.

Ich schaute Fernsehen, bis das Kinderprogramm zu Ende war und die Nachrichten begannen, schaltete dann aus und ging runter. Es war noch nicht lange her, dass ich gefrühstückt hatte, aber wenn ich das Mittagessen noch länger aufschob, würde ich zum Abendbrot keinen Hunger haben. Und das Abendbrot am Samstag ist etwas Besonderes.

Ich machte mir ein Käsesandwich mit einer ordentlichen Ladung Gewürzgurken, weil Käsesandwichs ohne Gurken langweilig sind, schenkte mir ein Glas Kräuterlimo ein und ging hinaus in den Biergarten. Früher konnte man durch eine Tür neben den Toiletten direkt vom Pub rausgehen, aber diese Tür lasse ich jetzt immer abgeschlossen und gehe einfach durch die Küche. Eigentlich ist es kein richtiger Garten. Es gibt keine Blumen und keinen Rasen oder so, es ist einfach ein Hinterhof, in dem außer den Mülltonnen ein paar Plastiktische und Stühle stehen. Aber er ist von allen Seiten von einer Mauer umgehen, sodass keiner reingucken kann. Wenn die Sonne scheint, ist es echt schön, dort draußen zu sitzen. Ein schönes sonniges Plätzchen, hat mein Papa immer gesagt.

Ich setzte mich an meinen Lieblingstisch und begann, meine Comics zu lesen. Früher habe ich welche für Kinder gelesen wie *Dandy* und *Beano*, aber jetzt interessiere ich mich für Erwachsenencomics wie *Judge Dredd* und *Spiderman*. Judge Dredd ist eine Art Polizist in einem Ort, der

«Mega-City One» heißt. Ich nehme an, es soll in Amerika sein. Jedenfalls spielt er in der Zukunft, und Judge ist ein echt harter Kerl. Alle Irren und so müssen machen, was er sagt, sonst kann er sie erschießen. Spiderman ist anders. Er erschießt keinen, außerdem nimmt er nichts ernst. Er reißt ständig Witze, selbst, wenn er gegen Schurken kämpft. Er ist total stark, was er aber nicht zeigt, und am Ende gewinnt er immer.

Mein Papa hat immer über mich gelacht, weil ich, selbst nachdem ich mit der Schule fertig war, noch Comics gelesen habe. An einem Samstag, als meine Mama einkaufen war, kam er einmal in mein Zimmer, als ich gerade *X-Men* gelesen habe, und warf ein Magazin auf den Tisch. «Hier, das ist besser als dein Scheiß-*Superman*», sagte er und zwinkerte. Er hatte sich nicht rasiert und sah ein bisschen verkatert aus. Ich sagte: «Ich lese nicht *Superman*», aber er meinte nur: «Ach, lass mich in Ruhe», und ging raus.

Das Magazin war zusammengerollt. Als ich es mir anguckte, sah ich überall diese Frauen ohne was an, die sich vor der Kamera rekelten. Mir wurde ganz heiß und komisch. Der Gedanke, dass mein Papa mir das Magazin gegeben hatte, gefiel mir nicht, und ich wusste, dass ich mir so etwas eigentlich nicht angucken durfte. Ich wollte auch sofort damit aufhören, war aber immer noch zu überrascht. Ich glaube, ich hatte es noch nicht lange angeguckt, als meine Zimmertür aufging und meine Mama hereinkam.

Ich hatte nicht gehört, dass sie zurückgekommen war. Ich versuchte, das Magazin zu verstecken, aber sie hatte es schon gesehen. «Was ist das?», wollte sie wissen und streckte ihre Hand aus. Sie warf einen Blick darauf und starrte mich dann an.

«Woher hast du das?», fragte sie. Ich sagte nichts, und dann schlug sie mir mit dem Magazin ins Gesicht. Es war ein komisches Gefühl, im Gesicht mit den Bildern nackter Frauen berührt zu werden. Außerdem tat es weh. «Hat dir das dein Vater gegeben?», fragte Mama. Sie hatte vor Ewigkeiten aufgehört, ihn «mein Papa» zu nennen.

Da ich wusste, dass sie sofort merkt, wenn ich lüge, und da ich nicht wieder geschlagen werden wollte, nickte ich. Sie schlug mir trotzdem noch einmal damit ins Gesicht, sogar noch härter, und marschierte dann hinaus.

Ich konnte nicht verstehen, warum sie das getan hatte. Ich hatte ihr doch gesagt, woher das Magazin kam. Das war ungerecht. Ich hörte, wie sie nach unten ging, und nach einer Weile ging das Geschrei los. Alles konnte ich nicht verstehen, aber ich hörte, wie meine Mama immer wieder «Schmutz» und «ekelhaft» rief. Dann schrie mein Papa etwas von «nicht normal». Ich glaube, er hat auch etwas über meine Mama und den Kühlschrank gesagt, aber das muss ich wohl falsch verstanden haben.

Die Eingangstür knallte zu, und gleich danach kam meine Mama wieder hoch. Ich erkannte sie an den Schritten. Ich hoffte, sie würde nicht wieder in mein Zimmer kommen, doch sie tat es. Kaum war die Tür aufgeflogen, warf sie das Magazin zu mir rüber.

«Gefällt dir dieser Schmutz etwa auch?», schrie sie. «Gefällt dir das? Ja?» Ich wollte nein sagen, aber ich kam nicht dazu. Sie schrie weiter, dass Leute, die so etwas angucken, Abschaum sind. Ich heulte und versuchte ihr zu sagen, dass ich es nie wieder tun würde, aber sie hörte mir nicht zu. Sie stellte sich vor mich, fuchtelte mit dem Magazin herum und zeigte mir eines der Bilder. «Gefällt dir so etwas?», kreischte sie. «Gefällt dir das? Ja?» Ich versuchte, nicht auf das Bild zu schauen, aber sie hielt es mir genau vors Gesicht. Ich sagte, nein, nein, es gefällt mir nicht, ehrlich nicht, dann packte sie mich an den Haaren, sodass ich sie angucken musste, und sagte: «Wenn ich dich noch einmal dabei erwische, dass du dir einen solchen Schweinkram anguckst, werde ich ihn dir abschneiden! Ich schwöre bei Gott, das werde ich tun! Ich hole das Küchenmesser und schneide ihn dir ab!»

Mein Papa hat mir nie wieder so ein Magazin gegeben, aber manchmal, wenn ich einen Comic las, sah ich, wie er zu mir rüberschaute. Keiner von uns sprach noch einmal darüber.

Nach seiner Beerdigung verlangte meine Mama dann von mir, dass ich seine Sachen wegräume. Sie sagte, ich soll alles zusammensammeln, seine Anziehsachen und all sein Zeug, und wegwerfen. Sie verließ damals kaum noch ihr Bett, und als ich sagte, dass ich es nicht mache, flippte sie total aus. Sie meinte, wenn ich es nicht machte, würde sie es selbst tun, und wenn ich unbedingt erleben wollte, wie sich meine arme Mama quält, dann bitte schön. Na gut, sagte ich. Ich war richtig traurig, aber meine Mama sagte nur: «Und hör bloß auf, wegen ihm zu heulen! Er war es nicht wert!»

Ich fand die Magazine in einem Schrank im Gästezimmer. Er war abgeschlossen, aber da ich wusste, dass mein Papa eine Menge Sachen dort aufbewahrte, suchte ich herum, bis ich den Schlüssel fand. In einem Karton waren Fußballpokale, die er in der Schule und während der Zeit bei der Army gewonnen hatte, und alte Schuhe und so weiter. Ganz hinten im Schrank stand eine weitere Kiste, und die war voll mit Magazinen. Obendrauf lag eins über Autos, aber die anderen waren genauso welche wie das, das er mir gegeben hatte. Nur noch schlimmer. Auf den Bildern waren Männer und Frauen zu sehen, die alle möglichen Dinge mit ihren Geschlechtsteilen machten.

Nach einer Weile hörte ich meine Mama rufen. Sie wollte wissen, was ich mache. «Nichts», rief ich, warf die Magazine zurück in die Kisten und machte sie zu. Ich fühlte mich so schmutzig und schuldig, als wäre ich wieder erwischt worden. Ich trug die Kiste runter zur Mülltonne und leerte sie aus. Aber zuerst packte ich die Magazine in zwei Plastiktüten. Ich wollte nicht, dass die Müllmänner sie finden.

Nachdem ich mein Sandwich gegessen und *Judge Dredd* ausgelesen hatte, überlegte ich, was ich am Nachmittag tun könnte. Ich hatte eher Lust auf ein bisschen Ruhe. Ich musste zwar noch einkaufen für den Besuch von Cheryl und Karen, aber sonst gefiel es mir, einfach dort in der Sonne zu sitzen. Abgesehen davon, dass ich ständig die Fliegen verscheuchen musste. Sie schwirrten in Unmengen über dem Teller und um das Glas und gingen mir echt auf die Nerven. Ich rollte das Judge-Dredd-Heft zusammen und probierte aus, wie viele ich töten kann. Bei den großen, den dicken Brummern, ist es total leicht. Da sie ziemlich langsam sind, erwischte ich mühelos ungefähr sechs Stück von ihnen. Aber die kleineren sind richtig schnell. Man könnte meinen, dass sie schon wissen, was man vorhat, ehe man es selbst weiß. Ich versuchte, sie mit der Hand zu fangen, und ein paarmal dachte ich, ich hätte eine erwischt, aber wenn ich meine Hand aufmachte, war sie immer leer.

Ich wusste, warum so viele Fliegen umherschwirrten. Am letzten Wochenende hatte ich den Müll nicht weggebracht, und der Müllbeutel mit dem Streu aus den Käfigen begann schon ein bisschen zu müffeln.

Ich hasse es, die Schalen sauber zu machen. Manchmal wird mir schlecht dabei, denn der Sand wird klumpig und stinkt. Früher habe ich Katzenstreu genommen, aber das ist mir zu teuer geworden. Und ich musste so viel von dem Zeug kaufen, dass der Verkäufer mich schon gefragt hatte, ob meine Katzen Durchfall hätten. Deshalb habe ich irgendwann Sand von einem Baumarkt bestellt. Das Problem war nur, dass ich nicht wusste, wie viel ich brauche, und ganz durcheinanderkam. Schließlich lieferten sie mir diesen riesigen Haufen und luden ihn neben dem Pub genau vor dem Tor ab. Ich musste eine Schaufel nehmen und den Sand wegräumen, ehe ich wieder rein- und rauskonnte.

Es reicht mir auch langsam, jedes Wochenende den Müll wegzubringen. Das ist eine echte Belastung, aber ich durfte es nicht noch länger aufschieben. Wenn ich noch eine Woche warten würde, müsste ich drei Ladungen wegschaffen.

Außerdem wollte ich nicht, dass der ganze Biergarten mit stinkenden Müllsäcken vollstand, wenn Cheryl und Karen kamen.

Kapitel 7

Ich zog die Gummihandschuhe und Schürze an, die ich mittlerweile im Keller aufbewahre. Als ich die Tür am Ende des Gangs aufmachte, war alles ruhig. «Die Schalen», sagte ich und blieb vor dem ersten Abteil stehen. Das Schwarze schob seine raus, die ich gleich im Müllbeutel ausleerte. Ich habe auch eine kleine Schippe, aber die benutze ich nur, wenn es sein muss. Es ist besser, die ganze Schale in den Müllbeutel zu kippen und ordentlich zu schütteln. Man muss dabei nur die Luft anhalten und den Kopf wegdrehen.

Nachdem sie leer war, stellte ich sie ab. Um nicht so viel Dreck zu machen, fülle ich die Schalen immer erst zum Schluss auf. Als Nächstes leerte ich die des Dicken, dann die vom alten Weib. In seiner Schale ist meistens nichts drin. Obwohl es nicht viel isst, sollte man doch meinen, dass es mehr Dreck macht. Aber vielleicht benutzt es die Schale ja gar nicht. Es stinkt so schlimm, dass ich es ihm glatt zutrauen würde. Aber es wird es eh nicht mehr lange machen. Zumindest glaube ich das.

Ich hatte gerade die Schale geleert, als das Rothaarige loslegte. «Guck dir das an. Ich bin platschnass.» Es zog an seinem Kleid, das von dem Wasser, das ich ihm am vergangenen Abend übergekippt hatte, noch ganz feucht war. «Hier unten wird es nie trocken», meinte es. «Lass mich raus, damit ich es trocknen kann, und ich werde wieder runterkommen. Ehrlich.»

Das Dicke lachte und meinte: «Ja, lass mich auch raus, dann kann ich ihr den Rücken reiben.»

«Hör nicht auf ihn», sagte das Rothaarige. «Wenn du mich rauslässt, um meine Sachen zu trocknen, verspreche ich, dass ich mich wieder einsperren lasse. Ehrenwort. Sonst erkälte ich mich und hole mir den Tod.»

Es dachte wohl, ich wäre blöd. Ich hörte gar nicht hin. «Hey, ich rede mit dir!», sagte es. Es zitterte tatsächlich, aber es hatte selbst Schuld. «Willst du mir nicht antworten?»

«Die Schale», sagte ich. Es starrte mich nur an. Wenn es einen so anguckte, musste man weggucken. Seine Augen waren total blau. Wie gemalt.

«Na schön», sagte es und warf die Schale nach mir. Sie knallte gegen das Gitter, und als der Sand hindurchflog, sprang ich zurück. Der größte Teil klatschte auf meine Schürze, aber etwas fiel mir auch auf die Arme und Beine, und ein bisschen landete in meinem Gesicht. Es fühlte sich schrecklich an. Nur gut, dass das Rothaarige nichts aß, seit ich es hatte, sonst wäre es wesentlich schlimmer gewesen. Aber auch so war es schon schlimm genug.

Im Keller wurde es totenstill, als ich mir den Sand abklopfte und mein Taschentuch in einen Wassereimer tauchte, um mich abzuwischen. Alle guckten mich unruhig an, nur das Rothaarige nicht.

«Was willst du jetzt machen?», fragte es. «Mir noch einen Eimer überkippen?»

Genau das hatte ich eigentlich vorgehabt, aber jetzt, wo das Rothaarige es gesagt hatte, hätte ich blöd dabei ausgesehen. Andererseits musste ich etwas tun, sonst würden alle aufsässig werden. Mir fiel bloß nichts ein. Da es sowieso nicht aß, brachte es auch nichts, ihm kein Futter zu geben. Ich hatte keine Ahnung, was ich machen soll, um ehrlich zu sein, deshalb sagte ich nur: «Abwarten.» Dabei versuchte ich so zu klingen, als hätte ich eine echt fiese Idee. So wie die Gangster in James-Bond-Filmen.

Das Rothaarige sagte nur: «Oh, jetzt hab ich aber Angst.» Ich nahm den Müllbeutel und ging zur Tür.

«Willst du uns nichts zu essen geben?», rief das Dicke besorgt. Ich antwortete nicht. Ein bisschen zu schmoren würde ihnen guttun.

«Komm schon, Mann, wir haben nichts getan», winselte das Schwarze.

«Die Schlampe macht immer Ärger, aber wir doch nicht!», rief das Dicke, aber ich machte bereits die Tür zu und schaltete das Licht aus. Ich hörte, wie das Rothaarige fluchte und das Dicke zurückfluchte, und ich konnte sie auch noch hören, als ich durch den Gang davonging.

Oben in der Küche machte ich mir eine Tasse Tee. Sie hatten mich auf eine Idee gebracht. Wenn sie so scharf auf das Futter waren, dann könnte ich auch etwas Spaß dabei haben. Ich hatte seit Ewigkeiten keine Spielchen mehr mit ihnen gespielt.

Ich musste darüber nachdenken, während ich den Tee trank. Nachdem die Tasse leer war, suchte ich alles Nötige zusammen und ging wieder nach unten. Ich musste grinsen, als ich durch den Gang ging, riss mich aber zusammen, bevor ich die Tür öffnete. Ich wollte nicht, dass sie dachten, ich hätte gute Laune. Als ich reinging, setzte ich eine ernste Miene auf und sammelte die leeren Futterschüsseln vom Vortag ein. Die gefüllten Schüsseln hatte ich bereits mitgebracht. Die hatten an beiden Seiten so offene Griffstellen, und bei einer Schüssel band ich durch jede Öffnung ein Stück Wäscheleine. Dann stellte ich sie in der Mitte des Raums auf den Boden.

«Was soll das werden?», wollte das Rothaarige wissen. Die anderen sagten nichts. Sie kannten dieses Spiel schon. Ich schob ein Ende der Wäscheleine unter dem Gitter des Schwarzen hindurch und legte das andere in das Abteil daneben, wo das alte Weib drin war. Das Schwarze packte die Leine und machte sich bereit. Das alte Weib nahm sein Stück und hielt es schlaff in der Hand.

«Wenn ich los sage, könnt ihr ziehen», sagte ich. Aber das musste ich ihnen eigentlich nicht mehr sagen. Sie kannten die Regeln. Einmal hat eins – ich habe es nicht mehr – sofort losgelegt und die Schüssel in sein Abteil gezogen, ehe ich etwas machen konnte. Ich habe es mit Wasser übergossen und die nächsten Tage nicht gefüttert. Seitdem haben sie es nicht mehr gewagt.

Ich wartete ein bisschen und tat dann so, als würde ich los sagen, sagte es aber nicht. Das Schwarze begann zu ziehen und hatte die Schüssel schon fast in seinem Abteil, ehe ich auf die Wäscheleine trat. «Fehlstart», sagte ich und stellte die Schüssel wieder in die Mitte. Ich hörte, wie das Rothaarige «O mein Gott» murmelte, und dann sagte ich ganz schnell: «Los!»

Die Partie war eine ziemlich klare Angelegenheit. Das alte Weib schaute nur zu, wie ihm die Wäscheleine durch die Finger glitt. Dann, als hätte es erst jetzt kapiert, was vor sich ging, versuchte es, das Ende noch zu erwischen, doch das Schwarze zog einfach weiter. Es gewann ohne Mühe und gackerte, als es das Hundefutter durch die Lücke am Boden in sein Abteil gezogen hatte.

«Du bist krank», sagte das Rothaarige. Ich machte die nächste Schüssel fertig und steckte ein Ende der Leine wieder ins Abteil des alten Weibes. Dieses Mal packte es richtig zu. Es sah ein bisschen verängstigt aus, und als ich das andere Ende ins Abteil des Dicken steckte, machte es ein Gesicht, als würde es gleich heulen. «Hör auf mit diesen miesen Spielchen!», schrie das Rothaarige.

«Halt's Maul, Schlampe», sagte das Dicke, aber das alte Weib ließ die Leine fallen.

«Festhalten», sagte ich.

«Hör auf», wiederholte das Rothaarige. Das alte Weib guckte uns beide an.

«Futter», lockte ich es, und da nahm es die Leine wieder in die Hand.

Das Dicke gackerte. «Keine Chance», meinte es. «Ich hab schon gewonnen!»

«Sei wenigstens fair!», schrie das Rothaarige mich an. «Welche Chance hat sie denn?»

«Kümmer dich um deinen Kram!», rief das Dicke. Es war total aufgeregt und konnte es kaum erwarten.

«Fertig …», sagte ich. «LOS!»

Das Dicke zog mit voller Kraft an der Leine und fiel sofort hintenüber. Ich hatte sein Ende der Leine nämlich bloß um die Schüssel gewickelt, aber nicht festgebunden. Das alte Vieh saß eine Weile nur da, als würde es nicht verstehen, was passiert war. Dann rief das Schwarze: «Na los, zieh!», und es zog zaghaft an der Leine. Als es sah, dass die Schüssel näher kam, zog es immer schneller, bis sie in seinem Abteil war. Sofort nahm es eine Handvoll Futter und schlang es gierig runter. Es machte eine totale Schweinerei dabei. Echt ekelhaft.

Das Dicke rappelte sich auf und rieb sich den Kopf. «Das ist ungerecht!», meinte es. «Das kannst du nicht machen!»

Ich schaute es an. «Doch, das kann ich», sagte ich, und es schaute belämmert zu Boden.

«Mein Gott, er lässt euch hier wie dressierte Hunde rumspringen, verdammt nochmal!», rief das Rothaarige. Es funkelte mich an und keifte: «Glaub ja nicht, dass du mich auch dazu kriegst! Ich werde deine kranken kleinen Spielchen nicht mitmachen!»

Ich sagte nichts. Es war egal, ob es mitspielte oder nicht. Ich nahm die nächste Schüssel, vergewisserte mich, dass es die richtige war, und band die Wäscheleine dran. Dieses Mal wirklich. Das eine Ende gab ich wieder dem Dicken, das andere legte ich ins Abteil des Rothaarigen. «Du kannst mich mal», sagte es und schaute die Leine nicht einmal an.

Es wollte noch etwas sagen, aber ich rief: «Los!», und übertönte es. Das Dicke zupfte vorsichtig an der Leine. Als es sah, dass die Schüssel näher kam, grinste es und zog richtig. Das Rothaarige versuchte nicht einmal, etwas dagegen zu tun, und als das Dicke die Schüssel in seinem Abteil hatte, jubelte es.

«Ich hab gewonnen, du Schlampe, ich hab gewonnen!», rief es und stopfte sich das Futter mit beiden Händen ins Maul. Ungefähr eine Sekunde später spuckte es alles wieder aus. Ich musste mich schütteln vor Lachen, denn ich hatte aufgeweichtes Papier und Bratensoße statt Hundefutter in die Schüssel getan.

Der Gesichtsausdruck des Dicken war total lustig. Es

wischte sich den Mund mit dem Ärmel ab und starrte auf die Schüssel mit der Pampe. Dann begann es zu heulen. Ich hörte auf zu lachen. Es sollte doch nur ein Spaß sein.

«Bist du jetzt zufrieden?», meinte das Rothaarige. Ich beachtete es nicht und schob eine Schüssel mit Futter ins Abteil des Dicken. Ich hatte nicht vorgehabt, es gar nicht zu füttern. Es sollte nur so aussehen. Aber das Dicke hatte mir den Rücken zugekehrt und wollte sich nicht umdrehen. Eine Weile stand ich dort, dann ließ ich es allein. Es war nicht meine Schuld, wenn es keinen Spaß verstand.

Obwohl es wahrscheinlich nichts essen würde, wollte ich auch das Rothaarige füttern. Doch dann meinte es: «Dabei geht dir einer ab, oder, du krankes Arschloch?», und da dachte ich, warum soll ich mich länger rumärgern? Für heute hatte ich genug von ihnen. Besonders vom Rothaarigen. Draußen war ein herrlicher Tag, und den wollte ich nicht im Keller vergeuden.

Ich überlegte gerade, ob ich beim Hinausgehen Wasser auf das Rothaarige kippen soll, als es plötzlich fragte: «Wie groß ist dein Schwanz?»

Ich konnte nicht glauben, was ich gehört hatte. «Komm schon, das ist doch eine ganz einfache Frage», meinte es. «Wie groß ist dein Schwanz?»

Ich spürte, dass ich rot wurde. «Ich wette, er ist total klein, oder?», sagte es. «Ich wette, du hast ein echt erbärmliches, kleines Würstchen in deiner Hose.»

«Halt den Mund!», befahl ich. Ich war mir sicher, dass eins von den anderen gelacht hatte. Ich schaute mich um, aber ich wusste nicht genau, welches es gewesen war. Sie starrten mich jetzt alle an.

«Wird dein kleines Würstchen hart, weil du uns hier

unten gefangen hältst?», fragte das Rothaarige. «Da kommst du dir wichtig vor, nicht wahr?»

«Mund halten!», rief ich, aber es gab keine Ruhe. «Warum, was willst du machen?» Ich ging los und holte einen Eimer Wasser, aber ehe ich ihn ausschütten konnte, sagte das Rothaarige: «Na los, mach doch, ich bin eh schon total nass. Glaubst du, das macht mir was aus?» Ich war so sauer, dass ich den Eimer trotzdem auskippen wollte, weil ich irgendetwas tun musste, doch dann hatte ich eine bessere Idee. Da ich in der Nähe der Tür stand, öffnete ich sie und schaltete das Licht aus, als würde ich rausgehen. Aber ich ging nicht, ich machte bloß die Tür wieder zu.

«Ja, genau, lauf weg!», rief das Rothaarige, als wäre ich schon im Gang. «Was ist los? Hast du Angst vor Frauen, oder was?»

Es war stockdunkel, aber ich war zu böse, um Angst zu haben. Ich konnte nichts sehen, das Rothaarige machte jedoch so viel Lärm, dass ich trotzdem wusste, wo es war. Mit ausgestreckter Hand ging ich in seine Richtung. Ich wusste, dass es nur ein paar Schritte waren, aber ich wünschte mir schon, ich hätte es nicht getan. Dann trat ich gegen den Eimer, und eins von ihnen, ich glaube das Dicke, rief: «Er ist nicht weg!»

Sofort war es wieder still. Ich war nicht mehr wütend. Ich musste an diese Horrorfilme denken, wo der Held in der Finsternis steckt und das Monster ihn kriegen will. Mit einem Mal wusste ich nicht mehr genau, wo das Abteil des Rothaarigen ist, bis ich es sagen hörte: «Wo ist er?»

Seine Stimme war genau vor mir, und ich schüttete mit voller Wucht den Eimer aus. Ich hörte das Platschen und einen Schrei, dann brüllten alle durcheinander. Es klang, als würden sie ausflippen, was mir überhaupt nicht gefiel. Ich drehte mich um, lief zur Tür und stolperte über den anderen Eimer, der scheppernd umkippte, während ich mit ausgestreckten Händen nach vorne flog. Ich berührte Gitterstäbe und etwas Warmes und Weiches, das sich bewegte. Ganz in der Nähe ertönte wieder ein Schrei, und da schrie ich auch und lief davon. Ich krachte gegen die Wand und tat mir weh, konnte dann aber schließlich die Tür fühlen und ging raus, knallte sie zu und tastete nach dem Lichtschalter.

Ich konnte ihn nicht finden. Ich wusste, dass er gleich rechts neben der Tür sein muss, aber er war nicht da. Dann fiel mir ein, dass ich nur im Keller mit den Abteilen das Licht ausgemacht hatte, jedoch nicht im Gang, und als mir das gerade klarwurde, roch ich Bleichmittel. Bleich- und Desinfektionsmittel. Und dazu einen ekligen Gestank.

Ich war in die falsche Richtung gelaufen und befand mich in dem kleinen Raum mit den eingestürzten Wänden. Ich wollte mich umdrehen und umschauen, traute mich aber nicht. Ich konnte nichts sehen. Mir war, als würde ich mitten in einem Kohlehaufen stecken. Ich konnte mich atmen hören und versuchte, ruhiger zu werden. Dann tastete ich ganz langsam nach dem Türgriff, doch als ich ihn fand, stand ich so dicht vor der Tür, dass ich sie nicht aufmachen konnte. Ich trat einen Schritt zurück und stieß mit dem Fuß gegen etwas. Ich musste an den Steinhaufen direkt hinter mir denken und stellte mir vor, wie er in Bewegung geriet. Schnell zog ich die Tür auf und lief los. Wieder kam lautes Geschrei auf. Ich trat gegen etwas, das klapperte, blieb aber nicht stehen. Gegen die Wand am anderen Ende krachte ich so doll, dass ich Sterne vor Augen sah und fast hingefallen wäre.

Schließlich bekam ich den Türgriff zu fassen, riss die Tür auf und war endlich im beleuchteten Gang.

Zur Sicherheit verriegelte ich die Tür und lehnte mich dann dagegen. Ich war völlig außer Atem und zitterte wie Espenlaub. Drinnen hörte ich sie noch immer brüllen und schreien. Ich rannte zur Treppe. Bilder des kleinen, versperrten Kellers mit den ganzen Steinen flirrten in meinem Kopf, und ich konnte es nicht erwarten, wieder ans Tageslicht zu kommen.

Kapitel 8

Das Sumpfhuhn mit den Tätowierungen habe ich kurz nach dem alten Weib gekriegt. Nachdem ich die Keller-abteile mit Gittern versehen hatte, fand ich es zu schade, sie leerstehen zu lassen. Also suchte ich an Wochenenden oder nach der Arbeit die Orte auf, wo das Gesocks herum-hängt. Manchmal spazierte ich einfach durch die Straßen und hielt Ausschau. Am Anfang hatte ich kein Glück. Ent-weder habe ich überhaupt keinen von den Vögeln gesehen, oder sie hingen in Gruppen zusammen. Als ich einmal ein Sumpfhuhn allein an einer Mauer sitzen sah, dachte ich, ich hätte es geschafft. Es tat nichts und saß einfach nur da. Ich ging hin und fragte, ob es auf einen Drink mit zu mir nach Hause kommen wolle, aber es schimpfte mich einen Scheißhomo und sagte, ich solle mich verpissen. Das war total peinlich.

Danach kaufte ich eine Flasche Whisky, löste ein paar von den Tabletten meiner Mama darin auf und nahm sie mit. Mit der Zeit wurde ich richtig gut darin, die besten Orte aufzuspüren. Es gibt da eine verwilderte Rasenfläche, so eine Art kleiner Park, wo immer eine Menge Gesocks her-umhängt. Die Bänke dort sind voll davon, egal wie kalt es ist. Es sind vor allem Männer, die Cider und Starkbier runterkippen. Diese Sumpfhühner versaufen bloß ihre Stütze, hat meine Mama immer gesagt.

Die ersten Male bin ich vorbeigegangen und habe, wenn es vielversprechend aussah, an der nahen Bushaltestelle gewartet. Von dort konnte man alles beobachten, ohne verdächtig zu wirken. In dieser Nacht hatte ich schon eine Ewigkeit darauf gewartet, dass einer von den Vögeln mit dem Saufen aufhört und loszieht. Es wurde bereits dunkel, und ich war schon kurz davor, nach Hause zu gehen, weil ich nicht wollte, dass mich irgendein Verrückter anmacht. Dann sah ich, wie sich eins von den Sumpfhühnern von den anderen verabschiedete. Als es in meine Richtung kam, konnte man an seinem Gang sehen, dass es total betrunken war. Es torkelte hin und her.

Ich dachte, ich lasse es vorbeigehen und folge ihm dann. Ich wollte nicht, dass die anderen aufmerksam werden. Aber es blieb genau vor mir stehen und fragte: «Hast du ein bisschen Kleingeld für eine Tasse Tee?» Der Satz klang bei ihm wie ein einziges Wort, und ich dachte, na sicher, als ob du dir ein paar Teebeutel kaufen willst.

Ich vergewisserte mich, dass die anderen auf den Bänken nicht rüberschauten. Da niemand guckte, sagte ich: «Ich habe kein Kleingeld. Aber du kannst etwas davon haben», und zeigte ihm den Whisky. Sie hätten sein Gesicht sehen sollen. Es griff nach der Flasche, doch ich steckte sie zurück in die Tüte. «Nicht hier», sagte ich. «Deine Kumpels könnten dich sehen. Es reicht nicht für alle.»

«Genau, genau», stimmte es zu. «Scheiß auf die. Scheiß auf den ganzen Haufen. Scheißarschlöcher.» Bis dahin war ich total nervös gewesen, aber als ich hörte, dass es seine Freunde für eine Flasche Whisky verrät, wurde ich ruhiger.

Sie sind alle habgierig und egoistisch. Sie machen es einem leicht. Man könnte meinen, sie wählen sich selbst aus.

Es folgte mir bis zum Pub. Unterwegs wollte es ständig einen Schluck trinken, aber ich wusste, dass ich die Flasche niemals zurückgekriegt hätte. Und ich wollte nicht, dass es einschläft, bevor wir zu Hause waren. Einmal dachte ich, es würde gleich böse werden. «Sag mal», meinte es, «gibst du mir jetzt einen Schluck oder nicht, verdammte Scheiße?» Es hatte echt üblen Mundgeruch. Außerdem war es größer als ich und hatte ziemlich kräftige Arme und einen dicken Bauch. Und haufenweise Tätowierungen. Aber ich sagte, dass wir fast da sind und ich im Pub noch eine weitere Flasche habe. Danach gab es Ruhe. «Du wohnst in einem Pub?», fragte es. «Du bist ein Scheißheiliger. Ein Scheißheiliger.»

Nachdem wir da waren, führte ich es direkt in die Schankstube und gab ihm die Flasche. Ein Glas sparte ich mir. Ich wollte nicht, dass eins schmutzig wird, und dem Sumpfhuhn war es sowieso egal. Es setzte die Flasche sofort an und schüttete sich den Whisky runter, ohne zu schlucken. Die Hälfte der Flasche hatte es in zehn Minuten weggekippt, und als es mit einem Mal vornüberfiel, war ich froh. Denn ich hatte mir schon ein bisschen Sorgen gemacht. Es sollte ja nicht alles austrinken. Ich wollte es nicht umbringen. Außerdem ist Whisky nicht gerade billig.

Das Mädchen, das ich als Nächstes bekam, war total jung. Zuerst wusste ich nicht, wie jung genau, denn es saß in einem Hauseingang, wo ich es nicht richtig sehen konnte. Aber man merkte es trotzdem gleich. Es war ziemlich dürr, hatte eine Menge Pickel im Gesicht, und das Haar klebte ihm am Kopf. Was daran gelegen haben könnte, dass es regnete, aber es sah auch sonst fettig aus. Und die Klamotten waren schmutzig.

Es saß auf einem zusammengerollten Schlafsack, und ich wäre wahrscheinlich vorbeigegangen, wenn es sich nicht vorgebeugt und mich um zehn Pence angebettelt hätte. Das meinte ich damit, dass sie sich selbst auswählen.

Da wir uns in der Nähe des Stadtzentrums befanden, war es ein ziemlich langer Weg zurück zum Pub. Aber es dämmerte bereits, und da es regnete, waren nicht viele Leute unterwegs. Ich sagte, es kann etwas zu essen kriegen, wenn es mit zu mir nach Hause kommt. Erst schien es keine Lust zu haben, deshalb sagte ich, es würde auch noch zehn Pfund von mir bekommen. Es schaute mich eine Weile an und nickte dann. Erst später wurde mir klar, wie es das wohl verstanden hatte. Nur gut, dass ich nicht gleich drauf gekommen bin. Dann wäre es mir nämlich total peinlich gewesen.

Auf dem Weg zurück gähnte es die ganze Zeit. Und so wie es ging, dachte ich, dass ich wahrscheinlich keine von den Tabletten meiner Mama brauchen würde. Ich gab ihr dann doch welche. Als es sagte, dass es Whisky pur nicht mag, machte ich einen Whisky mit Cola und löste darin welche auf. Es nahm einen Schluck und fragte, ob ich etwas zu essen habe. In der Vorratskammer stand seit Ewigkeiten eine Dose mit Gemüsesuppe, die ich nicht mochte, und ich dachte, na schön, und rührte auch in die Suppe ein paar Tabletten. Das Mädchen schlief mit dem Löffel in der Hand ein.

Ich war echt zufrieden. Nun waren vier Abteile besetzt. Noch zwei, und ich wäre voll ausgelastet. Mit dem Mädchen war es außerdem am einfachsten gewesen. Es war nicht einmal schwer, es runter in den Keller zu tragen, denn es wog so gut wie nichts. Das Problem begann erst am nächsten Tag, als es anfing, wie am Spieß zu schreien.

Zuerst dachte ich, es muss sich bloß eingewöhnen. Am Anfang sind sie alle ein bisschen komisch, und normalerweise achte ich nicht drauf. Irgendwann gewöhnen sie sich ein. Aber das Mädchen war echt hysterisch. Es warf sich in seinem Abteil hin und her und schrie, als hätte es Schmerzen oder so. Ich wusste nicht, was ich machen soll, aber dann meinte das mit den Tätowierungen: «Gib ihr ihre Sachen, um Himmels willen!»

Das Mädchen hatte eine schäbige Umhängetasche dabeigehabt. Die war sofort in der Tonne gelandet, denn sie war schmutzig und voller Müll, und ich wusste nicht, wozu sie jetzt noch gut sein sollte. Aber da mir nichts anderes einfiel, ging ich los und fischte sie wieder aus dem Müll. Ich brachte sie runter in den Keller, und kaum hatte ich sie ins Abteil des Mädchens geschoben, riss es die Tasche auf. Es holte eine Art Schminkschatulle hervor und kippte eine Spritze, Streichhölzer und anderes Zeug auf den Boden. Doch erst als es sich die Nadel in den Arm steckte, wurde mir klar, dass es ein Junkie war. Solche Sachen sieht man zwar im Fernsehen, aber man rechnet doch nicht damit, dass es jemand direkt vor einem macht, oder?

Für ein paar Tage war es ruhig, dann begann es wieder, Theater zu machen. Ich dachte, es hat nichts mehr von dem Zeug, was in der Tasche gewesen war, und gab ihr deshalb im Futter zerkleinerte Tabletten. Die sind ja auch so was Ähnliches wie Drogen, und meine Mama haben sie immer ruhig gemacht. Sie müssen gewirkt haben, denn es hörte auf zu schreien und schlief entweder die ganze Zeit oder saß einfach nur da.

Ich hätte das Mädchen und das Tätowierte wohl nicht in ein Abteil stecken sollen. Doch damals fand ich die Idee gut. Ich hatte gerade einen Tarzan-Film gesehen, einen von den neueren, keinen von den alten in Schwarz-Weiß. Tarzan und seine Freundin, Jane, sahen beide total gut aus, obwohl Tarzan sein ganzes Leben bei Gorillas gelebt und überhaupt keine Manieren hatte. Wie auch immer, ich dachte, das Tätowierte und das Mädchen könnten wie die beiden Freund und Freundin sein. Jetzt hört es sich blöd an. Sie sahen ja nicht einmal gut aus. Aber es waren die Einzigen, mit denen ich es machen konnte. Das Abteil des Schwarzen war immer noch verschlossen, und das alte Weib war eklig und stank. Sie stanken alle, aber das am schlimmsten. Wie vergammelter Fisch.

Also habe ich ein paar Tabletten in das Futter des Mädchens getan. Dem Tätowierten gab ich außerdem den Rest des Whiskys, nur um sicherzugehen, dass es fest schlief. Als ich ein paar Stunden später runterging, um nachzuschauen, waren beide weggetreten. Ich zog das Tätowierte aus seinem Abteil und steckte es in das des Mädchens. Anders herum wäre es leichter gewesen, aber im Abteil des Mädchens lag eine Matratze. Ich dachte, so haben sie es bequemer.

Den nächsten Tag bei der Arbeit musste ich die ganze Zeit an die beiden denken. Ich war total aufgeregt, und als ich nach Hause kam, ging ich sofort runter, um zu schauen, wie sie miteinander zurechtkamen. Schon im Gang konnte ich den Aufruhr hören, und als ich die Tür entriegelte, dachte ich, sie wären alle verrückt geworden. Das Schwarze schlug gegen sein Gitter und brüllte hinüber zum Abteil, in das ich das Tätowierte und das Mädchen gesteckt hatte. Selbst das alte Weib schrie die beiden an. Das Tätowierte schrie zurück und lachte. Es hatte keine Hosen an. Das Mädchen hatte überhaupt nichts mehr an und blutete im Gesicht. Es stöhnte und weinte, und das Tätowierte machte unanständige Dinge mit ihm. Als das Tätowierte mich sah, drehte es sich so, dass das Mädchen vor ihm war. Ich sagte, es soll aufhören, aber es gehorchte nicht. Es beschimpfte mich nur und lachte und schlug das Mädchen, und zwar richtig hart. Ich nahm den Besen und versuchte, es mit dem Stiel zu stoßen, aber es wich nur weiter zurück, sodass ich nicht mehr rankam. Das Mädchen weinte jetzt noch schlimmer. Da ich sah, dass das Tätowierte ihm wehtat, holte ich einen Eimer Wasser und kippte ihn auf die beiden. Ich weiß, dass man das bei Hunden macht. Das Mädchen bekam jedoch das meiste ab, und das Tätowierte rief: «Ey, mach mich nicht nass, verdammte Scheiße!», und tat dann etwas mit dem Mädchen.

Es schrie. Es kreischte richtig, und das Tätowierte begann wieder zu lachen. Die anderen schrien auch und schlugen gegen ihre Gitter. Sie machten einen solchen Lärm, dass ich es nicht mehr aushielt, mich umdrehte und rausging.

Aber mir war klar, dass ich sie nicht einfach machen lassen konnte. Schließlich mischte ich noch mehr Tabletten unter das Futter der beiden. Ich wartete bis zum nächsten Abend, weil ich wusste, dass sie dann hungrig sein würden. Das Tätowierte machte nichts mit dem Mädchen, als ich hereinkam, aber als es mich sah, begann es zu schreien und zog das Mädchen vor sich. Das Mädchen stöhnte ein bisschen, aber das war alles.

Als ich später wieder runterging, schliefen sie. Ich stieß das Tätowierte mit dem Besenstiel an, um mich zu vergewissern, dass es nicht nur so tat als ob. Dann schleppte ich es zurück in sein Abteil. Dieses Mal zog ich es an den

Füßen, sodass sein Kopf über den Boden schabte. Das Mädchen blutete überall und hatte eine große Beule am Kopf. Da es immer noch nichts anhatte, bedeckte ich es mit einer Decke, damit es warm blieb, bis es aufwachte und sich anziehen konnte.

Als ich das nächste Mal runterging, lag es auf der Seite, mit dem Rücken zu mir. Es hatte sich nicht angezogen. Das Schwarze meinte, man muss einen Arzt holen, aber ich sagte, es soll den Mund halten. Das Tätowierte stand lachend da, deshalb sagte ich ihm, dass es auch den Mund halten soll. Es gehorchte nicht. Es begann zu fluchen und spuckte mich an, als ich vorbeiging.

In dem Moment überlegte ich mir, dass ich es bestrafen muss. In den nächsten Tagen gab ich ihm kein Futter. Ich fütterte alle anderen und gab ihnen sogar ein paar Sardinen, weil ich wusste, dass das Tätowierte sie riechen würde. Dann fütterte ich es wieder. Ich dachte, es würde sofort fressen, aber das tat es nicht. Es starrte nur auf seine Schüssel und meinte: «Was ist da drin? Elfenstaub? Wieder magisches Puder? Willst du mich ins Never-Neverland schicken, Peter Pan? Scheiß-Peter-Pan?» So machte es weiter und redete Unsinn, während ich mich um die anderen Abteile kümmerte. Ich glaube, es muss ein bisschen komisch im Kopf gewesen sein.

Am Ende fraß es dann aber doch. Sobald es sah, dass ich nichts reingetan hatte, fraß es wieder so gierig wie die anderen. Deshalb wartete ich ein paar Tage und tat dann Rattengift und Unkrautvernichter in sein Hundefutter.

Eine Weile später ging ich wieder runter, um zu schauen, was passiert ist. Das Tätowierte krümmte sich auf dem Boden und stöhnte. Es hatte eine riesige Schweinerei in seinem Abteil gemacht. Als ich das nächste Mal runterging, war der Dreck noch mehr geworden. Und das Tätowierte war tot.

Ich musste die Luft anhalten, als ich es rauszog. Ich trug zwar Gummihandschuhe und Schürze, aber ich war trotzdem froh, als ich es endlich in den kleinen Keller geschleppt hatte, wo die Wände eingestürzt sind. Es wog eine Tonne. Ich vergrub es unter einem Steinhaufen und schüttete Unmengen Bleich- und Desinfektionsmittel drüber, um die Bakterien abzutöten. Ich überlegte kurz und steckte dann ein Stück Holz zwischen die Steine. Nicht um es wie ein richtiges Grab aussehen zu lassen, denn das hatte es nicht verdient. Nur damit ich mich erinnere, wo es liegt.

Gut, dass ich das getan habe. Denn kurz darauf musste ich auch das Mädchen begraben. Es hatte sich nicht mehr erholt. Auch in den Haufen steckte ich einen Stock. Nur für den Fall, dass ich noch mehr begraben muss.

Kapitel 9

Die Müllkippe ist ungefähr eine halbe Meile entfernt. Nach dem, was im Keller passiert war, hatte ich eigentlich keine Lust hinzugehen, aber ich wusste, dass ich es dann am nächsten Tag machen müsste. Außerdem würde ich so ein bisschen rauskommen und etwas Bewegung kriegen. Früher bin ich nach dem Weg immer total kaputt gewesen. Man glaubt ja gar nicht, wie schwer so ein Müllsack voll mit nassem Sand ist. Es hat immer Ewigkeiten gedauert, weil ich ständig anhalten musste, um zu verschnaufen. Dann habe ich einen alten Einkaufswagen von einem Supermarkt gefunden, mit dem ich die Müllsäcke jetzt transportiere. Das macht die Sache wesentlich einfacher.

Wenn ich ein Auto hätte, würde ich nur gut zwei Minuten bis zur Müllkippe brauchen. Immer geradeaus die Straße entlang, an dem alten Bahnhof vorbei und dann in die Richtung, wo früher die Stahlwerke waren. Aber da ich kein Auto und auch keinen Führerschein habe, nehme ich den Weg am Kanal. Den Einkaufswagen dort hinzukriegen kann tückisch sein, denn man muss ihn die Grasböschung runterschieben. Doch sobald man unten ist, gibt es keine Probleme mehr.

Ich mag den Kanal. Mir gefällt, wie er riecht. Er fließt

hinter dem Pub vorbei, und seit die Fabriken verschwunden sind, ist er wesentlich sauberer geworden. Früher trieb immer so ein brauner Schaum auf der Oberfläche, und er war voller alter Kinderwagen und Dosen und so weiter, aber letztes Jahr sind ein paar Leute gekommen und haben alles rausgefischt. Jetzt gibt es dort anständige Wege, und die Ufer sind sauber und mit Gras und Büschen bewachsen. Manchmal ist auf dem Wasser immer noch ein bisschen Schaum, aber nicht mehr so viel.

Mittlerweile angeln im Kanal sogar eine Menge Leute. Allerdings nicht in der Nähe des Pubs, denn den Teil haben sie noch nicht ganz sauber gemacht. Aber hinter der Müllkippe, in Richtung der Schleuse, sieht man immer ein paar Angler. Hin und wieder fährt sogar ein Boot, und einmal standen haufenweise Polizisten am Ufer. Der Weg war abgesperrt, sodass man nicht weiterkonnte, und ich hatte mich gerade gefragt, was sie dort tun, als ich ein Platschen hörte und ein Froschmann auftauchte. Ich hatte vorher noch nie einen Froschmann gesehen. Es war toll. Er sah genauso aus wie diese Froschmänner in Filmen. Ich habe eine Ewigkeit zugeschaut. Keine Ahnung, wonach sie gesucht haben, aber als ich weitergegangen bin, hatten sie es noch nicht gefunden. Ich musste umdrehen und an der Straße entlang zur Müllkippe gehen, was ein bisschen ärgerlich war. Der Müllsack war schwerer als sonst gewesen, weil ich erst ein paar Tage zuvor das Dicke bekommen hatte.

Die Müllkippe ist eigentlich keine richtige Müllkippe, sondern bloß ein überwuchertes Brachland. Früher stand an der Stelle eine Fabrik. Jetzt laden die Leute ihren Müll dort ab. Vor einer Weile wurde ein Schild aufgestellt, auf dem «Müll abladen verboten» steht, und ich machte mir etwas

Sorgen, dass ich Ärger kriegen könnte. Aber jeder bringt weiter seinen Müll dorthin, und es ist wesentlich näher, als die städtische Deponie. Um hinzukommen, muss man vom Kanal aus wieder das Grasufer hoch, was der schwierigste Teil ist, besonders wenn der Einkaufswagen voll ist. Doch sobald man oben ist, kann man sich auf den Wagen stellen und die andere Seite runterrollen, und dann ist man praktisch schon da. Nachdem ich angekommen war und die Müllbeutel rausgehoben hatte, schwitzte ich total. Es war heiß und sonnig, und da ich keine Eile hatte, dachte ich, ich schaue mich mal um, während ich mich etwas abkühle. Sie wären überrascht, was manche Leute wegwerfen. Einmal fand ich ein echt gutes Bild von Pferden mit einem goldenen Plastikrahmen. Nachdem ich ihn mit Klebeband repariert hatte, war es so gut wie neu. Ich habe es im Wohnzimmer aufgehängt.

Doch dieses Mal entdeckte ich nichts Brauchbares, und als ich gerade umkehren wollte, hielt ein klappriger, alter roter Transporter an. Ein Mann stieg aus, machte die hinteren Türen auf und begann, eine Waschmaschine rauszuziehen. Er balancierte sie auf der Kante des Transporters und versuchte ein paarmal, sie anzuheben, setzte sie aber immer wieder schnaufend ab. Er hatte beide Hände unter die Waschmaschine geschoben und sein Kinn obendrauf gelegt, dann drehte er sich um, schaute mich an und meinte: «Ich mach das hier nicht zum Spaß, verdammt.»

Ich schaute mich um und guckte, ob er jemand anderen meint, aber außer mir war keiner da. «Was ist, willst du nur zugucken oder hilfst du mir?», fragte er.

Ich fand, er könnte ein bisschen netter fragen. Ich wollte schon sagen: «Ich will nur zugucken, danke», aber ich tat es nicht. Ich ging zu ihm und nahm die andere Seite der Waschmaschine, dann zogen wir sie aus dem Transporter und schleppten sie zum erstbesten Müllhaufen. Es war nicht weit, aber die Waschmaschine wog eine Tonne, und die Kante, die ich hielt, grub sich in meine Hand. Ich dachte echt, meine Finger werden abgeschnitten, und da ich die Maschine mit einem Mal nicht mehr halten konnte, ließ ich los.

Sie krachte zu Boden und wäre fast auf meinen Füßen gelandet. Der Mann rief: «Mein Gott!» Im ersten Moment dachte ich, ich habe die Waschmaschine kaputt gemacht, was natürlich doof war, denn wenn sie nicht schon kaputt gewesen wäre, hätte der Mann sie nicht wegwerfen müssen. Dann sah ich, dass sein Gesicht verzerrt war und er sich eine Hand vor die Brust hielt. Er fluchte wieder, ein echt schlimmes Wort dieses Mal, und machte seine Hand auf. Mir wurde fast schlecht. Er hatte einen großen Schnitt in der Handfläche, aus dem das Blut strömte.

«Jetzt schau dir das an!», schrie er. «Du verdammter Trottel!» Aber ich wollte nicht mehr hinschauen und ging weg. Hinter mir hörte ich den Mann rufen. «Was ist jetzt damit, hä?» Ich wusste nicht, ob er seine Hand oder die Waschmaschine meint, und ich drehte mich auch nicht um, um es herauszufinden. Ich ging einfach weiter. Der Mann rief etwas Unanständiges, aber da war ich schon halb die Böschung rauf. Ich hatte Angst, dass er mir folgen würde, aber das tat er nicht. Oben schaute ich mich kurz um. Er stand immer noch neben der Waschmaschine und wickelte sich ein Taschentuch um die Hand. Als er sah, dass ich ihn beobachtete, ging ich schnell die Böschung zum Kanal runter, bevor er noch etwas sagen konnte.

Obwohl es eigentlich nicht meine Schuld war, fühlte ich mich echt schlecht. Was konnte ich denn dafür, dass ich die Maschine nicht mehr halten konnte? Ich hatte doch nur helfen wollen. Und er hatte nicht einmal bitte oder danke gesagt. Wenn ich nicht dort gewesen wäre, hätte er sowieso allein zurechtkommen müssen, und dann wäre ihm die Waschmaschine wahrscheinlich auf die Füße gefallen und hätte sie ihm gebrochen. Er hätte Ewigkeiten dort liegen können.

Aber traurig war ich trotzdem. Als ich am Morgen aufgestanden war, hatte ich echt gute Laune gehabt, und nun war alles schiefgegangen. Dann fiel mir auch noch ein, dass ich den Einkaufswagen auf der Müllkippe vergessen hatte. Zurückgehen wollte ich deswegen aber nicht. Jedenfalls nicht solange der Mann noch dort war. Wenn jemand den Wagen haben wollte, sollte er ihn meinetwegen mitnehmen.

Da ich noch keine Lust hatte, nach Hause zu gehen, ging ich am Kanal Richtung Schleuse. Es waren mehr Leute unterwegs als sonst, wahrscheinlich weil Samstag war und die Sonne schien. Unten, in der Nähe der Eisenbahnbrücke, angelten ein Mann und ein Junge. Nicht weit von ihnen entfernt stand eine Bank, auf die ich mich setzte und ihnen zuschaute. Ich saß noch nicht lange dort, als der Junge mit einem Mal seine Angel hochzog und begann, die Schnur aufzurollen. Die Angel war ganz gebogen und zuckte, und er rief total aufgeregt: «Papa, ich hab einen, ich hab einen.» Sein Papa kam zu ihm und sagte Sachen wie: «Nicht zu schnell», und «Ganz ruhig», und ich konnte das schimmernde Ding im Wasser platschen sehen. Dann steckte der Mann ein Netz auf eine lange Stange und hob den Fisch aus dem Wasser.

So einen großen Fisch hatte ich noch nie gesehen. Abgesehen von den Forellen oder Makrelen in den Geschäften. Aber dieser Fisch lebte. Er war oben braun und glänzte auf der Unterseite golden. Ich wünschte, ich hätte ihn gefangen.

Mein Papa wollte oft mit mir angeln gehen. Als wir in den Pub gezogen waren, sind wir manchmal samstags, wenn der Pub nachmittags geschlossen hatte, am Kanal spazieren gegangen. Meine Mama ist nie mitgekommen, weil sie immer sagte, sie hätte zu viel zu tun. Und nach einiger Zeit war auch mein Papa zu beschäftigt. Aber ein paarmal sind wir noch losgegangen. Er ist gern bei den Anglern stehen geblieben und hat mit ihnen geplaudert, hat sie gefragt, was sie fangen und so. Sie haben immer mit meinem Papa gesprochen. Viele kannten ihn aus dem Pub, und oft fragten sie: «Ist das dein Junge, ja?» Er sagte, sobald ein bisschen mehr Ruhe eingekehrt ist, würde er mich zum Angeln mitnehmen.

Aber dazu ist es nie gekommen, und wir sind nie angeln gegangen. Am Anfang hatte er zu viel zu tun, und als dann die Fabriken dichtgemacht wurden, machte er sich zu viele Sorgen. Schließlich begannen die Streitereien zwischen ihm und meiner Mama, und nichts war mehr so, wie es sein sollte.

Ich saß da und beobachtete, wie der Mann dem Jungen half, den Haken rauszuziehen, und den Fisch dann ins Netz fallen ließ. Ich konnte nicht anders, ich musste unweigerlich weinen. Nicht laut oder so. Mir kamen bloß die Tränen, aber es war mir total peinlich. Ehe es jemand merkte, stand ich auf und ging am Kanalweg zurück. Als mir ein Mann und eine Frau händchenhaltend entgegenkamen, schaute ich zu Boden, bis sie vorbei waren. Das Parfüm der Frau erinnerte mit an das von Cheryl, und da musste ich daran denken, dass sie und Karen mich am Montag besuchen wollten. Der Gedanke heiterte mich ein bisschen auf. Meine Augen juckten immer noch, aber es ging mir wieder gut. Es war wahrscheinlich Heuschnupfen oder die Sonne.

Ich schaute auf meine Uhr und begann schneller zu gehen. Wenn ich mich beeilte, konnte ich noch einkaufen gehen, bevor *Der rosarote Panther* anfing.

Kapitel 10

Als die Fabriken geschlossen wurden, versuchte mein Papa alles, damit weiter Gäste kamen. Er hängte Poster in die Fenster, senkte den Bierpreis und verteilte sogar umsonst Snacks an der Theke. Pastete, Black Pudding und so was. Es brachte nichts. In der Nachbarschaft gab es keine Wohnhäuser, weil überall nur Fabriken gewesen waren, und da die meisten geschlossen wurden, gab es kaum noch Gäste. Wir begannen, einen Quizabend zu veranstalten, bei dem der Sieger fünf Pints gewinnen konnte. Aber damit hörten wir auf, als eines Abends nur gut ein halbes Dutzend Leute im Pub waren und der Kerl, der gewann, von zwanzig Fragen bloß drei richtig hatte. Mein Papa ist nur elf Pints losgeworden, und fünf davon musste er als ersten Preis umsonst ausschenken.

Danach begann er mit den geschlossenen Veranstaltungen. Am Anfang waren es keine richtigen. Statt um elf Uhr zu schließen, bediente er einfach weiter bis um Viertel nach. Egal, wie lange die Leute schon in einem Pub gewesen sind, am Ende wollen alle noch einen Drink. Wenn er den Pub ein paar Minuten länger offen ließ, verkaufte er ein paar Pints mehr.

Also ließ er ihn immer länger offen. Erst bis halb zwölf,

dann bis Viertel vor zwölf. Als es auf Mitternacht zuging, stellte ihn meine Mama zur Rede. «Wir werden noch unsere Konzession verlieren», sagte sie.

«Wenn wir keine Gäste mehr haben, bringt die uns auch nichts», meinte mein Papa.

Es gefiel ihr nicht, aber sie wusste, dass er recht hatte. Es war ja nicht nur so, dass die Leute, die da waren, länger blieben und mehr Bier tranken. Sobald sich herumgesprochen hatte, dass wir auch nach der Sperrstunde geöffnet haben, kamen immer mehr Leute. Auf einen «Absacker», wie sie es nannten. Von fünf bis elf war normaler Betrieb, dann läutete mein Papa die Glocke zur letzten Runde, und ab elf drehte er das Licht runter, verschloss die Tür und schenkte weiter aus.

Es wurde zur Regel. Aber meine Mama hasste es. Sie machte sich nicht nur Sorgen wegen der Polizei, ihr gefielen auch die Leute nicht, die jetzt kamen. Früher waren es vor allem Arbeiter gewesen, die nach Feierabend ein Bier bestellten, manchmal auch, bevor ihre Schicht begann. Sie tranken ein paar Pints, waren aber nie richtig betrunken. Jedenfalls nicht oft. Jetzt kamen die Leute nur, um weiterzutrinken. Meine Mama sagte immer, es sind berufsmäßige Säufer und keine Arbeiter. Aber mein Papa meinte, ihr Geld wäre genauso gut wie jedes andere und wesentlich besser als überhaupt keins.

Ihm war es egal, wer kam, Hauptsache, es kam überhaupt jemand. Er war nur erleichtert, dass wir wieder Gäste hatten. Und zu der Zeit wurde meine Mama krank, sodass sie sowieso nicht oft im Pub arbeitete. Ich wusste, dass es ihr nicht besonders gutgeht, aber ich dachte, sie fühlt sich nur ein bisschen unwohl. Als ich dann aber eines Tages mein

Essen nicht wollte, weil es ein bisschen verbrannt war, rastete meine Mama regelrecht aus. «Du isst, was auf den Tisch kommt!», rief sie, und das hätte ich auch getan, denn man legte sich nicht mit meiner Mama an, wenn sie schlechte Laune hatte. Doch sie packte meinen Teller und warf ihn an die Wand. «Jetzt guck dir an, was ich getan habe!», schrie sie und gab mir eine Ohrfeige. Als mein Papa reinstürzte und sich vor mich stellte und ihr sagte, sie soll sich beruhigen, begann sie zu weinen. Ich stammelte, dass es mir leidtut, aber mein Papa sagte nur, schon gut, und wollte, dass ich in mein Zimmer gehe.

Eine Weile später kam er hoch und erzählte mir, dass meine Mama operiert werden muss. Deswegen sei sie etwas nervös, sagte er. Ich fragte, was für eine Operation, aber er meinte nur, dass es «Frauensachen» sind. Ich dachte, es würde bedeuten, dass sie ein Baby kriegt, deshalb fragte ich nach, und mein Papa lachte, aber nicht so, als wenn er es lustig finden würde. «Bestimmt nicht», sagte er.

Meine Mama erwähnte die Operation mir gegenüber nie, und als sie in Krankenhaus ging, sagte sie bloß, ich soll mich benehmen. Mir gefiel es nicht, dass sie weg war. Sie blieb nur drei Wochen, aber es kam mir wie eine Ewigkeit vor. Mein Papa kochte währenddessen, was ein bisschen komisch war, denn ich war daran gewöhnt, wie meine Mama kocht. Aber es war in Ordnung. Nur anders. Eines Nachmittags, als der Pub geschlossen war, nahm er mich mit ins Kino, um einen James-Bond-Film zu sehen, und danach gingen wir ins Krankenhaus und besuchten meine Mama. Wir brachten ihr einen großen Blumenstrauß mit, mit dem ich geradewegs an ihrem Bett vorbeiging. Ich hatte sie nicht erkannt. In einem Krankenhausbett wirkte sie völlig anders und nicht wie die Mama, die ich zu Hause hatte. Ihr Haar war anders, und sie roch irgendwie komisch. Aber es ging ihr ganz gut, und sie sagte mir, dass sie bald wieder nach Hause kommt.

In der ersten Zeit nachdem sie entlassen wurde, kümmerten sich mein Papa und ich weiterhin um das Kochen und das Saubermachen, doch nach einer Weile machte sie es wieder. Alles schien wieder normal zu werden. Am Anfang war es echt schön, sie wieder zu Hause zu haben. Aber es dauerte nicht lange, und sie und mein Papa fingen an zu streiten wie vorher. Wenn ich manchmal ins Zimmer kam, wurden beide plötzlich still. Als ich einmal reinkam, sagte meine Mama zu meinem Papa: «Hör jetzt auf damit», und mein Papa sagte: «Wenn es nach dir ginge, sollte ich gar nicht mehr damit anfangen, oder?» Meine Mama sagte: «Ja, das wär mir am liebsten, verdammt nochmal, es ist nicht mein Fehler», was mich echt schockte, denn meine Mama fluchte nie. Meine Papa wurde rot und rief: «Nein, aber es würde nicht schaden, sich ab und zu mal zu bemühen, oder?», und da drehte sich meine Mama um und ging raus. Mein Papa sah total verwirrt und traurig aus. «Heirate nie», sagte er, aber er schaute die Tür an, durch die meine Mama gerade verschwunden war, und nicht mich. «Sobald du sie heiratest, glauben sie, sie müssen sich nicht mehr bemühen!» Dann ging auch er raus.

Meine Mama arbeitete immer weniger im Pub. Aber das war nicht schlimm, denn um diese Zeit ging ich von der Schule ab und konnte meinem Papa helfen. Am Anfang sammelte ich nur die Gläser ein und spülte sie, aber dann zeigte er mir, wie man die Kasse bedient, und ließ mich auch hinter der Theke arbeiten. Nachmittags, wenn es nicht so voll war, zeigte er mir, wie man ein anständiges Bier zapft.

Langsam, das Glas geneigt, damit man am Ende eine schöne, drei Zentimeter hohe Blume hatte und nicht das halbe Glas voll mit seifigem Schaum. «Sie muss dick und cremig sein», sagte er immer, «und darf nicht so aussehen, als könnte man sich damit rasieren.»

Als ich eines Abends das erste Mal ein Bier für einen Gast zapfte, war ich total nervös und vergaß alles, was mein Papa mir gesagt hatte. Ich drückte nur den Zapfhahn runter, und das Bier strömte über den Glasrand und auf den Tresen, wollte aber partout keine drei Zentimeter breite Blume kriegen. Die Männer an der Theke begannen zu lachen, und mein Papa kam und sagte, ich soll in die Küche gehen und Gläser spülen. Man merkte, dass es ihm peinlich war.

Mit der Zeit wurde ich besser. Obwohl ich nicht gerne Bier trinke, machte es mir Spaß, ein gutes Pint zu zapfen. Das kann nicht jeder. Mein Papa war richtig gut darin und konnte viel schneller zapfen als ich. Er trank auch gerne selbst. Am Anfang war er allerdings noch total strikt und hat höchstens mal ein kleines Bier getrunken, wenn ihm jemand eins ausgegeben hat. Manchmal hat er sich auch nach Feierabend ein Pint gegönnt. Einen Schlummertrunk, wie er immer sagte. Erst mit den geschlossenen Veranstaltungen begann er mehr zu trinken. Um gesellig zu sein, so nannte er es. Meine Mama sagte ihm, dass er sich nicht betrinken muss, um gesellig zu sein. Aber mein Papa meinte, er hätte wenigstens ein bisschen Spaß im Leben verdient, denn Gott weiß, dass er mit ihr keinen haben würde.

Ich verstand nicht, wie die beiden so böse aufeinander sein können.

Kapitel 11

Der Laden, in dem ich immer einkaufe, heißt *Willy's*. Diese großen Supermärkte, wo alles glitzert und grell ist, mag ich nicht. Man weiß nie, wo die Sachen sind, und sie verkaufen alle das gleiche langweilige Zeug. *Willy's* ist da ganz anders. Der Laden ist echt gut. Der Inhaber ist Inder oder so und verkauft praktisch alles. Einmal hingen neben den Tiefkühlsachen Mäntel aus Schaffell. Und das im Sommer. Er meinte, gerade deswegen kann er sie so billig verkaufen.

Bei *Willy's* gibt es immer solche Sachen. Er verkauft Unmengen von ausländischen Dingen wie Dosen und Schachteln mit komischen Aufdrucken. An diesem Nachmittag hingen überall große, mit Filzstift beschriebene Schilder, die chinesisches Feuerwerk anpriesen. Es war in dem großen Glasschrank neben der Kasse. Die bunten Böller mit der verschnörkelten Schrift sahen total gut aus. Einige waren so groß, dass sie eher wie Bomben aussahen. Als Willy bemerkte, dass ich sie anschaute, kam er zu mir. Er sagt immer Hallo und fragt, wie es mir geht. Das ist auch ein Grund, warum ich gerne dort einkaufe. Er redet immer richtig höflich mit mir, so als würde er sich echt freuen, mich zu sehen. Ich sagte, dass es mir gutgeht, und fragte, wie es ihm geht. Willy sagte, dass es ihm auch gutgeht, und fragte, ob ich ein paar Böller kaufen will. «Sonderangebot», sagte er. «Halber Preis.»

Eigentlich wollte ich keine. Bis Silvester war es noch Monate hin, außerdem waren sie immer noch teuer, obwohl sie runtergesetzt waren. Aber es fiel mir schwer, nein zu sagen, und ich fragte mich noch, was ich tun soll, als Willy meinte: «Pass auf, ich gebe dir eine Schachtel für drei Pfund. Aber erzähl es niemandem, sonst ruinierst du mir das Geschäft.»

Da ich das wirklich nett von ihm fand, sagte ich, in Ordnung. Ich konnte die Böller ja für später aufheben. Er sagte, er würde sie mir zurücklegen, bis ich meine Einkäufe erledigt habe. Ich nahm einen Korb und überlegte, was ich brauchte.

Ich wünschte, ich hätte eine Liste gemacht. Ich kann mich nie daran erinnern, was ich will. Sobald ich auf die vollen Regale schaue, wird mein Kopf leer. Das ausländische Essen, diese ganzen Reis- und Nudelsachen und so, sahen echt gut aus. Ich denke oft, dass ich sie gerne mal probieren würde, aber ich weiß ja gar nicht, wie man sie zubereitet. Und vielleicht schmecken sie mir sowieso nicht, also lasse ich es lieber. Für Cheryl und Karen hätte ich aber gerne etwas Außergewöhnliches gemacht, um sie zu beeindrucken und so. Ich hätte fast eine Packung Poppadoms gekauft, weil ich wusste, dass sie so ähnlich wie Chips sind, nur exotischer. Dann sah ich, dass sie gekocht werden müssen, und nahm doch lieber Chips. Um sicherzugehen, ein paar verschiedene Sorten.

Außerdem nahm ich ein paar gefrorene Hotdogs, die nur warm gemacht werden mussten, etwas Hundefutter und eine große Flasche Sprite. Ich wollte auch Cola kaufen, aber ich hatte zu Hause noch etwas Kräuterlimo, außerdem war der Korb schon ziemlich voll. Der Griff grub sich in meine Finger, und die taten noch weh von der Waschmaschine.

Willy steht immer hinter der Kasse, es sei denn, er muss einem etwas holen. Aber weit weg geht er nie. Über ihm hängen große, gebogene Spiegel, auf denen er beobachten kann, was die Kunden tun, und dann hat er noch einen kleinen Schwarzweißfernseher, auf dem verschiedene Ecken des Ladens zu sehen sind. Ein paarmal habe ich mich darauf entdeckt. Das ist echt unheimlich. Man sieht ganz anders aus, als man denkt. Als ich mich zum ersten Mal gesehen habe, hatte ich keine Ahnung, wer es war. Ich hatte nicht gewusst, dass ich so schmale Schultern habe. Es ist etwas anderes, als wenn man in einen Spiegel guckt und sieht, wie man zurückschaut. Ich konnte mich irgendwie von der Seite und von hinten sehen, außerdem hatte ich den Kopf gestreckt, als würde ich nach etwas suchen. Nach einer Weile wurde mir klar, dass es daran lag, dass ich auf den Bildschirm starrte und mich von dort sah, wo die Kamera war. Ich versuchte mich umzudrehen, sodass ich gleichzeitig die Kamera und den Bildschirm sehen konnte, aber das funktionierte nicht. Wenn ich meinen Kopf in eine Richtung drehte, drehte ihn die Gestalt auf dem Bildschirm in die andere. Es war echt komisch. Außerdem tat mir bald der Hals weh.

Vor mir war ein anderer Kunde, und ich musste warten, bis Willy ihn bedient hatte. Ich hatte den Mann noch nie gesehen, aber er muss ein Stammkunde gewesen sein, denn Willy sprach genauso freundlich mit ihm wie mit mir. Da ich warten musste und auf den kleinen Fernseher geschaut hatte, hatte ich das Feuerwerk ganz vergessen, aber als ich meinen Korb neben die Kasse stellte, sagte Willy: «Vergiss die nicht.»

Ich erwartete eine der großen Packungen aus dem Glasschrank, doch Willy griff unter den Tresen und zog eine echt superkleine Schachtel hervor. Sie war auch nicht so bunt wie die anderen. «Willst du auch Wunderkerzen haben?», fragte er. «Ich gebe sie dir billig.»

Ich war so enttäuscht, dass ich ohne schlechtes Gewissen nein sagte. Dabei hatte ich Wunderkerzen immer besonders gern. Bevor wir in den Pub gezogen sind, haben mich meine Mama und mein Papa an Silvester immer mit in den Park genommen, und jedes Mal hat mein Papa so getan, als hätte er vergessen, welche zu kaufen. Er wartete immer, bis ich wirklich glaubte, er hätte keine, und zog sie dann aus seiner Tasche. Selbst als wir schon im Pub wohnten und an Silvester nicht mehr in den Park gehen konnten, hat er mir noch Wunderkerzen gekauft.

In einem Jahr hatte er sie dann tatsächlich vergessen. Ich dachte, er würde wieder Spaß machen wie sonst, aber dieses Mal hatte er wirklich keine. Am Ende schlug er mir auf den Kopf und sagte, ich solle aufhören, ihn zu nerven. Meine Mama sagte: «Es hat keinen Sinn, es an ihm auszulassen, oder?», und mein Papa schrie: «Ach, fang nicht schon wieder damit an!», und ging weg. Ich hatte keine Ahnung, worüber die beiden sprachen, und am nächsten Tag schenkte mir mein Papa eine große Packung Wunderkerzen, aber es war nicht das Gleiche. Silvester war ja schon vorbei.

Wie auch immer, Willy schien es nicht zu kümmern, dass ich keine wollte. Er hatte echt gute Laune, und als er die Preise für das ganze Hundefutter in die Kasse tippte, machte er einen Witz darüber, dass ich eine Menge Hunde haben muss. Ich lachte, obwohl er das jedes Mal sagt. Er wollte nur freundlich sein, und als ich rausging, fragte er, ob ich eine Tragetasche brauche, um alles reinzutun. Normalerweise kostet eine Tasche zehn Pence, aber dieses Mal gab er mir zwei umsonst. Da fühlte ich mich nicht mehr so schlecht, dass ich die Böller gekauft hatte.

Was ich mit ihnen anstellen soll, wusste ich aber immer noch nicht. Dann dachte ich, dass ich sie abfeuern könnte, wenn Cheryl und Karen kommen. Ein privates Feuerwerk für die beiden. Ich wette, damit würden sie nicht rechnen. Nicht im Sommer.

Der Gedanke war total aufregend, und als ich nach Hause kam, machte ich mir nicht einmal die Mühe, den Rest der Einkäufe auszupacken, sondern nahm nur die Schachtel mit dem Feuerwerk aus der Tüte, um zu schauen, was drin war. Sie war in durchsichtige Plastikfolie eingeschweißt, die sich nicht aufreißen ließ. Ich musste ein Messer nehmen und hätte mir fast in den Finger geschnitten. Als ich die Schachtel öffnete, war sie halb leer. Klar, es war nur eine kleine Schachtel, aber mehr als eine Leuchtkugel, ein Knallfrosch, etwas, das «Glühender Brunnen» hieß, und ein paar Knaller war nicht drin. Am liebsten wäre ich wieder zu *Willy's* gegangen und hätte mein Geld zurückverlangt. Aber da er mir die Schachtel so billig überlassen hatte, konnte ich das nicht. Wahrscheinlich wusste er selbst nicht, was drin war.

Trotzdem war es echt enttäuschend. Es wäre peinlich gewesen, die Knaller vor Cheryl und Karen abzufeuern. Drei Pfund vergeudet.

Keine Ahnung, wie ich darauf kam, sie im Keller abzufeuern. Vielleicht weil es unten dunkel war und ich es auch am

Tage machen konnte. Nach allem, was geschehen war, nach den Frechheiten des Rothaarigen und so, wäre ich erst am nächsten Morgen wieder runtergegangen. Eigentlich hatte ich für heute genug von ihnen gehabt. Aber sobald ich die Idee hatte, konnte ich es nicht mehr abwarten.

Ich nahm eine leere Dose aus der Mülltonne und ging dann runter in den Keller. Auf Zehenspitzen schlich ich durch den Gang und blieb vor der Tür zu den Abteilen stehen. Ich hätte mich totlachen können, aber ich wollte nicht, dass sie mich hören. Das hätte alles verdorben. Ich legte einen Knaller in die Dose, entriegelte ganz langsam die Tür und schaltete das Licht im Gang aus. Mir wurde ein bisschen komisch, als ich wieder im Dunkeln stand, doch ich wusste, dass es so besser ist. Ich ließ meine Hand auf dem Schalter liegen, damit ich das Licht sofort wieder anmachen konnte, wenn ich wollte. So schlimm war es aber gar nicht. Am Anfang ein bisschen umheimlich, doch dann konnte ich das Licht aus dem Keller am anderen Ende sehen, und es war okay.

Ich öffnete die Tür, nur ein ganz kleines Stückchen, und lauschte. Sie müssen etwas gehört haben, denn sie waren alle mucksmäuschenstill. Dann flüsterte eins: «Ist er es?», und ein anderes machte «Pst!». Ich musste immer noch ein Lachen unterdrücken, zündete ein Streichholz an und damit den Knaller und rollte die Dose in den Keller.

«Was ist das?», hörte ich eins sagen, und dann knallte es. Es war so laut, dass selbst ich zusammenzuckte und meine Ohren klingelten. Während die Dose noch klapperte und sie schrien und kreischten, zündete ich die anderen Knaller an und warf sie auch in den Keller.

Es war großartig! Überall knallte und blitzte es, und als

der letzte Knaller erlosch, schaltete ich das Licht an, woraufhin wieder alle kreischten. Ihre Gesichter waren echt ein Anblick. Die Augen weit aufgerissen und total verängstigt. Ich konnte nicht aufhören zu lachen. Das Schwarze schrie wie am Spieß und hüpfte umher, schlug sich auf die Beine, was mich noch mehr zum Lachen brachte. Dann sah ich die Funken, die aus seiner Hose kamen.

Ich blieb ganz ruhig, packte nur einen der Wassereimer und kippte ihn über ihm aus. Erst brüllte es noch lauter, dann setzte es sich hin und zog stöhnend die Hose aus. Es trug keine Unterhose, und man konnte unter seinem Hemd alles baumeln sehen. Der Anblick gefiel mir nicht, und ich wollte sagen, dass es sich anziehen soll, aber in dem Moment fiel der Knallfrosch aus seiner Hose und landete auf dem Boden. Das Schwarze achtete nicht darauf. Seine Beine waren total dürr, und auf einem Schienbein hatte es einen ganz dunklen Fleck, der ungefähr so groß wie der Deckel eines Marmeladenglases war. Das Schwarze pustete auf die Stelle, als wollte es sich abkühlen oder so. «Warum hast du das getan, Mann?», fragte es. «Du hast mich verbrannt, warum hast du das getan?»

Es klang, als wäre es kurz vorm Heulen. Sein Gesicht war total verzerrt, und dann packte es den Knallfrosch und schleuderte ihn in meine Richtung. Es hatte nicht richtig gezielt, außerdem krachte der Knallfrosch nur gegen das Gitter, aber ich war trotzdem ein bisschen überrascht. Das Schwarze machte eigentlich nie Ärger. Doch ich schimpfte nicht mit ihm oder so. Es war fast in Brand geraten und schon mit Wasser überschüttet worden, ich konnte also nicht mehr viel machen. Und es tat mir leid, dass es sich verbrannt hatte. Ich wollte den Knallfrosch ja nicht direkt auf ihn werfen, es war ein Unfall. Jedenfalls hatte ich keinem von ihnen wehtun wollen. Es sollte nur ein kleiner Spaß sein.

«Alles in Ordnung?», fragte das Rothaarige. Ich dachte, es würde mit mir sprechen, doch als ich mich umdrehte, sah ich, dass es das Schwarze meinte.

«Tut weh», sagte das Schwarze. Es biss die Zähne zusammen, hielt sich das Bein und schaukelte hin und her. «Tut höllisch weh.»

«Bist du jetzt zufrieden?», fragte das Rothaarige, und dieses Mal sprach es mit mir. «Freust du dich jetzt, dass du einem von uns wehgetan hast?» Ich hätte am liebsten gesagt, dass ich es nicht gewollt habe, ließ es aber bleiben. Die anderen waren im Käfig, nicht ich. «Was hast du als Nächstes vor? Willst du uns für Schießübungen benutzen?», schrie das Rothaarige, und es rief noch hinter mir her, als ich schon durch den Gang davonging.

Ich ging hoch und schaute nach, ob ich im Badezimmerschrank etwas gegen Verbrennungen hatte. Viel gab es nicht, nur ein paar Pflaster und Aspirin. Ich ging in die Küche und holte Margarine. Meine Mama hat immer gesagt, Butter wäre gut gegen Verbrennungen, und Margarine ist praktisch das Gleiche wie Butter.

Unten im Gang konnte ich hören, wie alle miteinander redeten. Sie müssen mich gehört haben, verstummten aber nicht wie sonst, wenn ich in den Keller kam. Ich spürte ihre Blicke auf mir, als ich vor das Abteil des Schwarzen trat und die Medizin mit dem Besenstiel unter das Gitter hindurchschob. Es beachtete sie nicht. Es saß noch immer mit runtergelassener Hose am Boden, und sein Teil baumelte herum. Meiner Meinung nach übertrieb es jetzt ein bisschen. Aber die Verbrennung sah schlimm aus, und ich wollte ihm gerade sagen, dass es sich etwas Margarine aufs Bein schmieren soll, als das Rothaarige sagte: «Das ist eine ernsthafte Verbrennung. Sie muss fachgerecht untersucht und nicht mit diesem Zeug da eingeschmiert werden.»

«Mund halten», sagte ich, ohne mich umzuschauen, aber es gehorchte nicht.

«Wenn man Fett draufschmiert, wird sich die Wunde entzünden», sagte es. «Er muss vernünftig verbunden werden, im Krankenhaus.» Es dachte wohl, ich wäre blöd. Ich ersparte mir eine Antwort. «Ich war früher Krankenschwester», sagte es. «Lass mich raus, dann kann ich mir die Wunde wenigstens mal anschauen. Danach kannst du mich wieder einsperren.»

Mir war egal, was es früher mal war. Ich hatte genug von ihnen. Besonders vom Rothaarigen. «Wirklich, ich verspreche dir, dass ich nichts versuchen werde», sagte es. Da ich nicht darauf einging, schlug es gegen die Gitterstäbe und rief: «Ich rede mit dir! Bist du taub, oder was?»

Jetzt hatte ich endgültig genug. «Mund halten!», sagte ich.

«Er muss medizinisch versorgt werden!», rief es.

«Mund halten!», befahl ich wieder, aber es schrie: «Ich war früher Krankenschwester!» Ich knallte den Besen gegen das Gitter und brüllte: *«Aber jetzt nicht mehr!»*

Stille setzte ein. Man konnte die Gitterstäbe vibrieren hören. Dann grinste mich das Rothaarige gehässig an und meinte: «Du bist echt ein toller Hecht mit deinem großen Stock, was?»

Ich schlug wieder gegen das Gitter, aber dieses Mal zuckte es kaum noch zusammen. «Ich wette, dass ist der einzige Stock, mit dem du umgehen kannst, oder?», sagte es. Da

wurde ich echt wütend und rief: «Halt's Maul!», und stieß
es mit dem Besenstiel.

Ich hatte es wohl etwas härter getroffen, als ich wollte.
Das Rothaarige machte ein Geräusch, krümmte sich zusam-
men und hielt sich den Bauch. Dann meinte das Schwarze:
«Lass sie in Ruhe!»

Ich war so überrascht, dass ich nicht wusste, was ich sagen
soll. Ich drehte mich nur um und starrte es an. Es stand jetzt
auf, die Hose immer noch runtergelassen. Mit seinen dür-
ren Beinen unter dem Hemd sah es total komisch aus. Aber
ich lachte nicht. Keins von ihnen war bisher so aufsässig
geworden, und ich fragte mich noch, was ich machen soll,
als das Dicke meinte: «Ja, verpiss dich einfach!» Und dann
schrien plötzlich alle auf mich ein und beschimpften und
bespuckten mich. Sogar das alte Weib. Ich brüllte, dass sie
den Mund halten sollten, aber das taten sie erst, als ich mit
dem Besen warf und dem leeren Eimer einen Tritt gab. Er
krachte mit einem lauten Knall gegen das Gitter vor dem
Abteil des Dicken, das sich wegduckte. Da hörten sie alle auf
zu schreien. Ich schaute mich zu dem Rothaarigen um. Es
stand immer noch zusammengekrümmt da und hielt sich
den Bauch. Aus seinen geschlossenen Augen quollen Tränen,
und plötzlich hätte ich am liebsten auch losgeheult. Alles
war einfach schiefgegangen an diesem Tag. Ich wollte mich
dafür entschuldigen, dass ich ihm wehgetan und das andere
verbrannt hatte, wollte sagen, dass mir alles leidtut, aber ich
konnte nicht. Gleichzeitig wollte ich wieder mit dem Stock
auf das Rothaarige einstechen und ihm noch mehr wehtun,
doch dann hätte ich mich noch schlechter gefühlt.

Dann machte das Rothaarige die Augen auf, sah mich an
und fragte: «Warum tust du das?» Seine Augen kamen mir

strahlender und blauer vor denn je, und mit einem Mal hielt ich es dort unten nicht mehr aus. So schnell ich konnte, ging ich raus und verschloss die Tür hinter mir.

Ich war so schnell draußen, dass ich sogar vergessen hatte, das Licht auszuschalten.

Kapitel 12

Das Abendbrot am Samstag ist nicht mehr das gleiche, jetzt, wo *Doctor Who* nicht mehr kommt. Das war großartig: Ich habe mich immer mit dem Essen auf einem Tablett ins Wohnzimmer gesetzt, um die Serie zu gucken. Das war die einzige Gelegenheit, bei der mich meine Mama dort essen ließ, denn an jedem anderen Abend musste ich am Esstisch sitzen. Aber nicht wenn *Doctor Who* lief. Das war etwas Besonderes. Allerdings war es immer viel zu kurz. Eine Folge dauerte nur ungefähr fünfundzwanzig Minuten, und sie hörte immer damit auf, dass irgendein Monster entweder den Doctor oder seinen Assistenten schnappen wollte. Dann musste man die ganze Woche warten, bis man sehen konnte, wie sie davonkommen. Sie schafften es immer, außer wenn ein neuer Doctor die Rolle übernehmen sollte. Dann fiel er von einem Strommast oder so, aber weil er der Zeitgott war, starb er nie. Nur sein Gesicht und seine Anziehsachen änderten sich, und bei der nächsten Folge war er wieder gesund.

Aber das passierte nicht so oft. Normalerweise kam er in letzter Minute davon oder wurde gerettet, genauso wie der Assistent. Das Spannende daran war, dass man immer herausfinden wollte, wie sie davonkommen könnten, obwohl es eigentlich ständig so aussah, als würden sie es nicht schaffen. In einer Folge wurde der Assistent, dieser Junge von einem anderen Planeten, gerade als sie gegen die Cybermänner kämpften, in einem Raumschiff in die Luft gejagt. Ich dachte, jetzt kommt er davon, er wird an Bord der Tardis gebracht, aber so war es nicht. Das Raumschiff wurde einfach in die Luft gejagt. Ich konnte es nicht glauben. Es war, als wären die Regeln gebrochen worden. Die beiden sollten doch nicht sterben.

Aber das war, als *Doctor Who* schon nicht mehr am Samstagabend, sondern mitten in der Woche gesendet wurde, es war also sowieso nicht mehr das Gleiche. *Doctor Who* war am besten am Samstag. Ich konnte es kaum erwarten, dass die Übertragung der Fußballergebnisse aufhörte. Ich kam immer in dem Moment mit meinem Tablett ins Wohnzimmer, wenn mein Papa gerade seinen Totoschein zusammenknüllte und sagte: «Okay, diese Woche werden wir auch nicht reich.» Und wenn er dann rausging, begann die Musik von *Doctor Who*. Meine Mama machte mir immer Fischstäbchen und Pommes, die ich ins Wohnzimmer mitnehmen durfte. Ich dachte, es wäre eine Art Belohnung, aber mein Papa sagte, es würde nur daran liegen, dass die Fischstäbchen und die Pommes nicht viel Dreck machen würden, wenn ich gebannt auf den Fernseher starre und sie auf mein Hemd fallen lasse. Für mich gehörte das jedenfalls alles zusammen. *Doctor Who* und Fischstäbchen und Pommes.

Einmal aß ich gerade, als ein Seeteufel kurz davor war, den Doctor und seine Assistentin zu erwischen. Es war der Doctor mit dem grauen, lockigen Haar, über den mein Papa immer sagte, er würde wie ein Weichei aussehen. Ich hoffte gerade, dass ich nicht bis zur nächsten Woche warten muss, um herauszufinden, wie sie davonkommen. Es war total spannend, und da kam mein Papa rein und meinte: «Verdammte Scheiße, was ist das denn?»

«Ein Seeteufel», sagte ich.

«Ein *See*teufel?», fragte er. Ich nickte und hoffte, dass er jetzt still sein würde, denn es war eine echt spannende Szene, und ich wollte nichts verpassen. Eine Weile sagte er auch nichts, aber dann, als der Seeteufel gerade seine Flossen ausstreckte, um den Doctor zu schnappen, meinte mein Papa: «Das Schwierigste ist, die Schuppen abzukriegen.» Ich versuchte, mich auf den Bildschirm zu konzentrieren, aber ich hatte keine Ahnung, wovon er sprach. «Welche Schuppen?», fragte ich.

«Von seinen Flossen», sagte er. Mehr sagte er nicht, und da Doctor Who gerade versuchte, den Seeteufel davon zu überzeugen, ihn nicht zu töten, und seine Assistentin bei der Flucht wie immer gestolpert war, fragte ich nicht, was er meinte. Als dann der Doctor den Seeteufel total durcheinandergebracht und seiner Assistentin aufgeholfen hatte und davonlief, fragte ich: «Welche Schuppen von seinen Flossen?» Ich dachte, er meint Schuppen wie Geräteschuppen oder Fahrradschuppen, und verstand nicht, was so ein Schuppen mit den Flossen des Seeteufels zu tun haben soll.

«Dieses ledrige Zeug», meinte mein Papa. «Macht ganz schön viel Arbeit, das runterzukriegen.» Der Seeteufel verfolgte sie immer noch. Eigentlich wollte ich nur zuschauen, aber das hatte mir mein Papa nun verdorben. «Warum macht das Arbeit?», fragte ich.

«Na ja, es muss runter, oder?», meinte er.

«Warum?», fragte ich, und er sagte: «Weil die Panade sonst nicht hält.» Ich schaute hoch zu ihm, aber er zwinkerte nur und meinte: «Was glaubst du, woraus Fischstäbchen sind?», und ging raus.

Danach konnte ich nicht aufessen. Ich schaute auf den Seeteufel, der Doctor Who mit erhobenen Flossen jagte, und dann auf meine Fischstäbchen. Als ich eins in zwei Hälften schnitt, kam dieses weiße Zeug rausgequollen. Ich musste meiner Mama sagen, dass sie komisch schmecken, und aß nur die Pommes. Danach konnte ich für eine Ewigkeit keine Fischstäbchen mehr anrühren. Ein bisschen hatte ich sogar Angst, dass ich selbst zu einem Seeteufel werden könnte, weil ich von ihren Flossen gegessen und Seeteufelkeime in mir hatte.

Samstags war immer besonders viel los. Die Männer, die in den Fabriken die Nachmittagsschicht hatten, kamen gleich nach Feierabend rein und blieben bis zum Schluss. Außerdem tranken sie dann mehr, weil am nächsten Tag Sonntag war und die meisten nicht früh aufstehen und zur Arbeit gehen mussten. Gegen halb zwölf, wenn die Gäste sich auf den Nachhauseweg machten, wurde es richtig laut. Ich wachte immer davon auf, wie sie sich draußen gegenseitig eine gute Nacht wünschten.

Eines Abends war unten Lärm und Geschrei, und als ich aufwachte, dachte ich, es wäre Schankschluss. Aber als ich auf die Uhr schaute, war es erst zehn, und dann hörte ich auch, dass es andere Geräusche waren als sonst. Ich stieg aus dem Bett und stellte mich oben an die Treppe, um zu schauen, was los war. Doch jetzt kam der Lärm eher von draußen. Ich lief ins Schlafzimmer meiner Eltern und schaute aus dem Fenster. Auch von dort konnte ich nichts sehen, denn es passierte alles direkt unten im Eingang. Der Krach wurde lauter, und ich konnte hören, wie Männer riefen: «Hey, hey, hey!», und: «Komm schon, das reicht!», und so weiter, und dann stürzten zwei Männer mitten auf die Straße. Sie prügelten sich.

Bis dahin hatte ich noch nie gesehen, wie sich Männer prügeln. Nur Jungs in der Schule. Mir war nie wohl dabei. Die beiden Männer boxten aufeinander ein, und man konnte hören, wie ihre Stiefel über den Asphalt schlurften und Kleingeld auf die Straße klimperte, das ihnen aus den Taschen gefallen war. Einer schlug dem anderen genau ins Gesicht, dann gingen andere Männer dazwischen und zerrten sie auseinander. Unten entstand ein großes Getümmel, aber nun prügelte sich keiner mehr, und nach einer Weile gingen alle wieder rein.

Ich legte mich wieder ins Bett. Aber ich konnte nicht einschlafen. Unten war es noch lauter als sonst, so als wären alle total aufgewühlt. Dann gab es einen Knall, und es war ganz still. Kurz darauf begannen alle durcheinanderzuschreien. Ich stand auf und lief wieder ins Schlafzimmer meiner Eltern. Gerade als ich aus dem Fenster schaute, stürzte jemand aus dem Pub auf die Straße. Auf der gegenüberliegenden Straßenseite stand ein anderer Mann, und ich dachte, es ist einer von denen, die sich geprügelt hatten, aber ich war mir nicht sicher. Dann hörte ich meine Mama rufen, und mir wurde klar, dass der Mann, der aus dem Pub gelaufen ist, mein Papa war.

Der andere Mann brüllte ihn an, aber mein Papa sagte kein Wort. Er ging nur auf ihn zu und schlug ihm mitten ins Gesicht. Damit hätte ich nie gerechnet, denn er war kein Schläger. Ich glaube, der andere hatte auch nicht damit gerechnet, denn man konnte ihm ansehen, dass er nicht darauf vorbereitet gewesen war. Er taumelte zurück und holte nach meinem Papa aus, aber mein Papa schlug ihn noch einmal, und der Mann kippte nach hinten um. Mittlerweile waren wieder haufenweise Männer auf der Straße, und als ich sah, dass meine Mama rauslief, rannte ich aus ihrem Schlafzimmer und nach unten.

Als ich in den Schankraum kam, kamen die Leute gerade wieder rein. Meine Mama und mein Papa waren mitten im Getümmel. Ich ging zu ihnen, und da gab es mit einem Mal so ein Knirschen, und mir stach etwas in den Fuß. Ich schaute runter und sah, dass der Boden mit Glasscherben übersät war. Und mittendrin lag ein Ziegelstein. Bis dahin war mir gar nicht aufgefallen, dass das Fenster eingeschlagen war.

Meine Mama brachte mich in die Küche, um die Scherbe rauszuziehen und ein Pflaster draufzukleben. Ich konnte nicht aufhören zu weinen, und zwar nicht nur weil mein Fuß wehtat, sondern weil ich traurig war, dass mein Papa sich geprügelt hatte. Aber alle waren echt nett zu mir. Meine Mama ging mit mir in die Schankstube, damit ich sehen konnte, dass es meinem Papa gutging. Er hatte eine Schwellung an der Wange, aber er fuhr mir durchs Haar und zwinkerte. Er schien wirklich gute Laune zu haben. Einer der Männer fragte, ob mein Papa die Polizei einschalten wolle, aber der sagte nein, er würde schon selbst dafür sorgen, dass der Scheißkerl das Fenster aus eigener Tasche bezahlt. Ich nahm an, der Scheißkerl war der Mann, mit dem er sich geprügelt hatte. Dann sagte mein Papa: «Jedenfalls hat er für heute wohl genug», und alle lachten. Meine Mama sagte, sie würde meinem Papa zu Weihnachten Boxhandschuhe schenken, und da lachten wieder alle. Nach einer Weile sah ich, wie sich meine Mama und mein Papa ansahen. Er grinste, ein bisschen schüchtern, und sie schüttelte den Kopf. Aber sie lächelte, und als er ihr zuzwinkerte, zwinkerte sie zurück.

An diesem Abend blieb ich bis zur Sperrstunde auf. Und am nächsten Tag, während mein Papa das Fenster zunagelte, ging ich auf die Straße und sammelte die Münzen ein, die den Männern aus den Taschen gefallen waren. Es waren fast zwei Pfund.

Obwohl *Doctor Who* nicht mehr läuft, gibt es samstagabends noch eine Menge guter Sendungen. Zum Beispiel Quizshows. In einer wusste ich sogar die Antwort auf eine Frage: Aus was wird Bier gemacht, aus Gerste oder Hopfen? Das war einfach. Dann gab es eine amerikanische Polizeiserie. Die sind viel besser als die englischen. In den amerikanischen gibt es immer eine Menge Verfolgungsjagden und Schießereien, während es in den englischen meistens um den Einbruch im Haus einer alten Lady geht oder so.

Ich guckte auch noch den Spätfilm über ein Monster aus dem Weltraum, das am Nordpol gegen Soldaten kämpft. Es war ein Schwarzweißfilm, aber er war trotzdem gut. Danach gab es nicht mehr viel, und ich ging ins Bett.

Ich weiß nicht, wie spät es war, als ich aufwachte. Ich hasse es, mitten in der Nacht aufzuwachen, denn dann spürt man besonders, wie leer der Pub ist. Alles ist dunkel, und jedes Geräusch hallt so sehr, dass man merkt, wie alleine man ist. Ich hatte keine Ahnung, warum ich aufgewacht bin, und gerade als ich wieder einnickte, hörte ich draußen ein Geräusch. Mein Zimmer liegt auf der Rückseite des Pubs, genau über dem Biergarten, und das Geräusch kam von dort. Ich wollte nicht aufstehen, um nachzuschauen. Nicht dass ich Angst im Dunkeln hätte oder so. Aber es ist irgendwie komisch. Am Tag kann man über unheimliche Sachen lachen, aber in der Nacht sind sie nicht mehr so lustig.

Dann hörte ich ein Lachen, und das klang nicht so schlimm. Da es sich nach einem Mädchen anhörte, stand ich auf und ging zum Fenster. Ich zog die Vorhänge ein bisschen auf und guckte raus. Zuerst konnte ich nichts sehen, aber dann bemerkte ich eine Bewegung in der Ecke vor der Mauer. Es war total dunkel, doch bald bewegte es sich wieder, und ich sah, dass es ein Mann und eine Frau waren, die sich küssten. Ich war froh, denn ich glaubte nicht, dass sie das tun würden, wenn sie Einbrecher wären.

Aber dann ärgerte ich mich ein bisschen. Der Biergarten ist schließlich ein Privatgrundstück, das Tor ist geschlossen und so. Es muss doch andere Orte geben, wo man sich küssen kann. Am liebsten hätte ich an die Scheibe geklopft und ihnen gesagt, dass sie verschwinden und sich irgendwo anders küssen sollen.

Vielleicht hätte ich es auch getan, aber dann fiel mir auf, dass sie irgendwie komisch dastanden. Der Mann war total zusammengekrümmt, und die Frau hing an ihm, als würde er sie huckepack tragen. Nur dass sie nicht auf seinem Rücken hing, sondern vorne. Und mit einem Mal wusste ich, dass sie sich nicht nur küssten. Sie trieben es miteinander, im Freien. Im Biergarten. Wahrscheinlich hatten sie gedacht, im Pub würde niemand mehr wohnen, und ich hätte am liebsten gerufen: «Doch, hier wohnt noch jemand!», und kaltes Wasser über die beiden geschüttet, damit sie aufhörten. Ich wollte nicht zuschauen. Ich wollte wegucken, ehrlich, aber ich hatte das gleiche Schwindelgefühl wie damals, als sich Karen auf den Schreibtisch gesetzt hatte. Die Beine der Frau, die sie um den Mann geschlungen hatte, sahen total weiß aus, aber ihre Arme wirkten im Gegensatz zu seinem Hemd eher dunkel. Ich konnte sie auch stöhnen hören, und dann machte der Mann «Ah, ah, ah», und kurz darauf stellte die Frau ihre Füße wieder auf den Boden.

Sie standen noch eine Weile dort und richteten ihre Sachen. Der Mann sah aus, als würde er nach dem Pinkeln seine Hose zumachen. Dann kamen sie aus dem Dunklen, und ich konnte sie kurz anschauen, ehe ich vom Vorhang zurückwich, damit sie mich nicht sahen. Die Frau wirkte überhaupt nicht schlampig. Ihr Gesicht konnte ich nicht erkennen, aber sie war gut angezogen, als wäre sie fein aus gewesen. Sie hatte nicht so einen knappen Minirock an wie die Frauen, die es für Geld machen. Gerade als sie gingen, spähte ich wieder durch den Vorhang. Ich konnte sie nicht durch das Tor gehen sehen, aber ich hörte es quietschen. Ich hatte keine Ahnung, wie sie hereingekommen waren, denn ich war mir sicher, dass ich das Tor abgeschlossen hatte, als ich von der Müllkippe zurückgekommen war. Ich fragte mich, ob sie es aufgebrochen hatten, und wurde echt wütend. Ich hätte sie in den Keller stecken sollen. Da gehören solche wie sie hin.

Ich ging wieder ins Bett, konnte aber nicht einschlafen. Es war so heiß und schwül, dass ich die Decke wegstieß. Aber es half nichts. Ich musste die ganze Zeit daran denken, wie die beiden es draußen getrieben hatten und dass sie dafür nicht einmal in ein Schlafzimmer gegangen waren. Ich sah die weißen Beine der Frau vor mir. Sie erinnerten mich an Karens Beine, obwohl ihre viele brauner sind. Ich dachte daran, wie sie auf dem Tisch vor mir gesessen hatte und ich ihr Höschen sehen konnte, und fragte mich plötzlich, wie es sich wohl anfühlen würde, wenn ihre Beine um mich geschlungen wären. Ich schämte mich sofort und versuchte, den Gedanken zu verdrängen. Aber es ging nicht. Ich sah die ganze Zeit diese schrecklichen Bilder von Karen vor mir, und dann kam mir auch noch Cheryl in den Sinn. Ich versuchte, an etwas anderes zu denken, aber es funktionierte nicht. Ich begann, an richtig böse Sachen zu denken, um mich zu bestrafen und abzulenken. Ich dachte daran, wie meine Mama mich geschlagen hatte, als ich mit zerrissenen Sachen von der Schule heimkam, nachdem Wayne Clark mich verprügelt hatte, und wie mein Papa mich angeguckt hatte, als ich sagte, ich hätte nicht einmal zurückgeschlagen. Ich dachte daran, wie ich eines Nachts gehört hatte, dass sich meine Mama und mein Papa stritten, ob sie mich auf eine Sonderschule schicken sollen, und wie ich mich gefühlt hatte, als ich älter wurde und herausfand, was eine Sonderschule ist. Ich dachte daran, wie ich bei einer geschlossenen Veranstaltung ein Tablett voll Pints fallen ließ und alle über mich lachten, auch mein Papa, bis er mich in die Küche schickte und sagte: «Mein Gott, kannst du nicht wenigstens *versuchen*, normal zu sein?» Ich dachte daran, wie meine Mama mit mir schimpfte, und ich versuchte immer noch, an etwas anderes zu denken, als ich einschlief.

Kapitel 13

Als ich aufwachte, war ich total trübsinnig. Ich mag Sonntage nicht. Selbst im Fernsehen ist bis zum Nachmittag nicht viel los. Als Kind war es noch schlimmer, denn meine Mama wollte abends, bevor der Pub aufmachte, unbedingt die ganzen religiösen Sendungen sehen. Sie ging zwar nie zur Kirche oder so, aber sie war trotzdem religiös. Ganz egal, welche Sendungen auf den anderen Programmen liefen, meine Mama musste immer *Lobgesänge* oder so was gucken. Ich war jedes Mal froh, wenn es halb acht wurde und sie runterging, um meinem Papa hinter der Theke zu helfen.

Dieser Sonntag war nicht so schlimm, denn am nächsten Tag war Feiertag, und Cheryl und Karen wollten ja kommen. Wenn ich an ihren Besuch dachte, wurde ich ganz aufgeregt, es reichte aber nicht, um meine Sonntagslaune aufzuheitern. Noch dazu war es draußen bewölkt.

Beim Frühstück in der Küche las ich meinen *Spiderman*-Comic zu Ende. Nicht mal der war besonders spannend, und als ich fertig war, überlegte ich, was ich tun sollte, bis im Fernsehen etwas Gutes lief. Ich hasse es, wenn ich mich langweile. Dann fiel mir ein, dass der Einkaufswagen noch auf der Müllkippe stand. Eigentlich hatte ich keine Lust, wieder dort hinzugehen, aber ich wusste, dass ich ihn sonst vergessen würde. Meine Papa sagte immer, was du heute kannst besorgen, das verschiebe nicht auf morgen. Ich weiß, was er damit meinte, denn wenn man etwas aufschiebt, muss man trotzdem die ganze Zeit dran denken. Aber es ist nicht immer richtig. Er sagte es einmal zu mir, weil ich nicht zum Zahnarzt gehen wollte, und als ich dann hinging, blieb der Bohrer zwischen meinen Zähnen hängen, und auf dem Heimweg stach mich eine Wespe in den Nacken. Was daran gut gewesen sein soll, verstand ich nicht.

Aber da ich nichts anderes zu tun hatte, ging ich los, um den Einkaufswagen zu holen. Am Kanal waren wieder ein paar Leute, aber nicht mehr so viele, weil es nicht so schön war wie am Samstag. Es sah aus, als könnte es regnen, und das Wasser war ganz braun und schlammig. Oben auf der Böschung blieb ich stehen, um mich zu vergewissern, dass der Mann mit der Waschmaschine nicht mehr dort war. Als ich runter zur Müllkippe ging, hatte ich ein bisschen Angst, dass er irgendwo hervorspringt und mich wieder anbrüllt, aber er kam nicht.

Den Einkaufswagen konnte ich auch nicht sehen. Ich fragte mich, ob der Mann ihn mitgenommen hatte, um mir eins auszuwischen. Als ich mir vorstellte, dass er ihn gestohlen hatte, wurde ich ein bisschen sauer, aber dann entdeckte ich ihn unter ein paar verdorrten Rosenbüschen, die mir in die Hand stachen, als ich ihn herauszog. Ich fand es eine ziemliche Frechheit, dass ihn jemand weggeworfen hatte, dem er nicht einmal gehörte, aber letztlich war ich froh, ihn gefunden zu haben.

Die Waschmaschine des Mannes lag auch noch da. Daneben war weiterer Müll abgeladen worden, und ich schaute nach, ob etwas Brauchbares dabei war. Doch ich entdeckte nur einen Toaster und eine Schreibtischlampe, und die waren beide kaputt. Dann sah ich eine alte Matratze und zog sie hervor. Man hört ja immer wieder von Leuten, die Geld in Matratzen finden, das Rentner dort versteckt hatten, die dann starben, ohne jemandem davon erzählt zu haben. Oder das Geld war gestohlen. Ich würde gerne mal Geld finden, aber ich weiß nicht, wie ich mich fühlen würde, wenn es geklaut worden wäre. Die Polizei würde danach suchen, und ich würde mich nie trauen, es auszugeben. Und die Leute, die es gestohlen hatten, würden vielleicht auch danach suchen. Ich stellte mir vor, dass sie die Müllkippe überwachen und sehen, wie ich die ganzen Scheine finde, und dass sie mir nach Hause folgen, damit sie einbrechen und mich erwischen können, wenn es dunkel ist. Ich drehte mich um und schaute, ob mich jemand beobachtete, und war dann echt erleichtert, als mir einfiel, dass ich ja gar kein Geld gefunden hatte.

Das ist immer so bei mir gewesen. Meine Phantasie geht mit mir durch. In der Schule habe ich deswegen ständig Ärger gehabt. Mr. Hargreaves, der Mathelehrer, schrieb einmal in mein Zeugnis: «Nigel kann sich sehr schlecht konzentrieren. Er sollte besser darauf achten, was in seiner Umgebung geschieht, als sich Tagträumereien hinzugeben.»

Meine Eltern haben mir deswegen echt die Ohren langgezogen. Mir wäre es egal gewesen, wenn ich in den Mathestunden nicht mehr mitgekommen wäre, aber ich hatte zu viel Angst vor Mr. Hargreaves und wollte nicht, dass er böse wird. Ich versuchte wirklich zu verstehen, was er uns erzählte, aber es gelang mir einfach nicht. Und man durfte nie sagen, dass man etwas nicht verstanden hatte, weil er dann nur die Beherrschung verlor und laut wurde. Außerdem konnte er das S nicht richtig aussprechen, sodass man sowieso kaum verstand, was er sagte.

Einmal versuchte ich bei einer Stunde aufzupassen, aber es war total schwer. Außerdem musste ich die ganze Zeit an einen Kriegsfilm denken, den ich am Abend zuvor gesehen hatte. Er war echt gut gewesen, eine Menge Panzer tauchten darin auf, und ich dachte, dass ich gerne Panzerfahrer wäre. Ich stellte mir vor, wie ich durch diesen schmalen Sichtschlitz schaue und überlege, auf was ich schießen soll, und da muss sich Mr. Hargreaves umgedreht und gesehen haben, wie ich durch die Finger spähte und Panzergeräusche machte, denn er rief: «DU, JUNGE!», und warf mit seiner Kreide nach mir.

Allerdings verfehlte er mich und traf den Jungen, der hinter mir saß, und zwar genau am Kopf. Mr. Hargreaves musste sich entschuldigen, und man merkte, dass es ihm nicht leichtfiel, denn er hatte Wayne Clark getroffen, und Wayne Clark war ein echter Problemfall und machte immer Ärger. Er tat so, als hätte die Kreide ihm richtig wehgetan, und obwohl jeder wusste, dass er nur spielte, konnte Mr. Hargreaves nicht viel sagen, weil er ihn ja gar nicht hätte treffen dürfen. Dadurch wurde er noch wütender auf mich, und ich musste mich vor der ganzen Klasse mit dem Gesicht zur Wand in die Ecke stellen.

Auch während der Morgenpause musste ich dort stehen bleiben, aber das machte mir nichts aus. Ich wusste, dass Wayne Clark mich nur geschlagen hätte, wenn ich rausgegangen wäre. Er hätte die Kreide als Ausrede benutzt, obwohl es nicht meine Schuld war. Aber er war eben ein Schläger. Ich hoffte, dass er die Sache nach der Pause vergessen hatte, aber dem war nicht so. Er verprügelte mich einfach in der Mittagspause.

Da ich keine Lust hatte, am Kanal zurückzugehen, schob ich den Einkaufswagen von der Müllkippe auf den Gehweg. Seit mich einmal die Polizei angehalten hatte und wissen wollte, wohin ich mit dem Einkaufwagen möchte, war ich immer ein bisschen unruhig, wenn ich damit auf der Straße unterwegs war. Wahrscheinlich hatten sie gedacht, er wäre gestohlen, und ich hatte total Angst davor, dass sie mich verhaften würden, aber das taten sie nicht. Der eine Polizist war echt fies und unhöflich, aber der andere war ganz in Ordnung und sagte mir, ich kann gehen. Das ist Ewigkeiten her, trotzdem bin ich immer ein bisschen angespannt, wenn ein Auto vorbeifährt.

Aber sonntags sind zum Glück kaum welche unterwegs. In der Gegend ist sowieso nie viel Verkehr. Ab und zu fuhr ein Wagen vorbei, aber ich dachte die ganze Zeit an Cheryl und Karen und achtete eigentlich gar nicht darauf, ob irgendwo ein Polizeiauto zu sehen war.

Deshalb wäre ich vor Schreck fast erstarrt, als ein weißer Wagen heranfuhr und genau vor mir anhielt. Die Tür ging auf, und eine Frau lehnte sich heraus, sie hatte ein komisches Lächeln. Ich sah gleich, dass es keine Polizistin ist, denn sie war ungefähr fünfzig und trug keine Uniform oder so. Trotzdem wurde ich ein bisschen nervös. Als der Wagen angehalten hatte, war ich stehen geblieben, jetzt ging ich weiter und schaute sie nicht an. Ich dachte, dass sie wahrscheinlich nur nach dem Weg fragen will oder so. Ich hasse so etwas, denn ich bin bei solchen Dingen keine große Hilfe. Natürlich kenne ich mich in der Gegend aus, aber wenn mich jemand fragt, wo er langmuss, komme ich total durcheinander. Manche Leute werden echt böse, wenn man ihnen den Weg nicht sofort beschreiben kann. Ein Mann sagte mal das S-Wort und fuhr davon, während ich noch überlegte, wo die Straße ist, die er suchte. Als mir hinterher klarwurde, dass wir bereits auf der Straße waren, habe ich mich echt gefreut. Ich hoffe, er hat sich verfahren und kein Benzin mehr gehabt.

Deshalb schaute ich diese Frau lieber nicht an. Wenn sie wissen, dass man sie bemerkt hat, kann man kaum noch so tun, als hätte man sie nicht gesehen. Aber ich spürte ihre Blicke, und gerade als ich dachte, ich würde davonkommen, sagte sie plötzlich: «Nigel?»

Zuerst dachte ich, ich hätte mich verhört. Ich vergaß meinen Vorsatz und schaute sie an. Daraufhin sagte sie: «Du bist doch Nigel, oder?» Ich nickte nur. Es ist komisch, wenn einen jemand, den man nicht kennt, einfach so beim Namen nennt. Ein bisschen verwirrend. Als ich nickte, strahlte sie übers ganze Gesicht und sagte zu dem Mann am Steuer: «Ich hab doch gesagt, dass er es ist», und dann schaute sie mich an und fragte: «Du bist doch Martha Sheldons Sohn, oder?»

Das verwirrte mich noch mehr, denn meine Mama hieß zwar Martha, aber nicht Sheldon. Ich überlegte noch, was ich sagen soll, als die Frau den Kopf schüttelte. «Ach, was sag ich denn! Sheldon war der Mädchenname deiner Mutter. Für mich ist sie immer noch Martha Sheldon, weil wir zusammen zur Schule gegangen sind.» Sie hielt inne, als würde sie von mir erwarten, dass ich etwas sage. Aber da mir nichts einfiel, redete sie weiter. «Du erinnerst dich nicht an mich, oder?» Ich schüttelte den Kopf. «Hilda Grant», sagte sie. «Wir haben früher in der Mapping Road ein paar Häuser weiter gewohnt, bevor wir wegen Georges neuer Arbeitsstelle weggezogen sind.»

An die Mapping Road erinnerte ich mich, denn dort haben wir gewohnt, bevor wir in den Pub zogen. Ich war damals noch ein kleines Kind und konnte mich nicht an die Frau erinnern. Aber ich dachte, ich muss jetzt etwas sagen. «Ach», sagte ich. Etwas anderes fiel mir nicht ein. Ich erinnerte mich ja nicht an sie.

«Das ist lange her, und wir sind vor euch dort weggezogen. Wahrscheinlich erinnerst du dich nicht an uns», sagte sie. «Nein», antwortete ich. Es war mir ein bisschen peinlich, aber es hatte auch keinen Zweck, ihr etwas vorzumachen. Sie hatte sich immer noch halb aus dem Wagen gelehnt, dann drehte sie sich zu dem Mann um. «Ist er seiner Mutter nicht wie aus dem Gesicht geschnitten, George?» Der Mann reckte seinen Hals, damit er mich sehen konnte, und sagte: «Ja.» Da er wie sie lächelte, dachte ich, ich sollte es auch tun, und so lächelten wir drei uns eine Weile an. Ich wünschte, sie würden weiterfahren, denn mein Gesicht begann schon wehzutun, aber sie blieben einfach dort im Wagen sitzen und lächelten mich an. Es war ein alter Wagen, der aber total sauber war und glänzte. Das Innere roch nach diesen Luftauffrischern, von denen mir immer ein bisschen übel wird. Auch in diesem Moment, als ich einfach nur dastand. Ich konnte das Ding vom Spiegel an der Windschutzscheibe baumeln sehen, es bestand aus zwei großen blauen Kugeln, die wie Juwelen aussahen. Schade, dass mir davon übel wird. Sonst hätte ich so ein Ding in den Keller hängen können, um etwas gegen den Gestank zu machen.

«Das mit deiner Mutter hat mir wirklich leidgetan», sagte die Frau nach einer Weile. Während sie es sagte, hörte sie auf zu lächeln und setzte eine traurige Miene auf. «Und das mit deinem Vater», sagte sie und sah noch trauriger aus. «Das muss wirklich ein harter Schlag für dich gewesen sein, wo die beiden doch noch so jung waren.»

Ich wollte nicht darüber sprechen. Besonders nicht mit Fremden. Aber immerhin konnte ich jetzt mit dem Lächeln aufhören. «Aber man muss mit solchen Dingen einfach fertigwerden, nicht wahr? Wenn der Herr entscheidet, dass unsere Zeit gekommen ist, dann steht es uns nicht zu, seine Entscheidung in Frage zu stellen, oder?», sagte sie. Ich fand das ein bisschen komisch, aber ich nickte nur. «Bist du ein Kirchgänger?»

Ich hasse solche Fragen. «Eigentlich nicht», sagte ich.

Sie schaute mich etwas streng an, aber immer noch freundlich, und sagte: «Eigentlich nicht? Eigentlich nicht ist nicht gut. Feiglinge gewinnen keine Kämpfe, oder?» Ich hatte keine Ahnung, was sie damit meinte, aber ich sagte, sie habe wohl recht. «Du solltest in die Kirche gehen», sagte sie. «Deine Mutter würde es wollen, meinst du nicht? Sie war immer eine Frau der Kirche.»

Ich hätte fast gesagt, dass sie schon damals, als ich noch ganz klein war, nicht zur Kirche gegangen ist, aber ich wollte nicht, dass die Frau schlecht von meiner Mama denkt. Sie hatte an Gott und Jesus und so weiter geglaubt, und ich schätze, das ist das Gleiche.

«Wir gehen in unser Gemeindehaus», sagte sie. «Du solltest mal vorbeischauen. Ich weiß, dass sich deine Mutter darüber freuen würde. Wir können dich gerne mitnehmen, nicht wahr, George?» Sie drehte sich wieder zu ihrem Mann um. Er saß immer noch vorgebeugt da, damit er mich sehen konnte. Beide begannen wieder zu lächeln.

Er nickte. «Ja.» Ich stellte fest, dass er eine total hohe Stimme hatte. «Aber bedränge den jungen Mann doch nicht, Hilda. Es ist seine Entscheidung. Jeder hat das Recht, für sich zu entscheiden.»

Ich glaube, der Frau gefielen seine Worte nicht, denn ihr Mund wurde mit einem Mal ganz schmal. Dann lächelte sie mich wieder an. «Und wo willst du gerade hin?»

«Nach Hause», sagte ich. Die Frau guckte den Einkaufswagen an, als hätte sie ihn vorher noch nicht bemerkt. Ich konnte ihr ansehen, dass sie sich fragte, was ich damit mache. Außerdem fiel mir auf, wie sie mit einem komischen Blick mein T-Shirt betrachtete. Es war alt und ein bisschen schmutzig, weil ich nie gute Sachen anziehe, wenn ich zur Müllhalde gehe. Trotzdem schämte ich mich ein bisschen.

Sie sagte aber nichts über das T-Shirt oder den Einkaufswagen. «Wo wohnst du denn jetzt?», fragte sie.

«Immer noch im Pub», erwiderte ich. Diese Vorstellung gefiel ihr wohl nicht, denn sie sagte: «Ach», und es klang ein bisschen steif. Dann fragte sie: «In dem gleichen Pub, den deine Eltern damals übernommen haben?» Ich nickte. Sie und der Mann schauten sich an, als hätten sie etwas Übles gerochen oder so.

«Aber du betreibst den Pub nicht mehr, oder?», fragte sie, und als ich nein sagte, wirkte sie zufrieden. Warum, wusste ich nicht. Es ging sie ja nichts an. Ich wünschte mir, sie würden mich in Ruhe lassen und weiterfahren, aber dann sagte sie: «Es ist nicht weit von hier, oder? Wir können dich mitnehmen.»

Das war das Letzte, was ich wollte. Ich wusste, dass man niemals bei Fremden ins Auto steigen soll, und obwohl sie gesagt hatte, dass sie mich kennen würde, kann man nicht vorsichtig genug sein. Und dann war da dieser Geruch. Im Wagen war er bestimmt noch schlimmer. Außerdem wollte ich den Einkaufswagen nicht stehenlassen. «Nein danke», sagte ich. Erst schien sie richtig enttäuscht zu sein, dann lächelte sie wieder und sagte: «Na ja, wahrscheinlich bekommst du bei der Bewegung Appetit aufs Sonntagsessen, oder?» Als ich ja sagte, meinte sie: «Kocht denn wenigstens jemand für dich?»

Ich hatte Angst, dass sie mir anbieten würde, es zu tun. Fast hätte ich gelogen und gesagt, dass jemand für mich kochen würde, aber wenn sie mich gefragt hätte, wer wäre ich total durcheinandergekommen. Deshalb sagte ich nein, und sie fragte: «Ach, dann bist du nicht verheiratet?»

Ich spürte, wie ich rot wurde. Ich schüttelte den Kopf, und die Frau lächelte, als hätte sie etwas echt Lustiges oder Nettes gesagt. «Und was ist mit einer Freundin?», fuhr sie fort. Ich wünschte, sie würde den Mund halten. Wenn man nein sagt, ist es total peinlich, weil die Leute dann denken, dass mit einem etwas nicht stimmt. Doch während ich noch überlegte, was ich sagen soll, lachte sie und meinte: «Oje! Du wirst ja rot! Wie heißt denn die Glückliche?»

Jetzt konnte ich nicht mehr sagen, dass es keine geben würde, und öffnete nur den Mund und sagte: «Cheryl.» Kaum hatte ich es gesagt, fühlte ich mich echt gut. Eigentlich war es ja auch gar nicht gelogen oder so. Am nächsten Tag wollte sie mich besuchen, also war sie auf eine Art tatsächlich meine Freundin.

Jetzt grinste die Frau regelrecht, was mir aber ziemlich egal war, selbst als sie sagte: «Und wie lange kennt ihr euch schon?»

Ich überlegte, wie lange ich schon mit ihr und Karen in

einem Büro arbeite, und sagte: «Ungefähr seit drei Mona-
ten.» Die Frau meinte: «Und, habt ihr schon die Verlobung
geplant?» Ich wusste nicht, was ich dazu sagen soll, aber
der Mann meinte: «Hilda, du machst den jungen Mann ja
ganz verlegen», und beide lachten. Aber nicht böse, und ich
fand es nicht schlimm. Es war irgendwie ein schönes Gefühl,
sagen zu können, dass Cheryl meine Freundin ist. Ich fühlte
mich echt gut und sagte: «Ich sehe sie morgen.»

«Ach, das ist schön», sagte sie. «Wollt ihr ausgehen?»
Daran hatte ich nicht gedacht und sagte: «Nein. Sie kommt
mich nur besuchen.» Dann sagte die Frau: «Also planst du
ein schönes, romantisches Essen, was?» Ich wurde wieder
rot. So hatte ich das noch gar nicht gesehen, aber ich nickte.
«Gibt es etwas Exotisches?», fragte sie. «Hotdogs und Chips»,
sagte ich.

Das klang wohl nicht gerade exotisch, und sie sah ein
bisschen überrascht aus. Aber dann sagte sie: «Ach so, ein
Buffet?» Das Wort gefiel mir, deshalb sagte ich ja. «Ist das
nicht nett, George?», meinte die Frau, und der Mann sagte:
«Ja, großartig.»

Jetzt störten mich die beiden nicht mehr so sehr. Ich war
froh, dass ich ihnen von Cheryl erzählt hatte. Ich hatte noch
nie eine Freundin gehabt. Auf jeden Fall noch keine richtige. Es war echt ein gutes Gefühl. «Bist du sicher, dass wir
dich nicht mitnehmen sollen?», fragte die Frau, und ich
sagte, dass es nicht nötig ist. «Na ja, ich freue mich jedenfalls, dass wir dich zufällig mitten auf der Straße getroffen
haben», sagte sie, und da ich gute Laune hatte, wollte ich
einen Witz machen.

«Ich bin froh, dass sie mich nicht getroffen haben, das
hätte nämlich wehgetan», sagte ich. Ich merkte, dass sie den

Witz nicht kapiert hatte, und sagte: «Getroffen. Mit dem Wagen», und nach einer Weile lachte sie und der Mann auch. «Du musst mal zum Essen bei uns vorbeikommen. Und bring deine Freundin mit», sagte sie.

Das fand ich echt nett von den beiden. Seit meiner Kindheit hat mich niemand mehr zum Essen eingeladen. Ich sagte, dass ich gerne kommen würde, dann verabschiedeten sich die beiden und fuhren davon. Ich winkte, aber ich glaube, sie haben es nicht gesehen.

Das Gespräch hatte mich aufgeheitert. Ich wünschte, ich könnte mich erinnern, wer sie waren. Aber ich mochte sie. Und ich hatte gemerkt, dass sie mich auch mochten. Sonst hätten sie mich nicht zum Essen eingeladen. Erst als ich nach Hause kam, fiel mir ein, dass ich gar nicht wusste, wo sie wohnen.

Das machte mich ein bisschen traurig. Andererseits wäre ich wahrscheinlich sowieso nie einfach so zu ihnen gegangen. Ich konnte ja kaum bei ihnen auftauchen und sagen: «Hier bin ich, was gibt's zum Essen?» Aber es wäre trotzdem etwas gewesen, worauf ich mich hätte freuen können. Einfach zu wissen, dass ich sie besuchen könnte, wenn ich wollte. Doch ich war nicht lange traurig. Ich konnte mich immer noch auf den nächsten Tag und auf Cheryl freuen. Und auf Karen. Das war viel besser als irgendein langweiliges Essen. Wahrscheinlich hätte es bei ihnen sowieso Sandwiches mit Tomaten und Büchsenfleisch gegeben, und die kann ich nicht ausstehen.

Aber es war schön, eingeladen zu werden.

Kapitel 14

Zu Hause machte ich mir ein Käsesandwich mit Gurken. Richtige Sonntagsessen gibt es bei mir nicht mehr, aber als mich die Frau gefragt hatte, ob jemand für mich kocht, musste ich daran denken, wie gut das früher war. Wir aßen sonntags immer erst um drei Uhr, weil mein Papa bis um zwei hinter der Theke arbeitete. Meine Mama schob den Braten immer ungefähr zu der Zeit in den Ofen, wenn wir den Pub aufmachten, und die Leute sagten jedes Mal, wie gut es riecht. Das war auch so. Im ganzen Pub verbreitete sich der leckere Bratengeruch. Deshalb sagte mein Papa, wir sollen einen größeren Braten kaufen und ihn schon am Morgen in den Ofen schieben, damit wir Sandwiches anbieten können. Meine Mama bereitete sie auf Bestellung zu, und das Brot war immer ganz feucht vom Bratensaft. Die Männer, die ihre Schicht beendet hatten, kauften sie nicht, weil sie nach Hause gingen und dort aßen, aber diejenigen, die noch zur Arbeit mussten, nahmen welche mit. Sie gingen weg wie warme Semmeln. Sie sahen lecker aus, aber ich durfte sie nie essen, weil meine Mama meinte, dass ich dann zum Mittagessen keinen Hunger mehr hätte.

Das Problem war nur, dass der Braten schon kalt geworden war, wenn wir selbst zum Essen kamen. Einmal blieben nur noch fettige Knorpel übrig, nachdem meine Mama Sandwiches gemacht hatte. Wir mussten Würstchen essen, was für ein Sonntagsessen meiner Meinung nach ein bisschen wenig ist. Später, als sie keine Sandwiches mehr machte, weil sonntags zur Mittagszeit sowieso keine Gäste kamen, aßen wir statt einem Braten immer Würstchen. Damals hatte ich irgendwann genug von ihnen, aber wenn ich jetzt daran dachte, wünschte ich, ich hätte welche gekauft. Da ich aber keine gekauft hatte, legte ich nur ein paar mehr eingelegte Gurken auf mein Sandwich.

Es war zwar noch bewölkt, aber ziemlich warm, deshalb dachte ich, ich esse draußen im Biergarten. Erst als ich mich hingesetzt hatte und mit meinem Sandwich begann, schaute ich zur Ecke am Tor und erinnerte mich an den Mann und die Frau, die in der vergangenen Nacht dort gewesen waren.

Es versetzte mir einen komischen Stich. Ich hatte so viel um die Ohren gehabt, dass ich die beiden ganz vergessen hatte, doch wenn ich jetzt daran dachte, wurde ich wieder sauer. Nur weil es ein Pub ist, glauben die Leute, sie können sich benehmen, wie sie wollen. Was man selbst will und wie es einem geht, ist ihnen völlig egal. Es ist so, als wenn man nur da wäre, um das zu tun, was sie wollen.

Deswegen habe ich das Dicke gekriegt. Ich hatte gerade Fernsehen geguckt, aber weil es schon spät war, wollte ich ins Bett gehen. Da hörte ich unten Lärm. Es war total laut und klang, als würde jemand gegen die Pubtür hämmern. Ich hatte Angst. Da ich nicht wusste, wer es war, ging ich ins Schlafzimmer meiner Eltern, um nachzuschauen. Von dort konnte ich aber auch nicht sehen, wer vor der Tür stand, und mir war klar, dass ich runtergehen musste, ob ich wollte oder nicht. Ich konnte ja nicht einfach oben bleiben und lauschen.

Als ich in die Schankstube kam, war der Radau noch lauter geworden und die Tür bebte regelrecht. Ich dachte, sie würde gleich kaputtgehen. Es war wie in einem Horrorfilm, wenn das Monster versucht reinzukommen, und gerade als mir das einfiel, hörte das Hämmern auf. Das war noch schlimmer. Wenn das in einem Film passiert, weiß man genau, dass etwas Schlimmes geschehen wird und das Monster zum Beispiel durchs Fenster kommt oder so, und ich konnte nicht anders und schrie: «Hau ab! Lass mich in Ruhe!»

Es begann wieder zu hämmern. Aber jetzt begann es auch zu rufen und wollte reingelassen werden. Man konnte kaum verstehen, was es rief, aber ich war erleichtert, weil ich jetzt wusste, was es war. Nur ein betrunkenes Schwein. Reinlassen wollte ich es trotzdem nicht, aber dann begann die Unterseite der Tür zu wackeln, als würde jemand dagegen treten. Der untere Riegel ist nicht so stabil wie der obere, und da es so aussah, als würde er gleich abreißen, lief ich los, schob beide Riegel zurück und machte die Tür auf.

Das Dicke fiel fast auf mich. Es kam torkelnd reingestürzt und krachte lang ausgestreckt auf den Boden. Es versuchte, sich an einem Tisch hochzuziehen, kippte ihn dabei aber nur um. Es sagte die ganze Zeit Sachen wie: «Mach auf, verdammt!», und «Mach mir ein Bier! Sofort!», und benahm sich, als würde es denken, es wäre immer noch ein richtiger Pub. Da erkannte ich es wieder. Das Dicke war immer zu den geschlossenen Gesellschaften gekommen und hatte sich total eklig und ungehobelt benommen. Es hatte einen fetten Bauch, der ihm über den Hosenbund hing und auf den es immer schlug und sagte: «Alles bezahlt!» Als ich sah, wie es dasaß und nach einem Drink brüllte, musste ich daran denken, wie es immer über mich gelacht hatte, wenn mein Papa nicht da war, und wie es mir einmal ein Bein gestellt hatte, als ich vorbeigegangen bin. Ich dachte daran, wie oft es mich schikaniert hatte, und verriegelte die Tür.

«Ich habe etwas Whisky da», sagte ich.

Das Paar, das ich in der vergangenen Nacht im Biergarten gesehen hatte, war keinen Deut besser. Sie hätten es verdient, am gleichen Ort zu sein. Ich ging zum Tor, um zu schauen, wie die beiden reingekommen waren. Ich rechnete damit, dass es aufgebrochen wurde, aber da es heil war, muss ich doch vergessen haben, es abzuschließen. Das bedeutete allerdings noch lange nicht, dass sie einfach reinkommen durften. Ich schaute zu der Stelle, wo sie gestanden hatten, aber jetzt bei Tageslicht wirkte sie anders, so als hätte ich geträumt oder so. Ich wusste jedoch, dass ich nicht geträumt hatte. Und dann sah ich etwas Weißes am Boden.

Zuerst dachte ich, es wäre ein Taschentuch. Das machte mich wütend, denn was sie getan hatten, war schon schlimm genug, ohne dass sie auch noch ihren Müll liegenließen. Ich wollte es aufheben, doch als ich näher kam, sah ich, dass es kein Taschentuch war. Es war eines von diesen Gummidingern, die sich Männer überziehen.

Ich starrte es nur an. Sie hatten es wie die Tiere getrieben und dann dieses Ding fallen gelassen, wo es jeder finden kann. Und das Schlimmste war, dass ich derjenige war, der es wegräumen muss.

Ich nahm einen Rohrstock aus einem der Blumenkästen am Fenster, die meine Mama früher bepflanzte. Sie hatten immer schön und farbenfroh ausgesehen, doch jetzt sind darin nur noch Dreck und Rohrstöcke und tote Zweige. Ich ging wieder zu dem Gummiding und hob es mit dem Stockende auf. Es war schlaff wie ein Ballon, aus dem die Luft raus war. Außerdem war es durch das Zeug im Inneren total nass, und ich versuchte, die Luft anzuhalten, damit ich nicht irgendwelche Keime abbekam. Auf dem Weg zur Mülltonne rutschte es mir vom Stock. Nachdem ich es erneut aufgehoben hatte, rutschte es wieder runter. Und als ich den Stock höher hob, damit es hängen blieb, flatterte es runter und fiel mir genau auf die Hand.

Es war total kalt und klebrig und eklig. Ich ließ den Stock fallen und schüttelte es ab, doch es war, als könnte ich es immer noch auf meiner Haut spüren. Mir wurde schlecht. Ich lief in die Küche und hielt meine Hand unter den Wasserhahn und spritze Spülmittel darauf. Dann schrubbte ich mich gründlich bis zum Ellbogen mit der Bürste, die meine Mama für den Boden benutzt hatte. Da ich mich trotzdem noch schmutzig fühlte, ließ ich Wasser ins Spülbecken ein und wusch mich von oben bis unten. Beim Ausziehen zerriss ich mein T-Shirt, aber das war mir egal. Selbst als ich Spülmittel ins Auge bekam, kümmerte ich mich nicht darum, obwohl es echt höllisch wehtat. Ich hielt einfach den Kopf unter den Hahn, bis das Stechen etwas nachließ, und schrubbte mich dann weiter.

Nachdem ich das Gefühl hatte, alles abgewaschen zu haben, zog ich ein sauberes T-Shirt an und ging wieder nach draußen. Ich nahm einen Plastikbeutel und einen neuen Rohrstock mit und ging zu der Stelle, wo der Pariser gelandet war. Anstatt ihn aufzuheben, hebelte ich ihn dieses Mal nur in den Beutel, und tat dann das Gleiche mit dem Stock von vorhin. Die Mülltonne war fast voll, doch ich presste alles nach unten, bis genug Platz war, und warf den Beutel rein.

Ich war nur froh, dass ich das Ding gefunden hatte, bevor Cheryl und Karen kamen. Sie hätten vielleicht gedacht, es wäre meins, und was hätte ich dann sagen sollen? Von dem Paar konnte ich ihnen wohl kaum erzählen, sonst würden sie sich bestimmt fragen, warum ich die beiden beobachtet habe. Bei dem Gedanken wurde mir heiß und kalt.

Dann musste ich in den Biergarten zurückgehen, um zu schauen, ob noch mehr dieser Dinger herumlagen. Da ich keine fand, holte ich einen Eimer Wasser und Desinfektionsmittel und wischte die Stelle, wo es gelegen hatte. Selbst danach fühlte ich mich noch schmutzig. Wenn ich daran dachte, wie es auf meine Hand gefallen war, begann es mich überall zu jucken, und ich musste wieder reingehen und mir noch einmal die Hände waschen. Als ich fertig war, waren meine Finger total verschrumpelt.

Über den ganzen Ärger hätte ich fast mein Mittagessen vergessen.

Am Nachmittag gab es einen Western mit John Wayne. Da ich vorher alles erledigt haben wollte, ging ich in den Keller und füllte Futter in die Schüsseln. Eigentlich wollte ich nicht lange unten bleiben, doch kaum hatte ich die Tür zu den Abteilen aufgemacht, merkte ich, dass irgendetwas nicht stimmte. Es war kein Geräusch zu hören. Normalerweise wimmern ein oder zwei oder rütteln am Gitter oder so. Dieses Mal starrten sie mich nur an, und da wurde mir ein bisschen unwohl. Mit einem kurzen Blick vergewisserte ich mich, dass alle Abteile noch verschlossen waren. Ich wollte nicht, dass sie mir meine Unruhe ansehen, daher ging ich zu dem Dicken, nahm die leere Futterschüssel raus und schob die volle rein. Sonst versuchte es sich anzuschleichen, doch dieses Mal nicht. Allerdings starrte es mich auch nicht an wie die anderen. Es tigerte nur unruhig in seinem Abteil herum. Selbst das Rothaarige war zur Abwechslung mal still. Das war alles zu schön, um wahr zu sein.

Das Schwarze hatte seine Hose wieder angezogen, aber das Hosenbein hochgekrempelt, sodass man sehen konnte, wo es sich mit dem Feuerwerk verbrannt hatte. Es saß einfach da, schaute hoch zu mir und stöhnte. Obwohl die Verbrennung wirklich schlimm aussah, übertrieb es natürlich. Dann sagte das Rothaarige: «Die Verbrennung wird sich entzünden.» Ich ging nicht darauf ein und verteilte die Futterschüsseln. «Ist es das, was du willst?», fragte es. «Du willst ihn tatsächlich umbringen, ja? Du willst ihn leiden lassen? Willst du sehen, wie sein Bein verfault, weil du es verbrannt und danach nichts für ihn getan hast?»

«Ich habe es nicht verbrannt!», platzte es aus mir heraus. Das Rothaarige machte ein überraschtes Gesicht und meinte dann: «Und wer hat dann das Scheißfeuerwerk losgelassen?»

Ich ärgerte mich furchtbar über mich, denn ich hätte nicht antworten dürfen. Jetzt sagte ich nichts mehr und machte einfach mit der Fütterung weiter. «Komm schon», sagte es. «Wenn du nicht schuld warst, wer dann?»

Ich ignorierte es immer noch, konnte aber spüren, wie mein Gesicht rot wurde. Dieses Mal würde ich dem Rothaarigen kein Futter geben. Ich hatte genug davon, dass es die Schüssel umkippte oder mit dem Futter nach mir warf. Ich war kein Goldesel. Wenn es nichts essen wollte, dann kriegte es eben nichts mehr. Nach ein, zwei Tagen würde es sich seine Frechheiten abgewöhnt haben. Ich nahm das Tablett mit den schmutzigen Schüsseln und ging raus. Ich spürte, wie mich immer noch alle anstarrten, aber ich versuchte, nicht zu schnell zu gehen.

Ich war schon fast an der Tür, als das Rothaarige sagte: «Lass wenigstens das Licht an.» Ich wollte nicht darauf eingehen. Am vergangenen Tag hatte ich es versehentlich angelassen, aber das würde ich nicht jedes Mal tun. Es kostete ein Vermögen. Doch als ich rausging und noch einmal zurückschaute, stand das Rothaarige vor seinem Gitter und sah mich an.

«Bitte», sagte es. Es jammerte oder bettelte nicht wie die anderen. Es fragte nur. Lange konnte man ihm nicht in die Augen schauen, so blau waren sie. Ich wollte das Licht ausmachen, nur um ihm eins auszuwischen. Immerhin hatten sie sich ja in letzter Zeit nicht gerade gut benommen. Und das Rothaarige war eine echte Nervensäge gewesen.

Aber ich ließ es trotzdem an. Warum, weiß ich nicht.

Kapitel 15

Da es am Abend nichts Besonderes im Fernsehen gab, überlegte ich, vor dem Abendessen loszugehen und ein Video
auszuleihen. Der Zeitungshändler, von dem ich sie kriege,
ist zu Fuß nur ungefähr ein Viertelstunde weit weg, und in
der Nähe gibt es einen chinesischen Fish-and-Chips-Laden.
Ich dachte, ich sollte mich belohnen. Es ist nicht der Laden,
in den ich sonst gehe, der ist nämlich sonntags geschlossen.
Der Chinese ist nicht so gut, denn der Fisch schmeckt immer
irgendwie komisch. Ich glaube, sie braten ihn in Pflanzenöl
und nicht in Fett, wie es sich gehört. Das Gute an dem
Laden ist aber, dass man immer eine Riesenportion Pommes
kriegt.

Zuerst ging ich zum Zeitungshändler. Der Mann beachtete mich nicht, als ich reinkam, aber das ist immer so. Er
ist ungehobelt. Er las gerade eine Zeitung, auf der Titelseite
war ein Bild von einer Frau, die kaum etwas anhatte. Ich
sagte gar nicht erst hallo.

Ich ging zu dem Regal, in dem die Videos sind. Die Aus-
wahl ist nicht besonders groß, und die besten hatte ich bereits
fast alle gesehen. Aber er hat trotzdem ein paar gute Filme.
Eigentlich wollte ich nur einen ausleihen, aber dann dachte
ich, ich könnte auch einen mitnehmen für den Besuch von

Cheryl und Karen. Falls es regnen sollte, hätten sie ja vielleicht Lust, einen Film anzugucken. Für diesen Abend entschied ich mich für *Star Wars*. Ich hatte ihn zwar schon tausendmal gesehen, aber das war schon länger her. Außerdem ist es ein Film, den man immer wieder sehen kann. Die Spezialeffekte sind großartig.

Aber ich wusste nicht, welchen ich für Cheryl und Karen mitnehmen soll. Ich hatte keine Ahnung, was für Filme sie mögen. Und bei dem Gedanken, dass sie in den Pub kommen – dass sie tatsächlich kommen, schon morgen –, wurde ich total aufgeregt und konnte nicht mehr richtig denken. Schließlich nahm ich *Bambi*. Den habe ich immer gerne gesehen. Besonders den Teil, wo Bambi erwachsen ist und gegen die Hunde kämpft, um seine Freundin zu beschützen. Wenn sie den Felsen hochklettern, um davonzukommen, und man denkt, die Hunde würden sie gleich kriegen, kann ich gar nicht hingucken. Obwohl man weiß, dass die Hunde sie nicht kriegen werden. Früher hatte ich immer Angst davor, dass es ein anderes Ende geben könnte und Bambi und seine Freundin vom Felsen rutschen und in Stücke gerissen werden.

Aber mittlerweile habe ich ihn so oft gesehen, dass ich eigentlich keine Angst mehr davor habe. Und wenn ich daran dachte, diese Szene mit Cheryl zu sehen, wurde mir ganz warm ums Herz. Mir fiel ein, dass auch Karen da sein wird, und als ich mir vorstellte, wie ich zwischen den beiden auf dem Sofa sitze, bekam ich ein flaues Gefühl im Magen.

Ich hörte auf, darüber nachzudenken, und ging mit den Hüllen von *Bambi* und *Star Wars* zum Zeitungshändler. Ich reichte sie ihm, denn die Videokassetten sind in einem Regal hinter der Theke, aber er beachtete mich nicht und las einfach seine Zeitung weiter. Da ich mir blöd vorkam, so dazustehen und sie ihm hinzuhalten, legte ich sie neben die Kasse und wartete. Nach einer Weile legte er die Zeitung weg und nahm die Hüllen, ohne danke oder hallo zu sagen. Als er sah, welche Filme es waren, setzte er ein fieses Grinsen auf.

«Du deckst dich für den Feiertag ein, was?», meinte er. Ich nickte. Er drehte sich um und suchte das Regal hinter ihm ab. «Du weißt genau, wie man richtig auf den Putz haut, oder?», sagte er.

Normalerweise gehe ich nicht auf ihn ein. Doch ich hatte genug davon, dass er sich immer über mich lustig macht, und sagte: «Ja. Ich kriege Besuch.» Ich wartete darauf, dass er etwas sagt, aber er steckte nur ein Video in eine der Hüllen. Deshalb sagte ich: «Meine Freundin und eine Freundin von ihr.»

Da schaute er sich um. «Du hast eine Freundin?», meinte er, und ich sagte: «Ja.» Natürlich war Cheryl eigentlich nicht meine richtige Freundin, aber es fühlte sich gut an, es zu sagen.

«Also, leck mich doch», meinte der Zeitungshändler. Einerseits freute es mich, dass ich ihn überrascht hatte, andererseits machte es mich traurig. Als hätte ich etwas verdorben, weil ich es ihm erzählt hatte.

Er lächelte mich komisch an, aber eigentlich war es kein Lächeln, wenn Sie wissen, was ich meine. Mir war ein bisschen unbehaglich zumute, und ich wünschte, er würde sich beeilen und mir endlich die Videos geben. «Sie kommt also vorbei, um ein paar Filme mit dir zu gucken, ja?», meinte er. Er schien vergessen zu haben, dass ich gesagt hatte, dass auch eine Freundin von ihr kommt, aber ich hatte keine

Lust, es zu erklären. Ich dachte, er würde noch etwas sagen, aber er drehte sich nur um und suchte wieder das Regal mit den Videos ab. Er musste sich tief bücken, um eins von ganz unten rauszuziehen, und stand dann mit dem Rücken zu mir, während er es in die Hülle steckte.

«Na ja, dann hoffe ich, dass du und deine Freundin Spaß mit den Filmen habt», sagte er, während ich bezahlte. Er hatte ein Gesicht aufgesetzt, als hätte er etwas Lustiges gesagt. Beim Rausgehen rief er mir hinterher: «Schönen Feiertag.» Er grinste, als würde er über mich lachen oder so.

Er hatte mir ein bisschen die Laune verdorben. Doch sobald ich draußen war, versuchte ich ihn zu vergessen. Ich konnte mich auf *Star Wars* und Fish and Chips freuen. Und dann gab es noch den morgigen Tag.

Der chinesische Fish-and-Chips-Laden liegt an der Hauptstraße, deswegen ist dort normalerweise immer viel los. Doch dieses Mal war kein Mensch zu sehen, er war nämlich geschlossen. Aber als ich durch die Fenster schaute, kam jemand und schloss die Tür auf.

Die Chinesin, die dort arbeitet, sieht immer so aus, als wäre sie wegen irgendwas total sauer. Sie schrieb meine Bestellung auf und verschwand wieder im Hinterraum, während ich mich auf einen der Stühle setzte. In einem englischen Imbiss gibt es nie welche.

Hinter dem Glastresen wurden Beutel mit Krabbenchips warm gehalten. Ich habe mich schon immer gefragt, wie die wohl schmecken, aber ich glaube, sie passen nicht zu Fish and Chips. Aber dabei kam ich auf einen anderen Gedanken, und als die Frau zurückkam und meine Pommes aus der Fritteuse schaufelte, sagte ich: «Kann ich bitte etwas Krumen haben?»

«Krumen?», fragte sie und starrte mich an. Es klang komisch, so wie die Chinesen eben reden.

«Sie wissen schon», sagte ich. «Krumen.» Ich dachte, jeder wüsste, was das ist.

«Was für Krumen?», fragte sie wieder. Dieses Mal klang sie ein bisschen gereizt.

«Fischreste», erklärte ich ihr, aber sie starrte mich nur an, als würde ich in einer fremden Sprache reden. «Die da», sagte ich und zeigte auf die ganzen Krumen hinter dem Glastresen. Sie guckte darauf und meinte: «Sie wollen Saveloy?»

«Nein», sagte ich. «Ich meine diese Bratreste da.» Ich zeigte auf eine Stelle, wo nichts anderes in der Nähe war.

Sie schaute mich an, als wäre ich blöd. «Sie wollen das da?» Ich sagte ja. Ich wünschte, ich hätte nicht danach gefragt. Sie schüttete die Pommes in einen Styroporbehälter und legte ein Stück Fisch darauf. Ich dachte, sie würde etwas Krumen drüberstreuen, aber sie nahm einen anderen Behälter und begann ihn zu füllen. Sie räumte den ganzen Tresen leer und schaufelte die echt ekligen, verbrannten und fettigen Krumen hervor. Es waren so viele, dass sie die Metallkelle obendrauf pressen musste, damit sie nicht runterfielen, als sie den Behälter einpackte. Und dann berechnete sie mir auch noch fünfzig Pence extra dafür. Wenn ich das gewusst hätte, hätte ich nicht gefragt. Aber ich wollte mich auch nicht beschweren. Dann wird man nur angeblafft.

Als ich nach Hause kam, waren der Fisch und die Pommes noch warm, aber die Krumen kalt. Da das Fett auf ihnen weiß und hart geworden war, stellte ich sie in den Ofen, damit sie warm werden, während das Teewasser kocht.

Ich dachte immer, dass diese Styroporbehälter hitzebeständig sind. Aber dieser war es nicht. Kaum hatte ich mich abgewandt, roch es auch schon verbrannt. Als ich mich umschaute, schossen die Flammen aus dem Herd.

Ich geriet nicht in Panik. Ich packte den Feuerlöscher, der neben der Spüle hängt, und zielte damit auf den Ofen, so wie man es machen soll. Die Feuerwehr hatte meinem Papa gesagt, dass er einen Feuerlöscher haben muss, und jetzt war ich froh, dass wir einen hatten. Aber er funktionierte nicht. Ich schüttelte ihn und richtete ihn wieder auf den Herd, aber nichts geschah. Die Flammen wurden echt hoch, und ich wollte schon aus der Küche laufen, doch dann sah ich, dass die Spüle voller Geschirr stand. Ich packte eine Pfanne, in der Wasser war, und schüttete es über den Ofen.

Es zischte total laut, und das Feuer ging sofort aus. Ich bereitete mich darauf vor, die Pfanne wieder mit Wasser zu füllen, aber es war nicht nötig. Allerdings hatte es echt eine Schweinerei veranstaltet. Der Styroporbehälter war ganz schwarz und angeschmolzen, und die Küche stank. Der Ofen und die Wand dahinter waren auch schwarz, und alles war voller Krumen und Wasser und den Buchstabennudeln aus der Pfanne.

Ich zitterte am ganzen Leib. Dann brachte ich schnell den Behälter raus in den Biergarten, für den Fall, dass er wieder aufloderte. Ich weiß, dass ein Feuer manchmal wieder aufflackern kann, aber der Behälter war so nass, dass nichts mehr passierte. Ich ging zurück in die Küche und begann, die verbrannten und durchnässten Krumen vom Herd zu klauben, hörte aber bald damit auf. Es würde Ewigkeiten dauern, und ich war am Verhungern. Es gab keinen Grund, den Fisch und die Pommes kalt werden zu lassen.

Während ich aß, schaute ich mir *Last of the Summer Wine* an. Dann legte ich *Star Wars* ein. Der Anfang, wenn das gewaltige Raumschiff von oben ins Bild kommt, sodass es aussieht, als würde es direkt über meinen Kopf fliegen, ist eine meiner Lieblingsszenen. Ich sah sie immer wieder gerne und zog deshalb die Vorhänge zu, damit das Zimmer dunkel ist und die Sonne nicht auf den Fernseher scheint. Auf dem Bildschirm flimmerte es, und ich wartete auf den Vorspann, aber er kam nicht. Stattdessen stand dort nur «Modeparty».

Da es auf manchen Videos vor dem Hauptfilm Trailer gibt, dachte ich, das wäre so eine Werbung für einen anderen Film. Eine junge Frau in einem total kurzen Minirock packte in einem Schlafzimmer einen Koffer, dann ging die Tür auf, und eine andere Frau kam rein. Es war klar, dass es Models sein sollten, denn sie begannen, über eine Modeshow zu reden. Dann fragte eine von ihnen: «Wird Steve auch dort sein?», und die andere meinte: «Nein, Steve und ich haben uns getrennt», und fing zu weinen an.

Sie waren keine besonders guten Schauspielerinnen, außerdem passten die Dialoge nicht zu ihren Lippenbewegungen. Es sah nicht wie die Sorte Film aus, die ich mag, und ich überlegte gerade, ob ich zu *Krieg der Sterne* vorspulen soll, als die Frau, die nicht weinte, einen Arm um ihre Freundin legte und sagte: «Weine nicht», und im nächsten Moment zogen sich die beiden aus.

Ich konnte es nicht glauben. Manche Filme im Fernsehen sind echt heftig, aber nicht so schlimm wie das. Und es wurde noch schlimmer. Nach einer Weile ging die Tür auf, und ein Mann kam rein. Eine der Frauen schaute auf und sagte: «Oh, Steve, ich dachte, du wärst weg», und er sagte:

«Nein, aber ich werde kommen.» Dann zog er sich auch aus.

Es war wie in den Magazinen von meinem Papa. Nur dass dies echte Menschen waren, die sich bewegten und Geräusche machten. Ich hatte so etwas noch nie gesehen, und als es an der Tür klopfte, dachte ich für einen Augenblick, es würde noch jemand reinkommen und sich ausziehen. Doch das Klopfen kam nicht aus dem Film. Es kam von unten.

Ich hechtete zum Fernseher, drückte auf STOP und zog das Video raus. Ich hatte keine Ahnung, wer es sein könnte, und mir fiel nur ein, dass man mich dabei erwischt hatte, wie ich einen unanständigen Film gucke. Ich hatte gerade noch Zeit, das Video unter ein Kissen auf dem Sofa zu stopfen, als es wieder klopfte.

Ich lief runter in die Schankstube und ging zum Fenster neben der Tür. Ich spähte durch die Vorhänge und versuchte, durch das Milchglasfenster zu erkennen, wer es ist. Als ich sah, dass es zwei Leute in blauen Uniformen waren, wäre ich fast ohnmächtig geworden.

Ich hatte keine Ahnung, wie die Polizei von dem unanständigen Film erfahren hatte, aber ich war mir sicher, dass die Beamten deswegen da waren. Vielleicht hatten sie spezielle Spürfahrzeuge, genau wie die, mit denen sie herausfinden können, ob man Fernsehen schaut, obwohl man seine Rundfunkgebühren nicht bezahlt hat. Oder der Zeitungshändler hatte es ihnen erzählt. Ich hockte mich auf den Boden und hoffte, dass sie dachten, niemand sei zu Hause, und wieder gingen. Als sie nicht wieder klopften, stand ich ganz langsam auf, um noch einmal nachzuschauen, und da sah ich auf der anderen Seite ein Gesicht mit einer spitzen Mütze durchs Fenster spähen.

Ich wäre fast gestorben. Ich sprang zurück und kippte einen Stuhl um. Das Gesicht verschwand. Als es dann wieder an der Tür klopfte, wusste ich, dass ich aufmachen musste. Obwohl sich meine Beine wie Gummi anfühlten, schloss ich auf und schob die Riegel zurück. Als ich die Tür aufzog, schien mir die Sonne direkt in die Augen, sodass ich blinzeln musste. Trotzdem konnte ich sehen, dass ein Mann und eine Frau in den Uniformen der Heilsarmee vor dem Eingang standen.

Kapitel 16

Die beiden lächelten wie Honigkuchenpferde. «Hallo», sagte die Frau. «Weißt du noch, wer wir sind?»

Bis sie anfing zu sprechen, hatte ich es nicht gewusst. Ich konnte nur die Uniformen sehen. Aber dann erkannte ich sie. Es waren die Leute, die ich nachmittags in ihrem Wagen gesehen hatte. Die beiden, die meine Mama kannten und die mich zum Essen eingeladen hatten. Auf eine Art war ich erleichtert, dass es nicht die Polizei war, aber die Heilsarmee war fast genauso schlimm. Deshalb sagte ich nur: «Ja.» Ich schätze, es klang nicht besonders höflich. Aber sie schienen sich nichts daraus zu machen.

«Entschuldige, wenn wir dich erschreckt haben», sagte die Frau. «Mit unseren Uniformen sehen wir wohl ein bisschen anders aus. Aber keine Sorge, wir sind nicht offiziell hier.» Sie lachten, als wäre das echt lustig.

«Wir waren gerade in der Nähe, beim Gottesdienst, und dachten, wir kommen mal vorbei und schauen, wie es dir geht», sagte sie. Ich war immer noch ein bisschen durcheinander und sagte, ohne nachzudenken: «Danke.» Beide schenkten mir ein breites Lächeln, als hätte ich gerade etwas echt Gutes gesagt oder so. Sie schaute an der Fassade des Pubs hoch. Ich sah ihr an, dass sie nicht viel davon hielt.

«Das ist also der Pub, den deine Eltern damals gekauft haben, ja?», fragte sie. Aber es war eigentlich keine Frage, und da sie die Antwort sowieso kannte, nickte ich nur.

«Ja», meinte sie, als hätte sie gerade herausgefunden, dass sie mit irgendwas richtiggelegen hat. Sie und der Mann warfen sich einen Blick zu. Ich mochte sie nicht mehr. «Ich war überrascht, als ich hörte, dass deine Mutter einen Pub übernimmt», sagte sie. «So wie ich mich erinnere, hatte sie nie etwas fürs Trinken übrig. Jedenfalls bevor sie deinen Vater kennengelernt hat. Und wir haben den Kontakt verloren, bevor ihr hierhergezogen seid.»

Sie klang ein bisschen hochnäsig. Dann sagte der Mann: «Hat aber schon eine ganze Weile keine Konzession mehr, würde ich sagen, oder?»

«Stimmt», sagte ich.

«Das dachte ich mir», meinte er. «Hier gibt es auch kaum noch Bedarf für eine Gaststätte, oder?»

Ich hatte keine Ahnung, warum er so lange darauf herumritt. Trotzdem nickte ich.

Er schaute sich zu den Brachflächen um: «Ich kann mich noch erinnern, als hier überall Fabriken und Geschäfte waren. Das war hier mal eine blühende kleine Gemeinde.»

«Mit ein paar sehr schönen Geschäften», meinte die Frau und schaute mich an. «Es muss sehr einsam sein, hier ganz allein zu leben», sagte sie.

Ich fand die Frage ein bisschen zu persönlich. Es hatte ja schließlich nichts mit ihnen zu tun, oder? Aber das konnte ich nicht sagen. Jedenfalls nicht, ohne unhöflich zu werden, und man darf zu der Heilsarmee nicht unhöflich sein. Die Leute sind wie Pfarrer. «Das macht mir nichts», sagte ich.

Sie sah mich mitfühlend an. «Nein, natürlich nicht»,

sagte sie. Ich hoffte, sie würde über etwas anderes sprechen. Oder, noch besser, einfach gehen. Dann sagte sie: «Wie lange ist es denn her, dass deine Mutter und dein Vater von dir gegangen sind?»

«Wohin gegangen?», fragte ich.

«Ich meine, wann hast du sie verloren?», fragte sie voller Mitgefühl. Zuerst war mir nicht klar gewesen, worüber sie redet, und als es mir dämmerte, hätte ich am liebsten die Tür zugemacht. Aber das konnte ich ja nicht.

«An einem Mittwochabend und einem Freitagmorgen», sagte ich.

Sie sah mich komisch an und meinte: «Nein, ich meinte, wie lange ist es her?»

Da musste ich überlegen. Über solche Dinge denkt man normalerweise nicht gerne nach. Und solche Dinge sollte man auch nicht fragen. Jedenfalls keinen Menschen, den man nicht kennt. Sie hatten kein Recht, einfach herzukommen und die Leute traurig zu machen und ihre Nasen in fremde Angelegenheiten zu stecken. Aber so ist die Heilsarmee nun einmal. Ich rechnete nach. Es stimmte irgendwie nicht, deshalb rechnete ich nochmal nach. Es stimmte doch. «Bei meinem Papa fünf Jahre und bei meiner Mama drei», sagte ich. Es kam mir nicht lange vor. Ich spürte, wie ich bei dem Gedanken traurig wurde.

«Und seitdem lebst du hier ganz allein?», fragte die Frau und schaute wieder am Pub hoch, als wäre er etwas echt Schreckliches. Sie wartete nicht einmal auf meine Antwort. «Du musst dich doch manchmal nach Gesellschaft sehnen», meinte sie.

Nicht, wenn es ihre Gesellschaft wäre. «Nein», sagte ich. Es war mir egal, ob ich unhöflich klang. Aber der Mann lachte nur und sagte: «Hilda erträgt es nicht, wenn jemand auf sich allein gestellt ist, und will immer etwas dagegen tun. Selbst wenn die Leute allein sein wollen.» Für einen Augenblick sah die Frau ein bisschen sauer aus, aber dann lächelte sie wieder.

«Ich wollte ja nur sagen, dass du hier nicht allein sein musst, wenn du das Bedürfnis nach Gesellschaft verspürst», sagte sie. «Unser Gemeindehaus ist ganz in der Nähe. Du bist dort jederzeit willkommen. Und ich könnte mir vorstellen, dass du überrascht wärst, wie locker unsere kleinen Treffen sind. Es sind auch eine ganze Menge junger Leute in deinem Alter dabei. Es wäre eine Möglichkeit, neue Freunde zu finden.»

«Wir freuen uns immer über neue Gesichter in unserer Runde», schaltete sich der Mann ein, als würden sie mich abwechselnd überreden wollen, und die Frau nickte ganz eifrig. Als sie sich bewegte, ertönte ein Klingeln und Klirren. Ich muss sie komisch angeguckt haben, denn sie lachte und sagte: «Keine Angst, das war nur das hier», und hielt ein Tamburin hoch.

«Hilda ist eine teuflisch gute Tamburinspielerin», sagte der Mann, und plötzlich begann sie es zu schütteln. Sie war echt gut und schlug es auf ihre Hände und Arme und überallhin. Aber es war ein bisschen peinlich, dort zu stehen, während diese Frau wie wild mit ihrem Tamburin rasselte. Ich war froh, dass niemand in der Nähe war und uns sah. Als sie nach einer Weile aufhörte, war sie ganz rot im Gesicht und lächelte, und der Mann sagte: «Sie ist eine Meisterin der Schlaginstrumente», und sie schüttelte den Kopf, als wollte sie «aber nein» sagen, doch man merkte, dass es ihr gefiel. Aber gut war sie tatsächlich.

«Spielst du etwas?», fragte der Mann.

«Früher habe ich *Space Invaders* gespielt», sagte ich, und er lachte, als hätte ich einen Witz gemacht.

«Na ja, *Space Invaders* kann ich dir nicht versprechen», sagte er. «Aber bei uns ist immer etwas los, und ich bin mir sicher, dass du Spaß haben würdest. Und es wäre mal etwas anderes, als nur dazusitzen und Fernsehen zu gucken, oder?»

Bis zu diesem Moment hatte ich das Video ganz vergessen, doch mit einem Mal fiel es mir siedend heiß wieder ein, und ich spürte, wie ich rot wurde. Ich hatte das Gefühl, dass sie mir genau ansehen konnten, was ich gerade geschaut hatte. Ich wollte die Tür schließen, aber sie machten immer noch keine Anstalten zu gehen. Also nickte ich nur und hoffte, dass sie den Mund halten und verschwinden würden, wenn ich zustimmte.

Die beiden sahen sehr erfreut aus, und die Frau sagte: «Du kannst auch deine Freundin mitbringen, wenn du magst. Wir haben morgen ein Treffen.»

«Je mehr kommen, desto besser», sagte der Mann, und da ich spürte, dass sie darauf warten, dass ich etwas sage, sagte ich: «Ja.»

Meine Hand lag schon auf der Türklinke, aber die beiden standen nur da, lächelten mich an und rührten sich nicht vom Fleck. Ich wusste nicht mehr, was ich noch sagen soll, und versuchte einfach zurückzulächeln. Ich spürte, wie mein Gesicht heiß wurde, und wollte am liebsten die Tür zuknallen. Dann sagte der Mann: «Ja. Na schön, dann freuen wir uns darauf, dich bald zu sehen.» Ich nickte und schob die Tür zu. Als sie «Tschüss» sagten, machte ich sie wieder auf und sagte auch tschüss, dann ließ ich sie schnell ins Schloss fallen.

Ich verriegelte die Tür und ging wieder rein. Dann setzte ich mich an einen Tisch in der Ecke, weit weg von den Fenstern. In meinem Kopf drehte sich alles. Ich hatte das Gefühl, beobachtet zu werden, obwohl ich wusste, dass es nicht sein kann. Ich wollte mich zusammenrollen und verkriechen, aber mir war nicht ganz klar, wovor ich mich eigentlich verstecken will. Ich war ja ganz allein. In dem Raum war es völlig ruhig. Die Sonne war rausgekommen und schien auf einer Seite durch die Fenster, als würden dort zwei große quadratische Scheinwerfer auf den Boden strahlen. In dieser Helligkeit konnte man den ganzen Staub auf den Tischplatten und den Aschenbechern, auf dem Spiegel und den leeren Flaschen hinter der Theke sehen.

Ich konnte es nicht mehr ertragen. Ich stand auf und wollte nur noch weg, aber ich wusste nicht, wohin. Dann sah ich die Kellertür, ging los und machte sie auf. Drinnen war es dunkel und kühl. Ich schaltete das Licht an, schloss die Tür und ging die Treppe runter. Ich ging zu den aufgestapelten Bierfässern und legte mein Gesicht an ein Fass. Es fühlte sich kalt und hart an. Irgendwie stabil und echt.

Die Heilsarmee ist so gut, dass man nicht anders kann, als sich selbst für schlecht zu halten, weil man nicht so ist wie sie. Als sie damals kamen, um nach meiner Mama zu schauen, war es genauso. Das war, als es ihr echt schlechtging und als die Ärzte und jeder sagte, sie müsse ins Krankenhaus, sie aber nicht wollte. Ich wusste, dass es ihr nicht besonders gutgeht, weil sie kaum noch das Bett verließ, außer um ins Badezimmer zu gehen, und selbst das war schwer. Als der Arzt einmal kam, sagte er mir auf dem Weg nach draußen, dass er kurz mit mir sprechen will. Er fragte, ob sie leicht reizbar wäre. Mir gefiel es nicht, hinter dem

Rücken meiner Mama Geschichten zu erzählen, aber da er ein Arzt war, sagte ich ja. Er nickte, als hätte er das erwartet, und sagte, es wäre nicht ihre Schuld und ich solle versuchen, darüber hinwegzusehen und nicht weiter auf sie zu achten. Er hatte gut reden, denn es war ja nicht seine Mama. Wie sollte ich sie nicht beachten, wenn sie mich ausschimpfte?

Doch das sagte ich ihm nicht. Er fragte, ob ich überhaupt wüsste, wie krank sie ist und so weiter. Da er wie alle Ärzte ganz viele Fremdworte benutzte, schaltete ich irgendwann ab. Mir war gar nicht wohl dabei. Nach einer Weile hielt er inne und fragte: «Verstehst du, was ich sage?»

Obwohl ich nicht zugehört hatte, sagte ich ja, und er schaute mich ein bisschen komisch an, seufzte dann und meinte: «Wenn du mit jemandem reden musst, ruf mich an.» Ich sagte, dass ich das tun würde, aber ich machte es nie. Ich mochte ihn nicht mehr.

Kurz darauf begann die Heilsarmee vorbeizuschauen. Ich war überrascht, als meine Mama mir sagte, dass ich sie reinlassen soll. «Ich freue mich, mal andere Gesellschaft zu haben», sagte sie, was mich ein bisschen traurig machte. Aber ich erinnerte mich daran, was der Arzt gesagt hatte, und versuchte, mich nicht daran zu stören. Die Heilsarmee störte mich ja auch nicht. Jedenfalls am Anfang nicht. Und während sie da waren, musste ich nicht die ganze Zeit für meine Mama da sein. Ich konnte Fernsehen gucken, ohne ständig aufzustehen und ihr eine Tasse Tee zu machen oder ihr ins Badezimmer zu helfen. Das fand ich immer total peinlich.

Doch bald schauten sie praktisch jeden Tag vorbei. Wenn ich von der Arbeit nach Hause kam, waren sie schon da. Ich weiß nicht, wie sie reingekommen sind. Sie muss ihnen einen Schlüssel gegeben haben oder so. Ich hielt mich meistens fern, was nicht schwer war, weil sie immer im Zimmer meiner Mama blieben. Ich sah sie nur, wenn sie rein- oder rausgingen und wenn ich ihnen Tee und Kekse brachte. Das reichte mir auch. Sie waren immer nett, aber so wie sie redeten, hatte man das Gefühl, sie würden sich für was Besseres halten.

Meine Mama wollte, dass ich mit ihnen im Zimmer blieb, aber ich hatte keine Lust. Allerdings sagte ich nicht klipp und klar, warum, denn ich wollte weder Streit noch meine Mama erschrecken. Deshalb behauptete ich, dass ich den Abwasch machen muss oder etwas Gutes im Fernsehen läuft. Am Anfang sagte sie nicht viel dazu, aber nachdem sie ein paarmal da gewesen waren, begann sie, mich zur Rede zu stellen: «Warum kommst du nicht rein und hörst ihnen zu?», fragte sie. «Das solltest du nämlich, denn sie wissen, wovon sie sprechen.» Dann meinte sie, ich soll es für sie tun, weil sie nicht will, dass die Leute von der Heilsarmee denken, ihr Sohn wäre auch nur so ein Rabauke. Ich war ein bisschen verletzt, als sie das sagte. Schließlich war ich nie ein Rabauke gewesen. Ich wollte doch nur nicht hören, wie sie über Gott und Jesus und so reden. Aber als ich das meiner Mama sagte, wurde sie richtig böse und sagte, dass ich genauso wäre wie mein Papa.

Von da an wurde es ständig schlimmer. Sie fing immer wieder damit an, und nach einer Weile ereiferte sie sich sogar vor den Leuten von der Heilsarmee. Ich spürte, dass es ihnen peinlich war, denn sie hatten alle so ein komisches Lächeln aufgesetzt und sagten Dinge wie: «Jetzt ärgern Sie sich doch nicht», oder: «Bestimmt kommt er irgendwann ganz von allein.» Aber meine Mama hörte nicht auf.

Als sie eines Tages da waren, zog sie richtig über mich her. Sie sagte, dass ich Mädchen mit nach Hause bringen würde, was überhaupt nicht stimmte. Ich habe nie jemand anderen reingelassen als die Leute von der Heilsarmee, doch als ich versuchte, ihr das zu sagen, begann sie zu kreischen und mich anzuschreien. Es war schrecklich. Selbst den Leuten von der Heilsarmee gefiel es nicht. Der Mann hatte seinen Hut abgenommen, und da er eine Glatze hatte, konnte man sehen, dass sein Kopf ganz rot geworden war. Sie versuchten, meine Mama zu beruhigen, aber sie regte sich immer mehr auf und sagte echt schlimme Sachen, die überhaupt nicht stimmten. Zuerst war ich total traurig, aber dann erinnerte ich mich daran, dass der Arzt gesagt hatte, ich soll nicht auf sie achten. Und so dachte ich: «Okay, dann achte ich eben nicht auf sie.» Als ich ihr das auch sagte, rastete sie völlig aus. So hatte ich sie noch nie erlebt. Sie begann zu fluchen und mich zu beschimpfen, und die Frau von der Heilsarmee sagte: «Ich denke, es ist besser, wenn du uns eine Weile mit ihr allein lässt.»

Ich ging ins Wohnzimmer und guckte *Coronation Street*. Ich fühlte mich total schlecht, weil ich sie wütend gemacht hatte. Der Arzt hatte Schuld, denn wenn er mir nicht gesagt hätte, dass ich nicht auf sie achten soll, hätte ich es ihr auch nicht gesagt. Ich konnte sie immer noch schimpfen hören, doch als die Werbepause begann, war sie wieder ruhig geworden. Dann flog plötzlich die Tür auf, und der Mann von der Heilsarmee stürzte rein und rief: «Schnell, ruf einen Krankenwagen!»

Ich war zu überrascht, um etwas zu tun, und fragte: «Was?» Er war sehr aufgeregt und meinte: «Deine Mama ist krank.» Das wusste ich ja schon, schließlich lag sie deshalb im Bett. Ich starrte ihn nur an. «Wo ist das Telefon?», rief er, zuletzt sogar bissig.

Er war noch nie im Wohnzimmer gewesen, und in seiner Uniform wirkte er riesig. Er passte irgendwie nicht zwischen den Fernseher und das Sofa und die Anrichte. Da das Telefon genau hinter ihm stand, zeigte ich bloß darauf, und er packte den Hörer, wählte und bat schnellstens um einen Krankenwagen. Dann knallte er den Hörer auf die Gabel und lief wieder raus.

Ich wusste nicht, ob ich ihm folgen soll oder nicht. Ich war total durcheinander, aber da ging auf einmal *Coronation Street* weiter, und obwohl ich das eigentlich gar nicht wollte, guckte ich wieder hin. Irgendwann klopfte es an der Haustür. Ich wollte aufmachen, doch der Mann von der Heilsarmee war schon auf der Treppe und lief nach unten.

Ich fand es ein bisschen frech, denn es war ja nicht sein Haus. Aber kaum war er unten, lief er auch schon wieder hoch, gefolgt von zwei Sanitätern mit einem Rollstuhl.

Sie beachteten mich nicht und gingen schnurstracks in das Zimmer meiner Mama. Ich weiß noch, wie ich dachte, dass ihr der ganze Ärger nicht gefallen wird, und wie ich hoffte, dass die Schuhe der Männer nicht schmutzig sind, weil ich sonst hinterher alles sauber machen muss. Von oben hörte ich Lärm und Aufruhr, aber ich konnte nichts sehen, weil die Tür zugefallen war. Dann ging sie wieder auf, und die Männer kamen mit dem Rollstuhl raus, in dem jetzt jemand saß.

Zuerst dachte ich, es wäre die Frau von der Heilsarmee. Aber dann sah ich sie mit dem Mann aus dem Zimmer kommen. Die beiden wirkten total bedrückt, und als ich zur Seite ging, um die Sanitäter vorbeizulassen, sah ich, dass meine

Mama im Rollstuhl saß. Sie hatten eine rote Decke um sie gelegt. Meine Mama war ganz weiß. Ihre Augen waren halb geschlossen, und sie hatte ihr Gesicht gerunzelt, als versuchte sie, sich an etwas zu erinnern. Sie sah ganz fremd aus. Ich wusste natürlich, dass es meine Mama ist, aber es sah ihr gar nicht ähnlich, in einem Rollstuhl geschoben zu werden.

Der Mann und die Frau von der Heilsarmee blieben vor mir stehen, und ich fragte: «Was ist los? Stimmt etwas nicht?» Der Mann wollte etwas sagen, doch die Frau warf ihm einen Blick zu und sagte: «Sie hatte einen Anfall und wird jetzt ins Krankenhaus gebracht. Du kannst bei uns im Wagen mitfahren.»

Danach waren die beiden echt nett zu mir. Im Krankenhaus und bei der Beerdigung und so weiter. Sie kamen und erledigten den ganzen Papierkram. Trotzdem war ich froh, als sie irgendwann nicht mehr vorbeischauten. Ihre Besuche erinnerten mich nur an das, was geschehen war, und machten mich traurig. So ist das mit der Heilsarmee. Durch sie denkt man an Sachen, an die man nicht denken will.

Manchmal habe ich das Gefühl, ich bin in einem Traum. Als wäre ich nicht wirklich da. Ich habe keine Ahnung, wo ich sein soll oder wer ich wirklich bin oder so. Alles scheint falsch zu sein. Ich habe das Gefühl, ich kann es keine Sekunde länger ertragen. Aber dann geht es vorbei. Wie jetzt. Dort unten im Keller kam es mir wirklicher vor als oben, wo die Sonne grell reinschien und alles staubig war. Der Keller roch total erdig, und das Bierfass fühlte sich kalt und hart an meiner Wange an. Nach einer Weile trat ich einen Schritt zurück.

Aber ich war noch nicht so weit, wieder nach oben zu

gehen. Ich nahm einen Stuhl vom Stapel an der Wand und setzte mich hin. Jetzt berührte ich das Fass nicht mehr, aber ich war noch nah genug, um es zu spüren, wenn ich wollte. Normalerweise sehe ich den Keller nur, wenn ich durchgehe oder vor dem Becken stehe. Ich bin so daran gewöhnt, dass ich nicht mehr wahrnehme, wie er eigentlich aussieht. Ich gehe nie in die Nähe der aufgestapelten Stühle und Tische, und es war komisch, jetzt so dazusitzen und den Raum aus diesem Blickwinkel zu sehen.

Mein Papa hat ihn immer ganz penibel sauber gehalten. Seiner Meinung nach war das eine wesentliche Voraussetzung für ein gutes Pint. Ich habe nie verstanden, warum das etwas ausmachen soll, denn das Bier lagert ja in versiegelten Fässern und so. Aber die Leute sagten, dass man bei meinem Papa eines der besten Pints der Gegend bekommt, er muss also gewusst haben, wovon er sprach.

Jetzt war der Keller total schmutzig. Überall hingen Spinnweben, die Tische und Stühle waren mit Staub bedeckt. Die Pintgläser waren so schmutzig, dass man kaum noch hindurchsehen konnte. Ich nahm eins, es war ganz klebrig. Nach all der Zeit roch es immer noch nach Bier. Das fand ich ein bisschen beunruhigend.

Ich stellte es wieder weg und stand auf. Als ich den Stuhl zurückstellen wollte, sah ich etwas auf dem Boden. Ich hob es auf und dachte zuerst, es wäre eine Tortendekoration, eine von diesen roten Krausen, mit denen Weihnachtstorten dekoriert werden. Aber die werden aus Papier gemacht, und dieses Ding war aus einer Art elastischem Stoff. Es war auch nicht besonders groß. Ich fragte mich, ob es dafür gedacht war, dass man es über die Torte spannt, und zog daran. Erst in diesem Moment wurde mir klar, was es war.

Ich ließ es auf den Boden fallen und wischte mir die Hand an der Hose ab. Ich überlegte, ob ich es nach oben mitnehmen und wegwerfen soll, aber ich wollte es nicht noch einmal anfassen. Außerdem war es egal, es hatte schon seit Jahren dort gelegen.

Mittlerweile hatte ich auch genug vom Keller. Ich stellte den Stuhl wieder zu den anderen, und als ich mich gerade umdrehte, um zurück zur Treppe zu gehen, hörte ich das Singen.

Kapitel 17

Mir stellten sich die Nackenhaare auf. Ich versuchte mir zu sagen, dass ich mir das Gesinge nur einbilde, aber ich wusste, dass es echt ist. Und als mir dann klarwurde, woher es kam, war ich so erleichtert, dass meine Knie ganz weich wurden und ich mich wieder hinsetzen musste. Nach ein paar Augenblicken ging ich zum Gang, und sobald ich die Tür aufmachte, konnte ich hören, welches Lied es ist.

«*I should be so lucky, lucky lucky lucky …*» Jedes Wort konnte ich nicht verstehen, aber ich kannte das Stück gut genug. Ich ging durch den Gang und lauschte an der Tür am anderen Ende. Es klang, als hätten sie drinnen eine Party oder so. Ich wusste nicht, ob ich lachen oder sauer sein soll, und dann, mitten im Lied, hörte ich eine Stimme sagen: «Na los, Wayne, fang an zu singen, du jämmerlicher Kerl.»

Ich erkannte die Stimme sofort. Es war das großmäulige Rothaarige. Was das Dicke erwiderte, konnte ich nicht hören, aber das Rothaarige meinte nur: «Genau, dann bleib sitzen und schmolle, das kümmert uns nicht», und begann wieder richtig laut zu singen. Es hatte eine schöne Stimme. Viel besser als die von den anderen.

Sie kamen zum Ende des Liedes, und dann hörte ich

das Dicke sagen: «Und was soll das bringen? Es hört euch sowieso keiner.»

«Vielleicht nicht, aber wir können es wenigstens versuchen», meinte das Rothaarige.

«Wozu?», sagte das Dicke. «Es bringt nichts.» Dann schaltete sich das Schwarze ein.

«Er hat recht», sagte es. «Man wird uns niemals hören.»

Daraufhin klang das Rothaarige wütend. «Und was wollen wir sonst tun? Einfach aufgeben?», wollte es wissen. «Wie lange bist du schon hier unten, Tick-Tick?»

Zu hören, wie sie sich mit ihren Namen anreden, war komisch. Mir war klar, dass das Rothaarige das Schwarze gemeint haben muss, denn das machte die ganze Zeit so ein schnalzendes Geräusch mit der Zunge. «Keine Ahnung», sagte es. «Schon lange. Zu lange, verdammte Scheiße.»

«Und du willst einfach sitzen bleiben und hier unten sterben?», meinte das Rothaarige verärgert. «Ich jedenfalls nicht. Selbst wenn das bedeutet, dass ich singe, bis meine Scheißkehle blutet. Und wenn ihr nur noch ein bisschen Verstand habt, dann werdet ihr das Gleiche tun, okay?»

Dann meinte eine andere Stimme: «Ich werde singen.» Ich erkannte sie nicht, aber dann wurde mir klar, dass es das alte Weib sein muss. Ich war total überrascht, denn ich hatte es noch nie sprechen gehört. Jedenfalls nicht richtig. Es hat immer nur vor sich hin gebrummt oder ab und zu geschrien. Ich hatte auch noch nie gehört, dass sie miteinander sprechen. Im Grunde hatte ich nie darüber nachgedacht, was sie machen, wenn ich nicht da bin. Es war echt komisch, ihnen zuzuhören. Wahrscheinlich kriegen sie normalerweise mit, wenn ich komme, und hören sofort mit allem auf, was sie gerade tun.

«Ich weiß, Gloria», sagte das Rothaarige. «Na los, dann zeigen wir diesen Lahmärschen mal, wie man die Hütte zum Kochen bringt.»

«Das Scheißgesinge wird uns nicht hier rausbringen, oder?», meinte das Dicke so spöttisch, wie ich es schon tausendmal von ihm gehört habe. «Warum sollen wir es dann machen, hä?»

«Weil es besser ist, als nur hier rumzusitzen und nichts zu tun, du fetter Schwachkopf», giftete das Rothaarige. Da hätte ich fast gelacht, obwohl das Dicke eigentlich nicht mehr fett ist. Es sagte dem Rothaarigen, es soll die Schnauze halten, und beschimpfte es mit echt üblen Ausdrücken, und dann schrien alle auf einmal los. Ich dachte, sie würden sich einfach gegenseitig anblaffen, aber dann wurde mir klar, dass die anderen das Dicke anbrüllten und beschimpften. Es schrie zurück, aber keiner hörte zu, und am Ende rief es nur: «Haltet die Schnauze, haltet alle die Schnauze!» Es klang fast so, als würde es weinen.

Dann sagte das Rothaarige: «Na gut, wenn er nicht singen will, können wir ihn nicht zwingen. Lasst ihn in Ruhe.» Es gab ein Murren, aber nur kurz. Ich war überrascht, denn obwohl das Rothaarige nicht das Älteste oder das Größte oder so war, hörten die anderen auf das, was es sagt. Das muss ein echt gutes Gefühl sein.

Jedenfalls begannen sie wieder zu singen. Dieses Mal war es *Itsy Bitsy Teeny Weeny Yellow Polka Dot Bikini*, und während sie noch sangen, ging ich auf Zehenspitzen zurück.

Ich wollte nachprüfen, ob man sie draußen hören kann. Eigentlich wollte ich mich auf das brachliegende Gelände über dem Keller stellen, aber als ich hochging, fiel mir ein, dass sie zu singen aufhören könnten, ohne dass ich es mitkriege. Deshalb nahm ich den Radiorecorder aus der Küche mit nach unten. Er läuft mit Batterien, aber als ich in den ersten Keller kam und ihn einschaltete, ertönten nur Knistern und Rauschen. Da das Radio oben noch funktioniert hatte, dachte ich, dass es unter der Erde wohl keinen Empfang bekommt, und lief los, um eine Kassette zu holen.

Als ich dieses Mal durch den Gang ging, achtete ich nicht mehr darauf, ob man mich hören konnte oder nicht. Im hinteren Keller war alles ruhig, sie guckten mich nur an. Es war ein bisschen unheimlich. Aber als sie den Radiorecorder sahen, wirkten sie ziemlich verwirrt. Ich stellte ihn in der Mitte auf den Boden, wo keiner von ihnen rankam. Ich spürte, wie sie mich anstarrten und sich fragten, was los ist. «Was soll das?», fragte das Rothaarige, und da ich nicht antwortete, meinte es: «Soll das eine Belohnung sein? Willst du damit alles wiedergutmachen?»

Ich beachtete es nicht und drückte auf den Startknopf. Plötzlich plärrte die Musik heraus. Da es nicht so laut sein musste, drehte ich die Lautstärke ein bisschen runter. Es war eine Elvis-Presley-Kassette von meinem Papa. Ich habe nichts gegen Elvis, auch wenn er ein bisschen altmodisch und schon tot ist. Es lief gerade *In the Get Hole*, das ist einer meiner Lieblingssongs. Ich habe keine Ahnung, was ein «Get Hole» ist, aber ich mag das Lied trotzdem. Obwohl es ziemlich traurig ist und damit endet, dass der junge Mann in der Gosse liegt und seine Mama weint. Jedenfalls ist es ein eingängiger Song.

Ich ließ die Kassette laufen und ging raus. Nachdem ich die Tür zugemacht hatte und durch den Gang in den richtigen Keller kam, konnte ich die Musik gerade noch hören.

Sie war ungefähr so laut wie das Gesinge vorher. Ich ging nach oben und dann raus auf das Gelände hinter dem Pub, wo einmal die Stahlfederfabrik gewesen war.

Ich glaubte eigentlich nicht, dass man das Singen hören kann, selbst wenn sie unten richtig laut und alle zusammen singen. Und selbst wenn, wäre ja keiner da gewesen, der sie hören konnte. Das Brachland liegt nicht in der Nähe der Straße, kein Mensch läuft noch darauf herum. Nicht einmal Landstreicher. Es gibt nirgendwo einen Unterstand und nichts zu finden. Aber da ich mich trotzdem vergewissern wollte, ging ich zu der Stelle, wo meiner Meinung nach der Keller sein muss, und lauschte eine Weile. Ich kniete mich sogar hin und legte wie in einem Western ein Ohr auf den Boden. Doch nachdem ich immer noch keinen Ton hören konnte, stand ich wieder auf und klopfte mir den Dreck von der Hose.

Ich wollte gerade zurückgehen, blieb dann aber plötzlich stehen. Für mich haben die Kellerräume und der Gang und alles immer klar zum Pub gehört. Doch wenn ich mich jetzt umschaute, sah ich, dass es nicht stimmt. Der Pub lag einen guten Steinwurf entfernt. Der hintere Keller mit den Abteilen und allem war nicht einfach ein Teil des Gebäudes. Er war ja unter Unkraut und Erde vergraben. Und jetzt stand ich genau darüber. Jeder, der sich hier umschaut oder darüber hinwegläuft, würde die Stelle nur für irgendein überwuchertes, vermülltes Gelände halten. Niemand würde jemals erfahren, was darunter liegt. Nur ich weiß es. Bei dem Gedanken wurde mir ein bisschen schwindlig, genauso wie damals, als Karen vor mir auf dem Schreibtisch gesessen hatte, nur nicht ganz so schlimm. Wahrscheinlich war es ganz anders, aber besser kann ich es nicht beschreiben.

Nach einer Weile verschwand das Gefühl. Ich stand da und schaute auf die Steinhaufen und die Stellen, wo man den Betonboden noch sehen kann, und versuchte, es wieder hervorzurufen, aber es war weg. Da ich nur noch das Gefühl hatte, wieder auf irgendeinem Brachland zu stehen, ging ich zurück ins Haus und runter in den Keller.

Dieses Mal konnte ich die Musik hören, bevor ich in den Gang kam. Es lief gerade das Lied, das so geht: «I'm caught in a trap, I can't get out, because I love you too much baby.» Aber es war nicht nur Elvis. Sie sangen alle mit. Ich blieb vor der Tür stehen und hörte ihnen zu. Als sie die hohen Töne nicht ganz trafen, begannen sie zu lachen, als hätten sie echt ihren Spaß. Dann machte ich die Tür auf, und sie hielten inne. Wegen der Musik hatten sie mich nicht gehört. Es war das zweite Mal an einem Tag, dass ich sie zufällig erwischt hatte, und ich begann mich zu fragen, was sie wohl sonst noch tun, wenn ich nicht da bin. Da sie in kleine Käfige gesperrt sind, können sie wahrscheinlich nicht viel machen, aber man fragt sich schon.

Sie standen alle wie angewurzelt da und starrten mich an. Als ich sah, wie komisch verrenkt ein paar von ihnen waren, beschlich mich der Gedanke, dass sie nicht nur gesungen, sondern auch getanzt hatten. Ich wusste nicht, warum, aber es machte mich wütend. Wahrscheinlich gefiel mir der Gedanke nicht, was sie alles hinter meinem Rücken treiben. Dafür waren sie nicht dort. Ich hatte das Gefühl, dass ich nur weg sein muss, und schon haben sie Spaß miteinander, und den wollten sie nicht mit mir teilen. Ich wurde echt sauer und wollte die Kassette stoppen, drückte aber versehentlich die falsche Taste. Statt anzuhalten, wurde das Band schneller, und Elvis sang total hoch und piepsig. Ich drückte sofort auf die Stopptaste, aber da hatten ein paar von ihnen schon zu lachen begonnen. Als ich mich umdrehte, um zu schauen, welche es waren, hörten sie auf. Dann begann das Rothaarige wieder loszuprusten, so als könnte es nicht mehr an sich halten, und ein anderes fing auch an, und schon lachten alle richtig lauthals los. Ich schrie sie an, dass sie aufhören sollen, aber keines gehorchte. Das Rothaarige war am schlimmsten und krümmte sich vor Lachen und hatte Tränen in den Augen, und als ich losging, um etwas dagegen zu unternehmen, stieß ich den Recorder um.

Er fiel auf die Seite, die Kassette flog raus, und das Band wickelte sich ab und verteilte sich über den ganzen Boden. Da verlor ich echt die Beherrschung, denn es war eine Kassette von meinem Papa gewesen, die ich jetzt wegen ihnen kaputt gemacht hatte. Ich hob sie auf und warf sie auf das Rothaarige. Sie prallte vom Gitter seines Abteils ab, aber das Rothaarige duckte sich und hörte auf zu lachen. Die anderen auch. Plötzlich war es totenstill, und als das Rothaarige sah, dass ich nichts mehr werfen würde, richtete es sich wieder auf und starrte mich nur an. Ich kam mir vor, als wäre ich wieder in der Schule. Wer zuerst zwinkert oder wegguckt, hat verloren. Ich war nie besonders gut in diesem Spiel, und das einzige Mal, als ich fast gewonnen hätte, hat mir Kevin Dermott gegen das Schienbein getreten und gesagt, ich hätte verloren. Jetzt starrte ich das Rothaarige an und hoffte, dass es zu Boden schaut oder so, aber das tat es nicht. Es war echt schwer, nicht wegzugucken, denn seine Augen waren stechend blau. Im Keller war es noch immer total still. Ich spürte, wie ich rot wurde, und wusste nicht, wie lange ich es noch aushalten würde. Aber dann sagte das Dicke: «Ich habe nicht gelacht. Es waren die anderen, nicht ich», und ich war echt froh, denn damit hatte ich eine Ausrede, um mich abzuwenden und irgendwo anders hinzugucken.

«Mein Gott, bist du erbärmlich», sagte das Rothaarige, und das Dicke steckte drohend seinen Finger durch das Gitter und sagte: «Halt's Maul, du kleine Schlampe. Du machst hier nichts als Ärger!» Dann lächelte es mich total schleimig an und meinte: «Sie hat auch mit dem Singen angefangen. Ich hab ihnen gesagt, dass sie es lassen sollen, aber sie haben es trotzdem getan.»

«Du verdammter Arschkriecher!», schrie das Rothaarige. «Hast du überhaupt keinen Mumm?», und das alte Weib meinte: «Verfluchte Petze», aber ziemlich leise, als wollte es eigentlich nicht gehört werden. Das Dicke rief: «Halt's Maul, ich will wegen dir keine Probleme kriegen», und das Rothaarige rief zurück: «Du hast schon Probleme, du dämliches Arschloch, oder was ist das hier für dich?», und schwenkte irgendwie seinen Arm durch den Keller. «Ach, leck mich», meinte das Dicke und hielt dann den Mund, weil ich es mit einem Eimer kaltem Wasser überschüttet hatte.

Ich weiß nicht, warum ich es über das Dicke geschüttet hatte. Eigentlich war das Rothaarige der Störenfried. Aber wahrscheinlich habe ich mich immer noch ein bisschen schlecht gefühlt, weil ich ihm am vergangenen Tag wehgetan hatte. Außerdem verdiente das Dicke eine Strafe. Man sah, dass es total überrascht war, auch wenn es nichts sagen konnte, denn es rang nach Atem, weil das Wasser so kalt war.

«Es wird nicht geflucht», sagte ich und versuchte, völlig cool und clever zu wirken. Ich glaube, es hat funktioniert, denn keiner von ihnen sagte etwas, nicht einmal das Rothaarige. Ich wurde wieder ruhiger und selbstsicherer.

«Ihr seid alle unartig gewesen», sagte ich ganz streng. «Deshalb werde ich euch dressieren müssen.»

Kapitel 18

Da ich sie nicht aus den Abteilen lassen konnte, machte ich keine richtige Dressur wie bei Hunden. Aber die Hauptsache ist, sie so abzurichten, dass sie machen, was ich ihnen sage, und dafür habe ich ein paar gute Methoden. Ich versuche mir die ganze Zeit neue auszudenken, damit es nicht langweilig wird, und ich war echt zufrieden mit mir, denn während sie sich gestritten hatten, war mir gerade etwas Neues eingefallen.

Die Idee war mir gekommen, als ich sie beim Tanzen erwischt und gesehen hatte, wie sie erstarrt dastanden. Das hatte mich an ein Spiel aus meiner Kindheit erinnert. Es wurde Salzsäule genannt. Dabei steht einer mit dem Rücken zu den anderen, die alle auf ihn zugehen, bis er herumwirbelt. Und dann muss man sofort stehen bleiben, damit er einen nicht dabei erwischt, wie man sich bewegt. Wenn man mit einem Fuß in der Luft erstarrte oder so, war es echt schwer, nicht zu wackeln, aber wenn man wackelte und er einen sah, war man raus. Gewonnen hatte derjenige, der entweder zuerst seinen Rücken berührte oder als Letzter übrig blieb.

Obwohl ich nie gewonnen habe, war es ein gutes Spiel. Besonders wenn man derjenige war, der vor den anderen steht, denn dann müssen die anderen machen, was man sagt. Ich war allerdings nie derjenige, der vorne steht. Einmal wäre ich es fast gewesen, weil ich eigentlich an der Reihe war, aber ein Mädchen sagte, sie wäre an der Reihe, und die Lehrerin glaubte ihr. Danach kam ich nie mehr dran. Sie hieß Sharon Fairweather. Das Mädchen, nicht die Lehrerin. Die hieß Miss Ross. Sie schrie die ganze Zeit, selbst wenn wir spielten, und deswegen sagte ich nicht viel, als Sharon Fairweather an die Reihe kam und nicht ich. Ich wäre nur angeschrien worden. Sharon Fairweather war eine der Lieblinge der Lehrerin, denn sie wusste immer, wie viel von einem Eisberg unter Wasser ist und wie diese komischen kleinen Dinger in der Mitte von Blumen heißen und so weiter. Außerdem konnte sie gut malen. Einmal hat sie ein echt tolles Bild von einem Drachen gemacht. Die Lehrerin hat es aufgehängt, und ich versuchte auch eins zu malen, aber es sah nicht so gut aus. Ich kriegte die Beine nicht richtig hin und das Feuer auch nicht. Sharon Fairweather war total klug, und jeder mochte sie. Ich auch, obwohl das Einzige, was sie jemals zu mir gesagt hat, «Iss nicht mit offenem Mund» war.

Aber jetzt gab es keine Sharon Fairweather, die sich vordrängelte. Ich konnte Salzsäule so oft spielen, wie ich will. Ich ging nach oben und suchte in der Kommode nach den Kassetten. Mein Papa hatte nie eine Jukebox. Er sagte, es ist sein Pub, und er will nur Musik hören, wenn er Lust darauf hat. Wenn er das meiner Mama sagte, meinte sie immer: «Anscheinend hast du oft Lust darauf, denn es läuft ständig eine Kassette», und er zwinkerte und sagte: «Das liegt daran, dass ich so einen guten Geschmack habe und weiß, was die Gäste hören wollen.»

Ich muss einen schlechten Geschmack haben, denn die meisten Kassetten von meinem Papa gefallen mir nicht. Aber manche sind ganz gut, wie die von Elvis Presley. Dass sie kaputt war, tat mir leid, doch es gab noch eine Menge anderer. Ich konnte mich nicht entscheiden, ob ich die von Val Doonican oder die von Frankie Lane nehmen soll. Schließlich entschied ich mich für Frankie Lane, denn er singt so eine Art Cowboylieder, die flotter sind und zu denen man besser tanzen kann als zu Val Doonican.

Ich ging damit in den Keller und steckte sie in den Radiorecorder. Sie schauten mich alle an und warteten gespannt darauf, was ich vorhabe. Manchmal macht es mich ein bisschen verlegen, wenn ich weiß, dass sie darauf warten, was ich von ihnen will. Aber es ist auch ein schönes Gefühl.

«Ihr sollt tanzen», sagte ich ihnen. «Wenn die Musik spielt, müsst ihr tanzen, und wenn sie aufhört, müsst ihr auch aufhören. Wer sich bewegt, ist raus.»

«Raus?», meinte das Rothaarige. «Was soll das bedeuten? Raus hier, oder was?»

«Raus aus dem Spiel», sagte ich. Ich wusste, dass es ihnen ein bisschen gemein vorkommen musste, aber da würde ich einfach darüberstehen. Als Kind hat mir meine Mama immer gesagt, dass ich das tun soll, wenn jemand etwas Böses gemacht oder gesagt hat. Ich glaube jedoch, das Rothaarige wusste nicht, dass ich darüberstehe, denn es zeterte: «Oooh, das ist ja echt furchtbar, was? Du meinst, wenn wir dein dämliches kleines Spielchen nicht mitmachen, dürfen wir es nicht mehr spielen? Das macht mir echt Angst!»

Das alte Weib meinte: «Vorsichtig, Schätzchen», was mich überraschte, denn es war nun schon das zweite Mal, dass es gesprochen hat. Aber das Rothaarige meinte: «Warum? Was will er denn machen? Was kann denn noch schlimmer werden, verdammte Scheiße?»

Es redete jetzt richtig laut und schaute die anderen an, und die waren alle still und hörten ihm zu. Da es den ganzen Spaß verdarb, sagte ich: «Halt jetzt den Mund», aber es starrte mich nur an und zeterte: «Warum? Was willst du machen, wenn ich den Mund nicht halte? Darf ich dann nicht mitspielen?»

Mir begann zu dämmern, dass es vielleicht gar nicht mitspielen wollte, und da ich mir nicht sicher war, wie ich es dazu bringen konnte, sagte ich nichts mehr. Ich wendete mich nur ab und sagte zu den anderen: «Der Gewinner bekommt eine Extraportion Futter.» Ich dachte, das würde es etwas spannender machen. Ich hörte das Rothaarige hinter mir sagen: «Wow», achtete aber nicht darauf. «Fertig?», sagte ich und drückte den Startknopf.

Ein richtig gutes Lied ertönte, mit Peitschenknallen und so. Ich dachte, sie würden alle anfangen zu tanzen, aber sie rührten sich nicht. Sie sahen ein bisschen unsicher aus und schauten sich gegenseitig an, als würden alle darauf warten, dass ein anderes anfängt. Das Dicke begann, ein bisschen auf und ab zu hüpfen, hörte aber wieder auf, als es sah, dass die anderen nicht mitmachten. Ich rief: «Ihr sollt tanzen», und drehte die Lautstärke auf, damit sie loslegen, aber es funktionierte nicht. Sie standen alle nur da.

Ich wartete noch ein bisschen und machte dann die Musik aus. «Ihr sollt tanzen!», sagte ich richtig streng, und das Rothaarige sagte: «Warum sollten wir?»

Ich wurde ein bisschen nervös, um ehrlich zu sein. So hatten sie sich noch nie benommen. Ich begann schon zu bereuen, dass ich mit der Dressur angefangen hatte. Am liebsten wäre ich hochgegangen und hätte Fernsehen geguckt, aber ich wusste, dass sie dann den Respekt vor mir verlieren würden. Also drehte ich mich um und sagte: «Weil ich es will.» Das Rothaarige lachte nur ziemlich fies, genauso wie früher die Kinder in der Schule, wenn ich etwas falsch gemacht hatte.

«Warum? Was willst du machen, wenn wir nicht tanzen?», meinte es. «Na los, sag schon.» Ich überlegte, was ich sagen soll, aber mir fiel nichts ein. So hatte ich mir das nicht vorgestellt. Dann sagte das Schwarze: «Mach ihn nicht verrückt», und plötzlich schlug das Rothaarige gegen das Gitter seines Abteils. Ich zuckte zusammen.

«Ich soll ihn nicht verrückt machen?», rief es. «Er ist verrückt, verdammte Scheiße. Warum hält er uns wohl hier unten gefangen? Er ist ein Scheißirrer! Mein Gott, schau uns an! Er lässt uns in einem Scheißminenschacht halb verhungern und Spielchen für ihn spielen, und wir tun nichts dagegen! Also, ich habe die Schnauze voll! Von mir aus kann das Arschloch so viel Scheißwasser über uns kippen, wie er will, ich werde für irgendeinen Scheißirren keine Mätzchen machen! Er kann mich mal!»

Ein paar von den anderen versuchten, es zur Ruhe zu bringen, aber das Rothaarige wollte nicht aufhören. Ich wünschte, ich hätte es nicht gefangen. Aber ich wusste, dass ich etwas unternehmen musste, denn das durfte ich nicht durchgehen lassen. «Wenn du nicht tust, was ich sage», schrie ich, «werde ich dir kein Futter mehr geben!»

«Ist mir doch egal!», schrie es zurück. «Ich verhungere lieber, als so weiterzumachen. Du kannst dein Scheißhundefutter nehmen und es dir in …»

Es sagte etwas echt Böses. Ich wurde total sauer und sagte:

«Na schön, wenn du es nicht willst, gebe ich es einem von den anderen.»

«Ich nehme es», meinte das Dicke, aber ich achtete nicht darauf. Das Dicke war das Letzte, dem ich es geben würde.

«Dann gib es ihnen doch», schrie das Rothaarige. «Sie können sich wie Tiere benehmen, wenn sie wollen. Aber ich nicht.»

Da es nicht aufhörte zu schreien, holte ich einen Eimer Wasser. Das Rothaarige sah mich kommen und meinte: «Ja, genau, kipp mir noch mehr Wasser über, dann fühlst du dich echt stark, oder?»

Obwohl ich mir in dem Moment ein bisschen blöd dabei vorkam, schüttete ich das Wasser trotzdem über das Rothaarige aus. Es keuchte ein bisschen, dann sagte es: «Fühlst du dich jetzt besser, du Scheißirrer?», und ich rief: «Nenn mich nicht Irrer!», und als es meinte: «Warum nicht, du bist doch einer!», kippte ich noch einen Eimer über ihm aus und ließ den Griff los, sodass der Eimer gegen das Gitter knallte. Da hielt es den Mund und sprang zurück.

Mittlerweile war ich total wütend und sagte zu den anderen: «Der Gewinner kann das Futter von diesem hier haben.» Das meinte ich auch so. Wahrscheinlich hätte ich nicht ganz aufgehört, es zu füttern, aber für ein paar Tage wollte ich ihm nichts mehr geben. Auf jeden Fall für den Rest des Tages. Es hatte mich echt sauer gemacht.

«Hört nicht auf ihn», rief das Rothaarige. Es war klatschnass. Außerdem zitterte es, und als ich das sah, fiel mir ein, wie kalt es dort unten war. Daran hatte ich vorher noch nie gedacht. Ich fragte mich, ob ich noch mehr Decken runterbringen soll, aber da ich nicht genug für alle hatte, dachte ich nicht weiter darüber nach.

«Lasst euch nicht so von ihm behandeln», sagte das Rothaarige. Ich hatte ihm noch immer den Rücken zugekehrt und versuchte so zu tun, als wäre es nicht da. «Wenn ihr nicht tanzt», sagte ich, aber dann fiel mir nichts ein, womit ich ihnen drohen kann, und sagte nur: «… werdet ihr wünschen, ihr hättet es getan», was ein bisschen blöd klang. Aber ich hatte es mit einer ziemlich bedrohlichen Stimme gesagt, damit es so aussah, als hätte ich etwas so Schlimmes geplant, dass ich es lieber nicht aussprechen will. Jedenfalls hoffte ich, dass es so klang, doch das Rothaarige mischte sich wieder ein.

«Na los, dann sag uns schon, was du tun willst», schrie es. Es wurde jetzt ein bisschen hysterisch. Ich überlegte, ihm noch einen Eimer Wasser überzukippen, aber es war keiner mehr übrig. Und da die ersten beiden nichts bewirkt hatten, hätte ein dritter wohl auch nichts mehr gebracht. Es war noch immer am Zittern und klammerte sich ans Gitter. Als ich es anschaute, war ich ein bisschen überrascht, denn es hatte nicht nur Wasser im Gesicht. Es weinte.

Dann meinte das Dicke: «Halt's Maul, du dämliche Schlampe, du machst alles nur noch schlimmer», und das Rothaarige lachte, aber nicht so, als würde es das lustig finden. «Wie kann es denn noch schlimmer werden?», meinte es. Es hatte einen Schluckauf bekommen. «Er könnte uns auch einfach umbringen und fertig. Auf jeden Fall wird er uns niemals freilassen, oder? Ich sterbe lieber jetzt gleich, dann habe ich es hinter mir und muss nicht mehr so leben. Warum sollen wir uns wie dressierte Tiere aufführen, nur damit ihm einer abgeht, verdammte Scheiße? Ich bin kein Tier», sagte es, und da wurde ich noch wütender als vorher.

«Doch, das bist du!», rief ich. «Du bist ein Tier! Ihr seid

alle Tiere, deswegen seid ihr ja hier, und ihr tut lieber, was ich euch sage, denn ich kann machen, was ich will! Niemand weiß, dass ihr hier seid, und niemand schert sich darum, also seid lieber vorsichtig, verstanden?»

So etwas hatte ich vorher noch nie gesagt. Im Grunde hatte ich noch nie viel zu ihnen gesagt. Nur ab und zu einen Befehl oder so. Aber es wirkte. Erst wurde es total still, dann baten mich die anderen, ihnen nichts zu tun. Das Rothaarige schrie sie an, aber jetzt schrien sie zurück und beschimpften es. Es brüllte und tobte, aber die anderen waren in der Überzahl und lauter. Das Rothaarige begann zu weinen und den Kopf zu schütteln und rutschte dann am Gitter runter, bis es am Boden saß. Es sagte etwas, immer die gleichen Worte, und zuerst konnte ich es wegen dem Lärm, den die anderen machten, nicht verstehen. Doch als ich näher trat, hörte ich es sagen: «Ich bin kein Tier, ich bin kein Scheißtier», und dann hielt es inne und weinte nur vor sich hin.

Es tat mir ein bisschen leid. Aber sie müssen dressiert werden, und wenn man bei einem alles durchgehen lässt, werden auch die anderen aufsässig. Obwohl ich wusste, dass ich das Richtige getan hatte, bekam ich ein bisschen ein schlechtes Gewissen, wenn ich das Rothaarige so nass und traurig dasitzen und weinen sah. Am liebsten wäre ich zu ihm gegangen und hätte gesagt, dass es mir leidtut und so. Doch da ich ihm andererseits noch mehr wehtun wollte, tat ich so, als würde ich es nicht beachten. «Von jetzt an benehmt ihr euch lieber», sagte ich den anderen. «Fangt jetzt besser an, genau das zu tun, was ich sage, denn sonst könnte ich es mir anders überlegen, ob ich euch weiter halte.»

Da spitzten sie die Ohren. Offenbar hatten sie es in den falschen Hals gekriegt. Sie glaubten wohl, dass ich meinte, ich würde sie freilassen. «Wenn ich genug habe», erklärte ich, «höre ich vielleicht auf, euch zu füttern. Das Futter ist nämlich nicht gerade billig. Ich könnte ein Vermögen sparen, wenn ich mich entscheide, euch nicht mehr zu füttern.»

Sie schauten mich verängstigt an. Außer dem Rothaarigen, das immer noch am Boden saß und weinte. Da ich ihnen jetzt richtig Angst machen wollte, sagte ich: «Wenn mir danach ist, komme ich vielleicht gar nicht mehr hier runter. Ich muss nicht herkommen. Glaubt ihr, es macht mir Spaß, euren Dreck wegzumachen und so? Ich könnte einfach das Licht ausmachen und die Tür abschließen und nie wieder zurückkommen. Dann sitzt ihr hier unten im Dunklen ohne Futter und Wasser, und keiner wird je erfahren, was mit euch passiert ist. Ihr würdet alle sterben, und es würde Ewigkeiten dauern. Wahrscheinlich würdet ihr um Essen und Trinken flehen, als wenn ihr in der Wüste wärt oder so. Ich könnte das tun, wenn ich wollte», sagte ich und das Rothaarige meinte: «Warum tust du es dann nicht?»

Ich musste aber nichts antworten, weil das Schwarze rief: «Halt's Maul!», und das Dicke meinte: «Du machst doch nur Spaß, oder? Das würdest du doch keinem Kumpel antun, oder?»

«Ich habe aber keine Kumpels», sagte ich. «Hier unten sind nur Tiere, und die zählen nicht. Also kann ich machen, was ich will, richtig?»

Es versuchte zu lächeln und sagte: «Was ist mit deinem Vater? Es würde ihm nicht gefallen, wenn er wüsste, dass du uns hier unten einsperrst, oder?» Mir gefiel es nicht, dass es über meinen Papa sprach, und sagte: «Halt den Mund. Sofort.» Es gehorchte aber nicht, sondern sagte: «Komm schon, denk an deinen Vater.» Ich drehte mich um und ging geradewegs auf die Tür zu. Sie begannen zu rufen: «Nein, nicht, bitte, komm zurück, bitte», und so weiter und nannten das Dicke ein dämliches Arschloch, und ich kam an die Tür und machte sie auf, hielt dann inne und sagte: «Werdet ihr euch benehmen?»

Sie sagten alle ja. Wie kleine Kinder. Das Dicke wollte noch etwas sagen, aber ich hob eine Hand, und es verstummte. Einfach so. Man hörte nur noch das Rothaarige weinen, aber da achtete ich kaum drauf. Sie waren noch nie so gehorsam gewesen. Man spürte, dass sie mich richtig respektierten.

«Ab jetzt müsst ihr genau das tun, was ich euch sage, sonst werde ich euch einfach hier unten alleinlassen», sagte ich. «Ihr achtet also lieber darauf, dass ihr mich nicht verärgert, und tut alles, was ich sage. In Ordnung?»

Sie nickten alle oder sagten ja, außer dem Rothaarigen. Ich dachte, ich sollte sie testen, und befahl ihnen, auf einem Bein zu stehen. Erst sahen sie ein bisschen verwirrt aus, aber als ich es wiederholte, taten sie es. Sogar das alte Weib. Es gelang ihm nicht richtig, es wäre fast hingefallen. Sie sahen total komisch aus, wie sie da auf einem Bein herumhüpften. Ich sagte: «Hebt einen Arm in die Luft», und sie gehorchten dieses Mal sofort. «Jetzt den anderen Arm», sagte ich, und sie taten auch das. Ich bekam wieder bessere Laune und befahl ihnen, auf dem anderen Bein zu stehen, und während sie das taten, befahl ich ihnen, jetzt wieder das andere Bein zu nehmen, und zwar schnell. Sie kamen durcheinander und kippten der Reihe nach um, und dann gab ich ihnen richtig komplizierte Anweisungen, die ich gleich wieder änderte, ehe sie sie ausführen konnten.

Sie legten sich alle richtig ins Zeug, und weil sie total

ernst dabei aussahen, sagte ich: «Lacht», was sie auch machten. Ich befahl ihnen ein paarmal, aufzuhören und wieder anzufangen, und dann sagte ich: «Jetzt müsst ihr alle so tun, als wenn ihr Tiere seid», und sie begannen, verschiedene Tiergeräusche zu machen. «Hunde!», sagte ich, und sie begannen zu bellen. Das Dicke hockte sich auf Hände und Knie und machte es so gut, dass ich lachen musste. «Jetzt seid ihr Kühe!», rief ich, und sie taten so, als wären sie welche. Ich ließ sie Katzen, Esel und Hühner nachmachen, und sie waren so komisch, dass ich das Rothaarige fast vergessen hätte. Es weinte noch immer und schaukelte auf dem Boden vor und zurück, und ich konnte sehen, dass es etwas sagte, aber ich verstand es nicht. Dann schaute es mich an und schrie: «Ich bin kein Tier! Ich bin kein Scheißtier!» Ich befahl den anderen, lauter zu sein, damit sie es übertönten. Sie machten jetzt alle möglichen Geräusche, und das Rothaarige schloss die Augen, legte die Hände auf die Ohren und kreischte: «*Ich bin kein Tier, ich habe einen Namen, ich bin Marcie und kein Tier!*» Aber ich wusste es besser.

«*SCHWEINE!*», brüllte ich, und sie begannen zu schnauben und zu grunzen, und das Rothaarige schrie und schrie, ohne dass man es hören konnte, und dann gab es auf und saß einfach auf dem Boden und weinte.

Nach einer Weile ließ ich sie aufhören, und dann machten wir den Tanzwettbewerb.

Kapitel 19

Während meine Mama im Krankenhaus war, begann mein Papa, Stripperinnen auftreten zu lassen. Es fing damit an, dass er mir eines Abends beim Essen sagte, ich kann im Pub früher Feierabend machen, und mir Geld für ein Video gab. Damals dachte ich mir nichts dabei, denn an manchen Abenden war wieder wenig los gewesen, selbst bei den geschlossenen Veranstaltungen. Ich dachte nur, er würde nicht mit vielen Gästen rechnen.

Aber als ich Feierabend machte, waren noch ziemlich viele Männer da. Mehr, als seit Ewigkeiten da gewesen waren. Mein Papa sah ein bisschen erhitzt aus. Zu der Zeit hatte er immer schon zu trinken begonnen, sobald die ersten Gäste kamen. Am Anfang nur kleine Biere. Aber bis zur Sperrstunde waren einige zusammengekommen, und nachdem er die Tür abschloss, ging er zu Pints über.

Ich hatte die Frau reinkommen sehen, mir aber nicht viel dabei gedacht. Ab und zu kamen welche. Sie sahen immer ein bisschen fertig aus und gingen am Ende mit irgendjemand mit. Obwohl diese Frau auch ziemlich abgehaltert wirkte, wurde sie von Männern umringt, die ihr ständig Drinks ausgeben wollten. Sie war noch nicht lange im Pub, als mein Papa sagte, ich kann ruhig gehen und mir mein Video anschauen. Das überraschte mich, weil es noch voll war, ich dachte, er würde es sich nochmal anders überlegen. Das tat er aber nicht, und da ich mir den neuen *Star-Trek*-Film ausgeliehen hatte, den ich im Kino verpasst hatte, wollte ich mich nicht beschweren. Mein Papa lachte und machte Witze mit den anderen, außerdem hatte er schon getrunken, deshalb ließ ich ihn allein.

Ich hatte den Film ungefähr bis zur Hälfte gesehen, als ich ihn anhielt, weil ich zur Toilette musste. Von unten hörte ich Jubelschreie. Als hätte jemand ein Tor geschossen. Ich blieb einen Moment vor dem Wohnzimmer auf dem Flur stehen, dann ging ich runter, um nachzuschauen, was los war.

Ich konnte die Gäste schon hören, bevor ich in die Küche kam. Sie schrien und pfiffen. So etwas hatte ich noch nie gehört, nicht einmal bei der Prügelei. Außerdem lief Musik, eine Tom-Jones-Kassette von meinem Papa, was seltsam war, denn damals spielten wir kaum noch Musik im Pub. Ich ging zur Tür, die hinter die Theke führt, und machte sie auf.

Alles, was ich sehen konnte, waren die ganzen Männer, die auf etwas in der Ecke starrten. Es sah total komisch aus, denn sie guckten alle mit einem blöden Grinsen in die gleiche Richtung. Da ein paar von ihnen immer noch jubelten und johlten, ging ich weiter, um zu schauen, worauf sie starrten. Mein Papa stand lachend an einem Ende der Theke vor dem Radiorecorder und schaute genauso in die Ecke wie die anderen. Dort war die Frau, die ich vorher gesehen hatte, auf einem Tisch, nur im Schlüpfer. So stand sie einfach da, vor all diesen Männern, grinste und zeigte ihre Brüste. Dann wackelte sie mit ihnen, und alle jubelten. Sie hatte ein Billardqueue genommen und begann, das dicke Ende irgendwie zu streicheln und zu lecken. Ich fand das ein bisschen unhygienisch, weil das Queue ja schon so viele Leute in der Hand gehabt hatten, aber was sie als Nächstes machte, war noch schlimmer. Sie drehte es um und rieb mit dem dicken Ende zwischen ihren Beinen rum und steckte es schließlich vorne in ihren Schlüpfer. «Soll ich? Soll ich?», rief sie. Die Männer flippten aus und johlten und jubelten, und sie bewegte das Queue im Rhythmus zur Musik rauf und runter, nur dass sie jetzt jedes Mal ihren Schlüpfer ein bisschen weiter nach unten schob.

Ich muss mich gegen die Tür gelehnt haben, denn sie quietschte, und mein Papa drehte sich um und sah mich. Ich dachte, er würde schimpfen oder so, aber er guckte mich nur einen Moment an und sagte dann: «Und, willst du rein oder raus?»

Wieder ertönte Jubelgeschrei. Ich schaute rüber und sah, wie die Frau den Schlüpfer am Ende des Queues über ihren Kopf schwenkte. Sie hatte überhaupt nichts mehr an, genau wie diese Frauen in den Magazinen. Ich fragte mich, was meine Mama wohl dazu sagen würde, und ging raus und schloss die Tür.

Mein Papa sprach nie mit mir darüber. Es war auch nur dieser eine Abend. Kurz darauf kam meine Mama aus dem Krankenhaus, und ich dachte, es wäre tatsächlich eine einmalige Sache gewesen. Als ich dann eines Nachmittags in die Küche ging, waren meine Mama und mein Papa am Streiten. Meine Mama machte einen Riesenradau und rief, dass sie nicht tatenlos zusehen würde, wie aus dem Pub ein Bordell wird. Mein Papa meinte, wenn sie eine bessere Idee hat, dann würde er sie gerne hören, und außerdem wäre schon alles abgemacht. Meine Mama sah aus, als wäre sie zu wütend, um etwas zu sagen, und mein Papa meinte: «Reg dich doch mal einen Moment ab und lass es dir in Ruhe durch den Kopf gehen.» «Ich muss es mir nicht durch den Kopf gehen lassen», rief meine Mama, «das hast du ja bereits für uns beide zur Genüge getan.»

«Wo soll sich bei mir denn sonst noch etwas abspielen als im Kopf?», sagte mein Papa. Meine Mama wurde rot und meinte: «O ja, darauf habe ich nur gewartet», und sie wollte noch etwas sagen, doch da sah sie mich. «Aber er wird nichts damit zu tun haben!», rief sie. «Lass ihn da raus!»

«Er ist erwachsen», sagte mein Papa. «Er ist alt genug, um für sich selbst zu entscheiden. Und ich brauche jemanden, der mir hinter der Theke hilft, denn ich wette, dass du mir nicht helfen wirst, richtig?»

«Ganz bestimmt nicht!», rief meine Mama, und mein Papa sagte: «Na also, da hast du es.»

Mir gefiel es nicht, wenn sie über mich redeten, als wäre ich nicht da, aber das machten sie die ganze Zeit. Ich dachte, meine Mama würde sich weiter mit ihm streiten. Doch sie sah nur müde aus und sagte: «Ach, mach doch, was du willst. Das machst du ja sowieso», und ging raus.

Am nächsten Abend hatte mein Papa wieder eine Stripperin engagiert. Ich rechnete damit, dass meine Mama etwas dazu sagt, aber das tat sie nicht. Selbst dann nicht, als mein Papa begann, jedes Wochenende eine einzuladen und sogar am Sonntag zur Mittagszeit. Meine Mama blieb einfach oben im Wohnzimmer und drehte die Lautstärke des Fernsehers auf, sodass sie nichts von unten mitbekam.

Ich war mir nie ganz klar darüber, was ich tun soll. Ich wusste, dass meine Mama nicht will, dass ich in der Schankstube bleibe, wenn sich die Frauen ausziehen, aber Papa brauchte meine Hilfe hinter der Theke. Deshalb blieb ich immer, bis die Musik begann, und ging dann auf die Toilette. Da niemand etwas bestellen wollte, solange die Frauen dran waren, wartete ich dort, bis die Musik aufhörte, und wenn die Gäste nach mehr schrien, kam ich wieder raus.

Die meisten Stripperinnen waren total unhöflich und beachteten mich nicht. Aber eine war echt nett. Nett zu mir, meine ich. Sie hatte kein so schlechtes Benehmen wie die anderen. Sie hat immer Hallo gesagt und gefragt, wie es mir geht, und manchmal kam sie an die Theke, um mit mir zu plaudern, bevor sie sich ausgezogen hat. Als sie eines Abends mit mir sprach, meinte einer der Männer: «Na, ist das dein Freund, Maureen?» Sie lachte und legte einen Arm um mich und sagte: «Vielleicht. Was ist? Eifersüchtig?» Wenn sie mich seitdem sah, hat sie immer gesagt: «Und, wie geht es meinem Freund?», und mir zugezwinkert. Wenn sie losgelegt hat und ihre Musik begann, saß ich jedes Mal auf der Toilette und dachte, dass ich ihr trotzdem mehr bedeute als die ganzen Männer da draußen. So kam ich besser damit zurecht.

Am Anfang kamen die Stripperinnen nur zu den normalen Öffnungszeiten. Doch nach einer Weile machten sie zwei Shows am Abend, eine vor der Sperrstunde und eine, nachdem mein Papa die Tür abgeschlossen und die Vorhänge zugezogen hatte. Und während einer dieser späteren Vorstellungen kam einmal die Polizei. Ich bediente noch einen Gast, als mein Papa die Musik anstellte und die Frau anfing. Das passierte manchmal, aber ich schaute einfach nicht hin und ging raus, sobald ich konnte. Ich hatte gerade das Geld für die Getränke genommen, als es gegen die Tür hämmerte. Zuerst merkte es nicht jeder, und die Frau tanzte weiter. Aber mein Papa hatte es gehört und hielt die Kassette an.

Alles wurde still. Jeder schaute zur Tür, und wieder hämmerte es. Mein Papa ging los und rief: «Wer ist da, wir haben zu?», und eine tiefe Stimme sagte: «Polizei.»

Mein Papa wurde ganz bleich. Für einen Augenblick dachte ich, er würde die Tür nicht aufmachen, aber dann tat er es doch. Zwei Polizisten standen da. Sie schauten an meinem Papa vorbei in die Schankstube, wo die ganzen Männer standen und sie anstarrten, und dann gab es einen Rums. Die Stripperin war vom Tisch gesprungen und in die Toilette gelaufen.

«Wissen Sie, dass es nach zwölf Uhr ist?», fragte einer der Polizisten.

«Das ist eine Privatparty», sagte mein Papa. Er klang ganz unsicher, was meinem Papa gar nicht ähnlich sah. Die Polizisten kamen in die Schankstube, und der andere, derjenige, der bisher noch nicht gesprochen hatte, schaute zu mir herüber. Ich hatte das Gefühl, etwas Schreckliches getan zu haben. Ich wusste nur nicht, was.

«Ach, ja?», meinte er. «Und was macht er da?»

Ich konnte nicht glauben, dass er mich meinte. Jeder guckte mich an, und meine Beine wurde ganz weich. Ich hatte keine Ahnung, was ich verbrochen haben sollte, doch dann schaute ich hinab und sah, dass die Kasse noch offen war und ich das Wechselgeld des Gastes in der Hand hatte. Da ich es nur loswerden wollte, damit mich die anderen nicht mehr anstarrten, gab ich es schnell dem Gast und schob die Kassenlade zu. Es klang total laut, und als ich aufschaute, hatte sich mein Papa eine Hand über die Augen gelegt, und die Polizisten grinsten.

«Großartig», sagte einer der Männer an der Theke, und erst in diesem Moment fiel mir ein, dass mein Papa mir immer eingeschärft hatte, ich dürfte niemandem erzählen, dass wir nach der Sperrstunde Geld für die Getränke nehmen.

Die Polizisten schickten alle nach Hause und redeten mit meinem Papa. Mittlerweile war meine Mama runtergekommen und setzte sich dazu. Ich saß in der Küche, weil ich dachte, sie wollen später auch mit mir reden, und mich deshalb nicht traute, in mein Zimmer zu gehen. Ich glaube, ich hatte noch nie eine solche Angst gehabt. Ich dachte, sie würden uns verhaften.

Aber das taten sie nicht. Ich hörte, wie sie rausgingen und die Tür zugemacht und verriegelt wurde. Dann kamen meine Mama und mein Papa in die Küche. Ich befürchtete, dass ich Ärger kriegen würde. Doch mein Papa schaute mich nur an und sagte: «Geh hoch.» Er klang nicht sauer. Nur so, als wäre er müde und wollte seine Ruhe haben.

Ich hatte kaum die Küchentür hinter mir geschlossen, als meine Mama anfing. «Bist du jetzt zufrieden?», meinte sie. «Freust du dich jetzt, dass die Polizei hier war?»

Ich blieb oben am Geländer stehen, um zu lauschen. Mein Papa sagte, dass sie sich beruhigen soll, aber meine Mama wollte nicht.

«Ich wusste, dass das passieren würde!», rief sie. «Aber du wolltest ja nicht hören. Ich habe es dir gesagt, oder? Ich habe es dir gesagt!»

«Ja, du hast es mir gesagt», rief mein Papa. «Aber du hast mir nicht gesagt, wie ich die Scheißrechnungen sonst bezahlen soll, oder? Das hast du mir nicht gesagt! Niemand will den Laden kaufen, und niemand will hier noch was trinken! Was soll ich denn machen? Kannst du mir das erklären?»

«O ja», rief meine Mama zurück. «O ja, das war eine so

gute Idee, dass du fast unsere Konzession verloren hättest! Und jetzt haben sie uns auf dem Kieker! Wenn du das nächste Mal deine Saufkumpane und diese Flittchen nach der Sperrstunde reinlässt, wirst du nicht mehr mit einer Verwarnung davonkommen! Und? Was willst du jetzt machen?»

«Ich überlege mir was», sagte mein Papa.

Kapitel 20

Am nächsten Morgen putzte ich. Ich musste etwas tun, um mich davon abzulenken, dass Cheryl und Karen kommen. Schon beim Aufwachen musste ich daran denken. Es war das gleiche Gefühl wie früher immer an Weihnachten, wenn man weiß, dass es endlich so weit ist und alle Geschenke nur darauf warten, ausgepackt zu werden. Aber da Cheryl und Karen erst nachmittags kommen würden, musste ich die Zeit bis dahin rumkriegen.

Ich hasse Putzen. Ich bin zwar nicht schmutzig, aber ich mache nicht viel Dreck und muss es daher nicht oft tun. Nachdem meine Mama nicht mehr aus dem Bett konnte, musste ich ständig putzen. Sie wollte fast jeden Tag, dass ich staubsauge, obwohl ich der Einzige im Haus war. Ich versuchte ihr zu erklären, dass es nicht so oft gemacht werden muss, aber das wollte sie nicht hören. Schließlich stellte ich einfach den Staubsauger an und ließ ihn laufen, während ich Fernsehen guckte oder so. Die Teppiche werden davon sowieso nur abgenutzt.

Aber an diesem Morgen war es etwas anderes. Ich wollte für Cheryl und Karen alles picobello haben, und als ich erst einmal angefangen hatte, konnte ich nicht mehr aufhören. Ich saugte das Wohnzimmer, dann sah ich die Krümel und

Flusen auf dem Sofa und schüttelte die Kissen auf. Darunter lag noch das Video vom vergangenen Abend. Ich legte es schnell außer Sichtweite in die Anrichte. Ich wollte nicht, dass Cheryl es findet. Bei dem Gedanken lief mir ein Schauer über den Rücken. Dann hatte ich einen anderen schrecklichen Gedanken. Es hätte mich nicht überrascht, wenn der Zeitungshändler mir absichtlich den falschen Film gegeben hat. Und wenn er mir bei dem einen den falschen reingetan hatte, war in der anderen Hülle vielleicht auch nicht das Richtige. Um das zu überprüfen, legte ich das Bambi-Video ein, bereit, es sofort anzuhalten, wenn Menschen zu sehen waren, die sich auszogen. Doch der Film begann ganz normal mit der Szene, wo sich alle Tiere zu Bambis Geburt versammeln.

Ich wollte die Kissen gerade wieder aufs Sofa legen, als ich etwas Glänzendes sah, das in der Ritze zwischen Lehne und Sitzfläche klemmte. Es war ein Fünfzig-Pence-Stück. Ich fragte mich, was wohl noch dort drinnen steckt, und tastete das Sofa der Länge nach mit einer Hand ab. Es ist echt erstaunlich, was alles in die Ritze eines Sofas geraten kann. Ich fand die Hand einer Spielpuppe, die ich vor Jahren verloren hatte, alte Stecknadeln, ein Zwanzig-Pence-Stück und sogar einen halben Riegel Twix, der ganz klebrig und mit Staub überzogen war.

Nachdem ich damit fertig war, war der Teppich wieder dreckig, sodass ich nochmal saugen musste. Dann saugte ich den oberen Flur und sogar die Treppe. Eigentlich hatte ich die Küche auslassen wollen, doch als ich unten angelangt war, legte ich sofort los. Zuerst machte ich den Abwasch, dann putzte ich den Herd. Das meiste schwarze Zeug vom Feuer ging ziemlich leicht ab, und nachdem ich das ganze fettige Wasser aufgewischt hatte, sah er gar nicht mehr so schlimm aus. Als Nächstes nahm ich mir die Schankstube vor. Am vergangenen Tag hatte ich gesehen, wie staubig es dort war, und jetzt konnte ich nicht glauben, wie dick die Schicht auf den ganzen Flaschen und so war. Um nicht wieder doppelt saugen zu müssen, wartete ich dieses Mal damit, bis ich alles abgestaubt hatte, und tat dann das Gleiche im Gesellschaftsraum.

Nachdem ich fertig und alles sauber war, wünschte ich, ich hätte schon öfter geputzt. Als ich die Fenster aufmachte, um zu lüften, bauschten sich die Vorhänge auf. Im hellen Sonnenlicht war der Pub kaum wiederzuerkennen und sah echt freundlich aus. Da ich noch keine Lust hatte aufzuhören, machte ich den Haupteingang auf und ging raus.

Die ganze Zeit bemerkt man nicht, wie schmutzig alles ist, bis es einem plötzlich ins Auge fällt. Ich stellte mich auf die Straße, betrachtete den Pub und schämte mich. Das Schild über der Tür war total ausgeblichen. Der Bär war mittlerweile nicht mehr weiß, sondern genauso schmutzig gelb wie der Himmel auf dem Bild. Aber er war immer noch lange nicht braun. Außerdem blätterte die Farbe von den Fensterrahmen ab, und die Mauern waren dreckig. Als ich mit einem Finger über die Ziegel strich, war er danach schwarz. Es gab einen sauberen blauen Streifen, wo man die eigentliche Farbe unter der Schmutzschicht erkennen konnte, und da ich dachte, dass es keinen Sinn macht, nur das Innere, aber nicht das Äußere zu putzen, holte ich den Schlauch aus dem Keller.

Nachdem ich ihn an den Küchenhahn angeschlossen hatte, zog ich ihn durch die Eingangstür und begann, die Mauer abzuspritzen. Ich musste sofort wieder aufhören, denn ich hatte vergessen, die Fenster zuzumachen. Doch nachdem ich das getan hatte, war es großartig. Sobald der Strahl auf die Mauern traf, wurde der Dreck abgespült, sodass man sehen konnte, welche Farbe sie eigentlich haben. Es war, als würde man mit einem Lasergewehr schießen. Ich kam mit dem Strahl bis hoch ans Dach, und das Wasser spritzte in alle Richtungen und erzeugte so einen feinen Nebel, der wie ein Regenbogen leuchtete. Das schmutzige Wasser strömte hinab auf den Gehweg, von dem ich es auch wegspritzte. Der Geruch des Wassers auf den warmen Ziegeln und dem Beton erinnerte mich an Wasserpistolen und Sommerferien, sodass ich den Schlauch gar nicht mehr abdrehen wollte, selbst als die ganze Fassade des Pubs total nass war und glänzte, als wäre sie frisch lackiert worden.

Nachdem ich das Wasser abgestellt hatte, kam es mir total still vor. Man konnte nur noch überall Wasser laufen und tropfen hören. Aber der Pub sah wunderbar aus. Die Ziegel waren wieder hellblau geworden und funkelten in der Sonne. Ihr Anblick wäre eine reine Freude, hat mein Papa immer gesagt. Mir gefielen sie immer noch, obwohl sie daran schuld waren, dass wir den Pub nicht verkaufen konnten.

Das war jedenfalls beim zweiten Mal so gewesen. Als wir ihn zum ersten Mal verkaufen wollten, weil die Fabriken geschlossen wurden und wir kaum noch Gäste hatten, wollte ihn niemand haben.

Aber nachdem mein Papa starb, bekam meine Mama einen Brief von einer großen Firma, die den Pub kaufen wollte, um auf dem Grundstück zu bauen. Meine Mama war total aufgeregt und besorgte sich sogar schon Broschüren von Maklern, um sich eine neue Wohnung zu suchen. Sie war echt glücklich. Erst sah es so aus, als würde sich alles klären, doch dann tauchten Leute von der Gemeinde oder so auf und sagten, sie wollen versuchen, den Pub unter Schutz zu stellen, weil die Ziegel an der Fassade alt und ungewöhnlich sind. Viktorianisch oder so. Ich habe keine Ahnung, unter welchen Schutz sie ihn stellen wollten oder was das bringen sollte, aber es bedeutete, dass man ihn nicht abreißen durfte. Und nur aus diesem Grund wollte ihn die große Firma kaufen. Meine Mama wurde wütend und sagte, es wäre ihr Pub und sie könnte damit machen, was sie will. Aber die Sache zog sich so lange hin, bis die große Firma schließlich genug hatte und ein paar Meilen weiter ein anderes Grundstück kaufte. Mittlerweile haben sie dort ein riesiges Einkaufszentrum gebaut. Manchmal gehe ich daran vorbei. Auf dem Parkplatz stehen jedes Mal haufenweise funkelnde Autos, denn es ist immer brechend voll.

Der Pub wurde nie unter Schutz gestellt, aber die Ziegel sehen noch gut aus, und ich war froh, dass ich sie sauber gemacht hatte. Da ich danach richtig Hunger hatte, wollte ich mich mit einem Spiegeleisandwich belohnen. Um das Spiegelei besonders würzig zu machen, löste ich ein bisschen Maggi im heißen Fett auf, wie es mein Papa immer gemacht hat, und ging dann mit dem Teller hoch, damit ich Fernsehen gucken konnte. Erst oben wurde mir klar, wie spät es war, und da hätte ich mich treten können, denn ich hatte den Anfang von *Captain Scarlet* verpasst.

Captain Scarlet ist okay, aber nicht so gut wie *Thunderbirds*. Die Serie wäre echt spannender, wenn man nicht wüsste, dass er unverwundbar ist. Er wird immer wieder lebendig, egal, was ihm passiert. Er kann in die Luft gejagt oder erschossen und überfahren waren, aber es tut ihm nie weh. Und trotzdem schafft er es manchmal nicht, die Mysteronen – das sind die Bösen aus dem All – davon abzuhalten, was sie machen. Manchmal wünscht man sich, dass jemand auf ihn schießt und er aufschreit und alles vollblutet wie ein normaler Mensch, nur damit er nicht mehr so ein Angeber ist. Außerdem würde er sich dann vielleicht ein bisschen mehr ins Zeug legen.

Diese Folge war ganz gut, auch wenn sie damit endete, dass er mitsamt einer Ölraffinerie in die Luft gejagt wird. Da es danach nichts Besonderes mehr gab, machte ich den Fernseher aus und überlegte, was ich als Nächstes tun soll. Erst als ich auf die Uhr schaute, wurde mir klar, dass es schon Nachmittag war. Cheryl und Karen könnten jeden Augenblick da sein.

Ich stand auf, hatte aber den Teller auf meinen Knien ganz vergessen. Die Krümel flogen überall hin. Das machte mich so wütend, dass ich den Teller fast an die Wand geworfen hätte. Aber da ich nicht noch einmal saugen wollte, hob ich nur die größten Krümel auf, und nachdem ich den Rest mit der Hand weggefegt hatte, sah der Teppich wieder in Ordnung aus.

Aber ich war immer noch durcheinander. Erst hatte es Ewigkeiten gedauert, bis alles fertig war, und nun musste ich mich beeilen. Ich war noch nicht mal rasiert, und da ich mich seit Freitag nicht rasiert hatte, musste ich es jetzt unbedingt tun. Wenn ich nicht zur Arbeit muss, rasiere ich mich nicht jeden Tag. Ich schneide mich nur dabei und kriege Ausschlag. Dieses Mal schnitt ich mich auch, und ich musste ein paar Lagen Toilettenpapier auf die Stelle drücken, um die Blutung zu stoppen. Nachdem es vorbei war, trug ich etwas von dem Rasierwasser meines Papas auf. Ich schüttete es mir erst auf die Hände und klatschte sie mir dann wie in der Werbung auf die Wangen. Normalerweise benutze ich kein Rasierwasser, aber ich dachte, es könnte Cheryl und Karen beeindrucken. Allerdings brannte es wie verrückt, und ich musste es sofort wieder abspülen. Ich warf noch einmal einen Blick in den Spiegel, um mich zu vergewissern, dass ich ordentlich aussah und kein Haar abstand oder so. Es stand zwar kein Haar ab, aber ich werde immer ein bisschen traurig, wenn ich in einen Spiegel gucke. Also putzte ich mir noch die Zähne und ging dann raus.

Ich hatte den Schlauch noch nicht in den Keller zurückgebracht. Er hing aufgerollt neben der Spüle. Ich nahm einen Zettel, schrieb darauf: «Bin in 5 Minuten zurück, nicht weggehen», und hängte ihn an die Tür, falls Cheryl und Karen kommen sollten, während ich unten bin. Dann rannte ich mit dem Schlauch in den Keller. Eigentlich wollte ich gleich wieder hochgehen, doch dann fiel mir ein, dass ich noch kein Futter in die Abteile gebracht hatte. Da ich bereits gewaschen und umgezogen war, hätte ich es fast gelassen. Ich wusste ja auch nicht, wann genau Cheryl und Karen kommen würden. Aber ich wusste, dass ich die ganze Zeit an die Fütterung denken muss, wenn ich sie aufschiebe. Alles andere war ja erledigt.

Allerdings wollte ich mich nicht lange damit aufhalten. Ich schüttete nur etwas Futter und Wasser in die Schüsseln und rannte regelrecht mit ihnen durch den Gang. Ich wollte mir nicht einmal die Mühe machen, die leeren Schüsseln einzusammeln, und als ich die Tür aufschloss und das Licht anmachte, war ich so in Eile, dass ich mich total erschreckte, als das Schwarze rief: «O Gott.»

Ich ließ das Tablett fallen, und es gab einen lauten Knall.

Hundefutter und Wasser spritzten in alle Richtungen, auch auf meine Jeans und so. Ich versuchte gar nicht erst, sie sauber zu machen. Ich ließ alles stehen und liegen, das Tablett, die Schüsseln und alles, und lief raus. Ich machte nur wie immer das Licht aus und schloss ab.

Ich ging hoch, zog meine Jeans aus, wusch mich noch einmal und zog eine saubere an. Dann ging ich wieder runter in die Küche und machte mir eine Tasse Tee. Als ich sofort zu trinken begann, verbrannte ich mir den Mund. Es tat so weh, dass ich kaltes Wasser vom Hahn trinken musste.

Dann fiel mir wieder ein, was im Keller passiert war, meine Unterlippe begann zu zittern. Aber ich wollte nicht weinen. Ich wollte mir von ihnen nicht den Tag verderben lassen. Sie verdarben immer alles. Doch dieses Mal würden sie es nicht schaffen.

Ich wusch mir noch einmal die Hände und machte mir eine neue Tasse Tee. Die erste war kalt geworden.

Kapitel 21

Ich legte die Hotdogs in den Ofen, damit ich sie gleich aufwärmen konnte, wenn Cheryl und Karen da sind. Dann schüttelte ich die Chips in eine Schale auf dem Küchentisch. Ich ließ sie in den Tüten, weil sie sonst weich werden, aber so sah es trotzdem schöner aus. Ein bisschen einladender.

Danach gab es nichts mehr zu tun. Dann fiel mir der Zettel ein, den ich an die Tür gehängt hatte, und ich ging los und nahm ihn ab. Als ich draußen war, schaute ich vorsichtshalber nach links und rechts die Straße hinab, aber es war niemand zu sehen. Ich ging zurück. Ich überlegte, in den Biergarten zu gehen, weil es schön und sonnig war, aber ich hatte Angst, dass ich dann nicht höre, wenn sie klopfen. Also ging ich nach oben und machte den Fernseher wieder an, stellte den Ton aber leise.

Außer einer uralten Westernserie kam nicht viel. Ich schaute sie an, hätte aber nicht sagen können, was passierte. Ich konnte mich nicht konzentrieren, denn ich wartete die ganze Zeit auf das Klopfen an der Tür. Manchmal meinte ich fast zu spüren, wie es gleich klopft, und ich dachte ständig: «Jeden Augenblick, jeden Augenblick.» Aber es klopfte nicht. Ich versuchte, nicht daran zu denken, wie spät es war. Doch als die Schlussmelodie der Westernserie kam und ich auf meine Uhr schaute und sah, dass es fast drei war, fühlte ich mich völlig leer.

«Das war's», dachte ich. «Sie kommen nicht.» Ich fragte mich, ob sie es einfach vergessen oder von Anfang an nicht ernst gemeint hatten. Ich glaubte nicht, dass Cheryl so etwas tun würde, aber Karen hätte ich es zugetraut. Ich stellte mir vor, wie es am nächsten Tag bei der Arbeit sein würde. Bestimmt hatte Karen jedem davon erzählt. Alle würden es total lustig finden, und bei dem Gedanken begann mein Magen zu rumoren. Wie konnte ich so blöd sein, zu denken, dass sie mich wirklich besuchen würden? Ich hätte wissen müssen, dass sie sich nur lustig über mich machen. Dabei hatte ich extra alles geputzt und das ganze Essen für sie eingekauft. Die Hotdogs. Die tauten jetzt auf, und ich konnte sie nicht wieder einfrieren. Ich überlegte, ob ich ein paar im Kühlschrank aufheben oder gleich alle warm machen soll. In dem Moment klopfte es unten an der Tür.

Ich blieb wie erstarrt sitzen. Die ganze Zeit hatte ich darauf gewartet, doch jetzt hatte ich entsetzliche Angst. Ich war schon zu sehr an Enttäuschungen gewöhnt. Es klopfte wieder, und dieses Mal sprang ich auf. Meine Beine waren wie Gummi, beim Runtergehen musste ich mich am Geländer festhalten. Als ich durch die Schankstube ging, schlug mein Herz wie wild, außerdem zitterte ich so sehr, dass ich kaum die Tür entriegeln konnte. Dann versuchte ich zu lächeln und riss sie auf.

Es war niemand da. Als ich mich umschaute, sah ich gerade noch jemanden um den Pub herumgehen. Eine Frau. Wer es war, konnte ich nicht erkennen, aber ich überlegte nicht lange und rief: «Hallo, hier bin ich!» Im nächsten Augenblick steckte Karen ihren Kopf um die Ecke.

Als sie mich sah, rief sie zu jemandem hinter ihr: «Er ist hier.» Sie hatte einen Jeansminirock an und ein enges weißes Oberteil, das kaum ihren Bauch bedeckte. Wenn sie sich bewegte, konnte man ihre Brüste wackeln sehen, und ihr Rock war wirklich total kurz. Da ich nicht wollte, dass sie denkt, ich würde sie anstarren, ging ich wieder zurück in den Pub. Ein paar Sekunden später kam Karen durch die Tür. «Wir dachten, du wärst nicht da», meinte sie mit einem Grinsen. Es war echt komisch, sie in der Schankstube stehen zu sehen. Dann kam auch Cheryl rein.

«Hallo», sagte sie. Sie trug eine zu Shorts abgeschnittene Jeans und ein rotes Oberteil. Es war nicht so kurz oder so eng wie Karens, aber immerhin. Ich versuchte, sie nicht anzugucken, konnte aber nicht anders. Bisher hatte ich sie nur in anständigen Sachen bei der Arbeit gesehen. Jetzt, wo man die Beine und alles sehen konnte, kamen mir die beiden ganz anders vor. Auch weil sie in der Schankstube standen. Es war total komisch. Ich muss sie ein bisschen angestarrt haben, denn Karen grinste und legte eine Hand auf ihre Hüfte. «Was ist?», fragte sie. «Gefällt dir unser Outfit nicht?»

Ich wusste nicht, wo ich hingucken soll. «Doch, es ist echt schön», sagte ich. Als beide zu kichern begannen, wurde ich noch verlegener. Da ich nicht mehr wusste, was ich sagen soll, ging ich los, um die Tür zuzumachen. Aber Karen meinte: «Warte einen Moment.» Ich wollte gerade fragen, warum, als jemand die Tür von außen aufschob. Und bevor ich wusste, was geschieht, kam ein Mann herein.

«Wolltest du mich etwa aussperren?», fragte er und grinste.

Ich starrte ihn nur an. Ich hatte ihn noch nie gesehen. «Das ist Pete», meinte Karen.

Er grinste immer noch. «Alles klar?», sagte er und streckte seine Hand aus. Ich war total durcheinander, aber weil ich nicht unhöflich sein wollte, schüttelte ich seine Hand. Er drückte total fest zu. Außerdem hatte er eine Bierfahne. Es erinnerte mich an meinen Papa. Dann meinte er: «Das gehört also alles dir, ja?»

Ehe ich etwas sagen konnte, meinte Karen: «Pete hat uns nicht geglaubt, als wir ihm erzählt haben, dass du einen eigenen Pub hast.»

«Du hast es auch nicht geglaubt», sagte Cheryl, und Karen lachte und meinte: «Ach, hör auf, natürlich habe ich es geglaubt», und gab ihr einen Knuff. Beide begannen zu kichern.

«Schade, dass du keine Konzession mehr hast», meinte Pete. «Aber trotzdem ein geiler Ort für Partys.» Er zwinkerte Cheryl und Karen zu, als glaubte er, ich würde es nicht merken. «Du schmeißt hier bestimmt echt geile Partys, oder?», fragte er. Ich schüttelte den Kopf. Er sah total überrascht aus. «Nicht?», meinte er. «Du verarschst mich, oder? Dein eigener Pub, keine neugierigen Nachbarn. Ich wette, Freitagabend tanzt hier echt der Bär.»

Obwohl er es ziemlich nett sagte, hatte ich das Gefühl, dass er sich lustig über mich macht. «Eigentlich nicht», antwortete ich.

Er schaute sich um. «Aber früher, oder?», fragte er. Er sah mich wieder an. Ich spürte, wie mein Gesicht heiß wurde.

«Nein», sagte ich.

«Ach, muss ich wohl verwechselt haben.» Er grinste wieder. «Aber verdammte Scheiße. Dein eigener Pub und keine

Konzession. Mann, du bist hier völlig falsch. Wenn das mein Laden wäre, wäre ich nie mehr nüchtern.»

«Das bist du auch so nicht», sagte Karen, und sie lachten wieder alle. Ich konnte riechen, dass auch sie und Cheryl getrunken hatten, und war ein bisschen sauer. Ich konnte mir nicht helfen. Ich hatte mich die ganze Zeit auf ihren Besuch gefreut, und jetzt waren sie hier, mit einer Fahne und diesem Pete. Er erinnerte mich an ein paar Männer von der Arbeit, die auch so angeberisch und von sich eingenommen sind. Und er hatte eine blöde, total schrille Lache.

Aber da ich nicht wollte, dass sie mich für komisch halten, begann ich auch zu lachen. Nur hatten sie in dem Moment schon aufgehört. Sie schauten erst mich an und warfen sich dann gegenseitig Blicke zu. Weil ich die Stille nicht aushielt, sagte ich schnell: «Wollt ihr einen Hotdog?»

Sie sahen überrascht aus. «Was?», meinte dieser Pete.

«Ich habe ein paar Hotdogs da», sagte ich. «Wollt ihr welche?»

Er hatte ein schiefes Grinsen aufgesetzt. «Für mich nicht, danke, Kumpel», meinte er. Dann wandte er sich an Cheryl und Karen. «Wie sieht's bei euch aus? Lust auf einen Hotdog auf die Schnelle?»

Ich wusste nicht, was daran lustig sein soll, aber Cheryl und Karen begannen zu lachen, als wäre es das Lustigste, was sie jemals gehört hatten. Ich war ein bisschen enttäuscht von ihnen, um ehrlich zu sein. Besonders von Cheryl.

«Ich glaube, sie wollen jetzt auch keinen Hotdog», meinte Pete grinsend. «Vielleicht später. Wenn du dich geschickt anstellst.»

«Hör jetzt auf damit, Pete», meinte Karen. Aber sie lächelte immer noch. Pete auch, aber er sagte nichts. Ich wartete, dass jemand etwas sagt, aber die drei schwiegen. Es wurde wieder ganz still.

Dann meinte Pete: «Willst du uns nicht mal durch deinen Pub führen?»

«Wenn du nichts dagegen hast», sagte Cheryl und lächelte mich an. Sie hat ein echt nettes Lächeln. Ich musste weggucken.

«Nein», sagte ich. «Natürlich nicht.»

Als ich ein Kind war, hat mir meine Mama einmal erlaubt, eine Geburtstagsparty zu feiern. Ich hatte vorher noch nie eine gemacht, weil meine Mama und mein Papa immer zu beschäftigt waren oder es sich nicht leisten konnten oder so. Aber an meinem zehnten Geburtstag sagte meine Mama, ich darf eine machen. Das Problem war nur, dass ich nicht wusste, wen ich einladen soll. Nicht dass ich keine Freunde hatte oder so. Ich hatte nur nicht viele *beste* Freunde.

Aber das wollte ich meiner Mama nicht sagen. Ich wollte nicht, dass sie denkt, ich wäre nicht normal oder so, und mit mir schimpft. Trotzdem fiel mir niemand ein, den ich fragen konnte, ob er kommen will. Die Einzigen, die vielleicht kommen würden, waren die, mit denen keiner redete, es sei denn, um über sie zu lachen. Und selbst von denen sagten nur drei zu.

Mit allen dreien hatte ich vorher so gut wie noch nie gesprochen. Einer war der schulbekannte Stinker. Er hieß Ashley Parsons, aber jeder nannte ihn Ashley Hüpfer, weil sich das auf stinkige Schlüpfer reimt. Dann war da dieser pakistanische oder indische Junge. Er war ganz in Ordnung, sprach aber kaum Englisch. Ich wusste nie genau, wie er heißt, aber der andere Junge war Roland Wesley. Er hatte was mit den Drüsen. Auf jeden Fall sagte er das. Jeder andere sagte nur, er wäre fett.

Meine Mama hatte im Wohnzimmer Kuchen und Kekse und so auf den Tisch gestellt. Dann kamen die drei und gaben mir Geschenke. Außer Roland Wesley, der hatte nur eine Karte mitgebracht. Niemand sprach. Wir saßen um den Tisch im Wohnzimmer und konnten Ashley Hüpfer am anderen Ende riechen. Jeder tat so, als würde er es nicht bemerken, aber der Gestank war ganz schlimm. Meine Mama hatte Sandwiches mit Corned Beef gemacht, und als sie die dem indischen Jungen anbot, lächelte er die ganze Zeit und schüttelte den Kopf. Er sagte etwas, aber wir verstanden nicht, worauf er hinauswollte, und als meine Mama ein bisschen sauer wurde, weil sie es nicht mochte, wenn jemand Sachen ablehnte, die sie gemacht hatte, begann er zu weinen. Später erfuhren wir, dass er kein Rindfleisch essen durfte, weil das gegen seine Religion war.

Aber Roland Wesley sprang für ihn ein. Er verschlang die meisten Sandwiches und machte sich danach über Kuchen und Kekse her. Doch dann begann er plötzlich zu würgen und fiel vom Stuhl. Als Nächstes zappelte er mit total blauem Gesicht auf dem Boden herum und schlug mit den Füßen auf einen Teller Kekse ein. Er war Epileptiker, aber das wussten wir nicht, und meine Mama rief schließlich einen Krankenwagen für ihn. Als er kam, hatte Roland Wesley aufgehört zu zappeln, aber sie nahmen ihn trotzdem mit.

Das war das Ende der Party. Ich war froh, denn es hatte überhaupt keinen Spaß gemacht. Ich war nur total verlegen gewesen und hatte nicht gewusst, worüber ich reden soll. Und jetzt, als ich Cheryl und Karen und Pete durch den Pub führte, war es wieder genauso.

«Das ist die Schankstube», sagte ich und Pete meinte: «Schön und gut, aber willst du uns nicht die Bar zeigen?»

Karen meinte: «Pete!», und er grinste und sagte: «War nur Spaß.»

Ich wollte ihnen den Gesellschaftsraum zeigen, aber dann schaute Pete in die Ecke der Schankstube und meinte: «Super! Du hast Kegelbillard!»

Zuerst dachte ich, er macht einen Witz, aber dann ging er zu dem Tisch, und ich sah, was er meinte. «Was für 'n Billard?», meinte Cheryl. «Ich dachte, das wäre bloß ein komischer Pooltisch.»

«Pool?», meinte Pete. «Was glaubst du wohl, warum diese ganzen Kegel dastehen?», und Karen sagte: «Damit die Frauen etwas zu tun haben, während ihre Freunde spielen.»

Ich hatte keine Ahnung, was sie meinte, aber es muss wohl unanständig gewesen sein, denn Cheryl meinte: «Karen!» Sie klang irgendwie schockiert, aber auch so, als würde es ihr gefallen. Und Pete lachte wieder mit seiner dämlichen Lache. Dann nahm er einen Kegel und steckte ihn verkehrt herum in eines der Löcher, und die drei bogen sich vor Lachen. Ich stand nur lächelnd da, und nach einer Weile sagte Pete: «Was soll ich sagen, hä? Manche Leute kann man nirgendwohin mitnehmen», und stellte den Kegel wieder an seinen Platz. «Na los, kriegt euch wieder ein», sagte er. «Ihr beiden seid echt eine Schande.»

«Ach, musst du gerade sagen», meinte Karen.

«Wir können später eine Partie spielen», sagte Pete und nahm ein Queue. «Du bist bestimmt ein echter Meister», sagte er zu mir. «Ich wette, du machst die ganze Zeit nichts anderes, oder?»

Ich wünschte, ich hätte ja sagen können, denn das hätte total gut ausgesehen. Aber nachdem ich einmal fast den Stoffbelag aufgerissen hätte, wollte mein Papa mich nicht mehr an den Tisch lassen, und seitdem habe ich nicht mehr gerne gespielt. Ich schüttelte nur den Kopf.

«Nur nicht so bescheiden, Tiger», sagte Pete mit einem Zwinkern zu Cheryl und Karen. Ich wünschte, er würde das nicht tun. Dann schaute er sich um und zischte: «Egal, wo ist die Jukebox?»

«Ja, machen wir Musik an», sagte Karen. Es war mir wirklich peinlich. «Es gibt keine», sagte ich. «Mein Papa mochte so was nicht.»

«Ein Pub ohne Jukebox?», meinte Pete und tat so, als wäre er schockiert. «Das ist ja wie ein Pub ohne Bier.» Er grinste Cheryl und Karen an. «Apropos Bier, hast du noch welches am Hahn?»

«Sei nicht unverschämt», sagte Cheryl, doch er meinte: «Ich bin nicht unverschämt. Ich frage nur. Ich habe ja nicht gesagt, dass ich eins will, oder?», und Karen meinte: «Das möchte ich mal erleben, dass du keins willst», und er lachte.

«Es gibt sowieso keins mehr», sagte ich.

«Was, echt nicht?», meinte er, und ich sagte: «Nein.»

«Und Kurze?», fragte er, und Cheryl zischte: «Pete!», aber dieses Mal ging er nicht darauf ein. Man merkte, dass er es ernst meint.

«Kurze gibt es auch nicht mehr», sagte ich. Er begann mir das Gefühl zu geben, ich hätte etwas falsch gemacht.

«Und was ist dadrin?», fragte er und ging hinter die Theke, wo die Flaschen stehen. «Nichts», sagte ich. Nachdem mein Papa gestorben war, hatte meine Mama von mir verlangt, dass ich alle Spirituosen wegschütte, aber als sie im Bett lag, habe ich die leeren Flaschen wieder zurückgestellt. Es sieht besser aus als die leeren Regale. Doch Pete schaute selbst nach, als würde er mir nicht glauben oder so.

«Tatsache», sagte er. Er wirkte wirklich überrascht. «Du willst mir also erzählen, dass es hier im ganzen Haus nichts zu trinken gibt?» Obwohl er lächelte, merkte ich, dass er sauer war. Aber ich hatte keine Ahnung, warum er sauer sein sollte. Ich hatte ja nicht so getan, als würde es etwas zu trinken geben. Außerdem hatte ich ihn gar nicht eingeladen.

«Nein, tut mir leid», sagte ich. Aber eigentlich tat es mir gar nicht leid. Schließlich war er ja bei mir zu Hause, oder?

Er schaute Karen und Cheryl an. «Ich hab euch doch gesagt, wir hätten unterwegs was besorgen sollen», meinte er, und Karen sagte: «Ach, verdammte Scheiße, es wird dich schon nicht umbringen, wenn du mal einen Weile nichts zu trinken bekommst, oder?»

Pete sah total mürrisch aus und sagte: «Aber es hätte uns auch nicht umgebracht, wenn wir was besorgt hätten, oder?»

Ich wollte nicht, dass sie zu trinken beginnen, aber da sie meine Gäste waren und so weiter, hatte ich irgendwie ein schlechtes Gewissen. «Ich kann losgehen und was besorgen», sagte ich.

Ich glaube, Pete hätte ja gesagt, aber ehe er seinen Mund aufmachen konnte, meinte Cheryl: «Nein, lass mal. Wir können eine Tasse Tee trinken oder so.» Dann warf sie Karen einen Blick zu, und Karen meinte: «Ja, Tee ist in Ordnung für mich.» Und Pete verzog sein Gesicht und sagte: «Ja, Tee ist super.»

Ich zeigte ihnen den Gesellschaftsraum, aber als ich merkte, dass es sie nicht interessierte, führte ich sie zurück in die Schankstube. Ich war so nervös, dass ich kaum richtig gehen konnte. Es war, als müsste ich mich total auf alles konzentrieren, selbst auf so etwas wie eine Tür aufzumachen. «Was ist oben?», fragte Karen. «Nur Schlafzimmer und so weiter», sagte ich, und Pete meinte: «Ach, ja?», und grinste.

Karen gab ihm einen Knuff und sagte: «Dann sind hier unten also nur diese beiden Räume, ja?»

«Und ein Biergarten», sagte ich.

«Eine Schande, dass man da kein Bier trinken kann», meinte Pete, und Cheryl lachte und schubste ihn. Mir gefiel es nicht, dass sie ihn so anfasste, aber ich tat, als hätte ich es nicht bemerkt.

Ich hatte gerade die Thekenklappe aufgemacht, damit wir in die Küche gehen konnten, als Pete sagte: «Was ist dahinter?» Ich drehte mich um. Er schaute zur Kellertür.

«Nichts», sagte ich. «Nur der Keller.»

«Sind dort die ganzen Fässer und so?», fragte er.

«Früher. Aber die sind jetzt alle leer», sagte ich. «Ich gehe nicht oft runter. Es ist dreckig dort.»

Pete grinste schief und meinte: «Ach, es ist dreckig, ja?», aber es war mir egal, dass er über mich lachte, weil er wenigstens von der Kellertür wegging. Als er hinter die Theke kam, stellte er sich vor einen Zapfhahn und zog daran, als würde er ein Pint zapfen. «Tut mir leid, Sir, Bier ist alle», sagte er, und die anderen lachten. Ich auch, obwohl der Hahn klemmte und quietschte und ich Angst hatte, dass er abbricht.

Wir gingen in die Küche. Ich hatte das meiste schwarze

Zeug vom Herd geputzt, aber der Ofen sah immer noch ein bisschen verkohlt aus. «Kleines Feuer gehabt, was?», fragte Karen.

«Pommes», sagte ich.

«Bei uns hat mal die Fritteuse gebrannt», meinte Cheryl. «Das war echt eine Sauerei.»

«Es war keine Fritteuse», sagte ich, ohne nachzudenken. «Es war ein Behälter aus dem Imbiss.»

«Der muss ja verdammt heiß gewesen sein», meinte Pete und lachte schrill. Dann sah er die Schale mit den Chips. «Immerhin gibt es Snacks», sagte er und machte eine Tüte auf.

«Pete! Frag wenigstens!», meinte Cheryl.

«Tut mir leid», meinte er, aber es klang nicht ehrlich. Er hielt mir die Tüte hin. «Auch welche?», fragte er, und Karen und Cheryl lachten. Ich schüttelte den Kopf. Ich hatte mich darauf gefreut, ihnen die Chips anzubieten. Das hatte er mir jetzt verdorben.

«Und, wo ist der Biergarten?», fragte Karen.

Ich zeigte zur Tür auf der anderen Seite der Küche. «Da durch.» Pete machte sie auf, dann gingen sie raus. Ich hatte plötzlich panische Angst, dass ich den Pariser nicht weggeräumt hatte, und lief hinter ihnen her. Ich schaute zu der Stelle, wo er gelegen hatte, aber er war immer noch weg. Eigentlich war mir das auch klar gewesen.

Die drei standen nur da. «Kein besonders toller Garten, oder?», meinte Karen, und ich spürte, dass ich rot wurde.

«Ich dachte immer, ein Garten hat einen Rasen und so weiter», meinte Pete. «Hinter den Mülltonnen wächst ein bisschen Unkraut, aber ich kann keine Blumen sehen.»

«Meine Mama hatte früher Blumenkästen in den Fenstern», sagte ich. «Aber die Blumen sind alle verwelkt.» Ich wünschte, er würde gehen. Ich wusste nicht, ob er mich eher traurig oder wütend machte. Aber ich wusste, dass ich ihn nicht mag. So viel war sicher.

«Ja, das sieht man», sagte er und schaute sie sich aus der Nähe an. Früher, als meine Mama sie noch gepflegt hatte, sahen die Blumenkästen immer schön aus. Als sie im Bett bleiben musste, goss ich sie erst noch eine Weile, aber dann sparte ich mir die Mühe. Trotzdem gefiel es mir nicht, dass er darüber lachte, und ich war froh, als Cheryl sagte: «Hör auf, alles schlechtzumachen.» Sie drehte sich zu mir um und sagte: «Beachte die beiden gar nicht. Ich finde es schön. Nicht jeder hat einen Pub. Sie sind nur neidisch», und Pete meinte: «Ja, total neidisch.»

«Sollen wir draußen bleiben?», meinte Karen. «Solange es noch warm ist, ist es doch schöner hier.» Sie gingen zu einem Tisch, und als ich mich gerade hinsetzen wollte, sagte Pete: «Und was ist jetzt mit dem Tee?»

Den hatte ich ganz vergessen. Trotzdem gefiel es mir nicht, dass er mich daran erinnerte. Aber ich fragte nur: «Wer will einen?»

«Ich würde einen nehmen, aber im Moment muss ich mich wohl mit einer Tasse Tee begnügen», meinte Pete, und Cheryl und Karen lachten. Ich lachte auch, obwohl ich nicht wusste, was er meinte.

«Es gibt auch Kräuterlimo», sagte ich, weil ich nicht wollte, dass sie dachten, nur weil es kein Bier gibt, hätte ich nichts für sie besorgt. «Oder normale.»

«Oh, du machst uns noch betrunken», meinte Karen. Ich schaute sie an, guckte aber gleich wieder weg, denn da sie saß und ich stand, konnte ich ihr in den Ausschnitt gucken.

Und sie trug keinen BH. Bei dem Gedanken musste ich zu Cheryl schauen. Sie trug auch keinen.

Ich hatte das Gefühl, seit sie hier waren, nichts anderes getan zu haben, als ständig rot zu werden. Ich fragte sie nur, was sie wollen, ließ sie dann allein und ging rein.

Ich setzte den Kessel auf. Während ich wartete, dass das Wasser kochte, konnte ich sie reden und lachen hören. Was sie sagten, konnte ich nicht verstehen, aber ich musste die ganze Zeit denken, dass es etwas mit mir zu tun hat. Pete redete unaufhörlich, dann war seine dämliche, schrille Lache zu hören, und Cheryl und Karen lachten auch. Einmal hörte ich Cheryl sagen: «Ach, lass ihn doch in Ruhe», und da war ich mir sicher, dass sie über mich sprechen. Aber es fühlte sich irgendwie gut an, dass sie sich für mich einsetzte. Ich begann mir vorzustellen, worüber sie reden könnten, und malte mir gerade aus, dass Cheryl zu Pete sagt, er soll abhauen, und zu mir reinkommt, als mit einem Mal der Kessel pfiff und ich zusammenzuckte.

Eigentlich wollte ich nur die Teebeutel in die Tassen tun, so wie man es normalerweise macht. Aber dann dachte ich mir, dass es besser aussehen würde, wenn ich eine ganze Kanne mache, und holte die beste Teekanne meiner Mama aus dem Schrank. Ich benutze sie nie, aber jetzt dachte ich, dass es schön wäre. Ich stellte alles auf ein Tablett und ging raus. Pete schaute mich an und meinte: «Da kommt ja die Kellnerin.» Ich gab ihm die angeschlagene Tasse.

Ich setzte mich hin und schenkte Tee ein, und für eine Weile sagte niemand etwas. «Hast du Kekse?», fragte Karen, und da hätte ich mich treten können. Ich hatte Chips und Hotdogs gekauft, aber Kekse hatte ich ganz vergessen.

«Nein, aber ich kann losgehen und welche holen», sagte

ich, und Pete meinte: «Wie, an einem Feiertag? In den Pubs hier kriegt man nicht mal ein Bier.»

«Ach, hör jetzt auf damit, Pete», sagte Karen, und zwar ziemlich schneidend. «Du weißt nie, wann genug ist. Benimm dich nicht immer so bescheuert!»

Er tat überrascht. «Was? Ich habe doch nur Spaß gemacht. Das stört dich doch nicht, oder?», meinte er zu mir, und ich schüttelte den Kopf. Es störte mich natürlich, doch das konnte ich nicht zugeben.

«Ich muss mal schiffen gehen», sagte Pete. «Wo ist das Klo?» Ich erklärte es ihm, und er verschwand. Ich wünschte, er würde nicht mehr wiederkommen.

«Du bist uns doch nicht böse, weil wir Pete mitgebracht haben, oder?», fragte Karen, als er weg war. «Er ist ein echt guter Kumpel, deshalb dachten wir, es wäre okay.» Ich sagte, dass es okay ist, und Karen lächelte. Also, sie lächelte richtig. «Dachte ich mir doch», sagte sie und beugte sich vor. Ich konnte ihr genau in den Ausschnitt gucken. Hätte ich jedenfalls, wenn ich hingeguckt hätte, was ich aber nicht getan habe. «Du bist doch nicht so gierig und willst uns beide für dich allein haben, oder?», meinte sie.

«Nein», sagte ich und versuchte, sie nicht anzustarren. Da ich keine Ahnung hatte, wo ich sonst hingucken soll, betrachtete ich interessiert meinen Tee, als würde irgendetwas darin schwimmen oder so. Aber im Augenwinkel konnte ich sie trotzdem sehen, und als sie dachte, ich würde nicht gucken, zwinkerte sie Cheryl zu. Dann legte sie ihre Arme hinter den Kopf und streckte sich.

«Gott, bin ich kaputt», sagte sie. Ich schaute hoch, aber es war noch schlimmer, als wenn sie vorgebeugt war, denn ihr Oberteil war total eng, und man konnte alles sehen. Sie hatte das gleiche Lächeln aufgesetzt wie damals, als sie sich im Personalzimmer vor mich gesetzt hatte. «Echt anstrengend, diese Feiertage, oder?», meinte sie. «Findest du eigentlich, dass ich braun geworden bin?»

Ich konnte sehen, dass sie in der Sonne gewesen war, denn sie war ein bisschen rot. Ich nickte und schaute wieder in meinen Tee. «Kannst du sehen, wo mein Top gewesen ist?», fragte sie, und als ich aufschaute, hatte sie ihr Oberteil runtergezogen. Nicht ganz, aber ganz schön weit. Mir wurde total schwindlig.

«Karen», meinte Cheryl, als würde sie mit ihr schimpfen. Aber die meinte: «Was? Ich zeige ihm nur meine Bräune.» Dann sagte sie: «Hast du meinen Bauch gesehen?», und zog ihr Oberteil hoch. Ihr Bauch war total braun, viel dunkler als der Rest von ihr. Sie hatte so einen hervorstehenden Bauchnabel. «Was meinst du?», fragte sie. «Bin ich braun geworden?»

«Ja», sagte ich. Ich wartete, dass sie das Oberteil wieder runterzieht, aber das tat sie nicht. Ich konnte nicht länger sitzen bleiben, stand auf und sagte: «Ich muss …» Da ich nicht wusste, was ich sagen soll, sagte ich wie Pete: «Ich muss mal schiffen», und ging rein.

Ich hörte, wie sie hinter meinem Rücken einen Lachanfall kriegten und Cheryl meinte: «Karen!», aber ich schaute mich nicht um.

Ich war froh, in die Küche zu kommen, wo es ganz dunkel und kühl war und wo ich sie nicht mehr anschauen musste. Ich wäre dort geblieben, weil ich eigentlich nicht zur Toilette musste, aber dann dachte ich, Pete könnte zurückkommen und sagen, dass ich nicht dort gewesen bin, sodass ich wie ein Lügner dastehe, und ging trotzdem.

Normalerweise nutzte ich das Männerklo nie – es stank dort erbärmlich, auch wenn es lange Zeit nicht genutzt worden war. Als ich die Tür aufschob, konnte ich ihn nicht sehen. Ich dachte daher, er wäre in der Kabine. Ich war froh, denn so brauchte ich nicht mit ihm reden. Ich hatte nicht pinkeln wollen, aber da ich schon einmal dort war, dachte ich, ich könnte es auch gleich erledigen. Als ich zum Pinkelbecken ging, sah ich, dass die Kabinentür nicht richtig geschlossen war. Ich weiß nicht, warum ich nachschaute, denn Toiletten sind ja private Orte. Aber ich hatte so ein komisches Gefühl und bückte mich, um zu schauen, ob ich seine Füße sehen kann. Da ich sie nicht sehen konnte, richtete ich mich wieder auf und rief nach einer Weile: «Hallo?», und klopfte an die Tür. Als sie aufschwang, konnte ich sehen, dass die Kabine leer war.

Ich war erleichtert, um ehrlich zu sein. Ich gehe nicht gerne auf die Toilette, wenn noch andere dort sind. Erst als ich fast fertig war, fragte ich mich, warum ich nicht gesehen hatte, wie Pete zurück nach draußen gegangen ist.

Keine Ahnung, warum, aber plötzlich musste ich an das Video denken, das ich oben versteckt hatte. Ich sah ihn schon vor mir, wie er hochgeht und es findet, und da rannte ich regelrecht aus der Toilette. Erst als ich schon halb durch die Schankstube war, sah ich, dass die Kellertür offen stand.

Kapitel 22

Trotzdem wäre ich fast nach oben gelaufen. Aber dann dachte ich: «Warte mal, warum ist die Tür offen?», und schaute nach.

Als ich sah, dass im Keller Licht brannte, wusste ich genau, dass Pete unten ist. Am liebsten hätte ich einfach die Tür zugemacht und ihn eingesperrt. Aber das konnte ich ja nicht tun, weil Cheryl und Karen draußen saßen. Dann hörte ich Flaschen klirren und ging die Treppe runter.

Pete hockte mit dem Rücken zu mir am Boden und zog etwas unter den Stuhlstapeln hervor. Man konnte hören, dass es eine Kiste mit Flaschen war, und als er sie ganz hervorgezerrt hatte, fiel ein Stuhl runter. Er stand fluchend auf und lutschte an seiner Hand. Als er mich sah, wäre er fast umgekippt.

«Mein Gott!», meinte er. «Du hast mich zu Tode erschreckt!»

«Tut mir leid», sagte ich. Dann dachte ich, warum soll es mir leidtun? Immerhin war er ja in meinem Keller. Ich hatte ihn nicht darum gebeten runterzugehen.

«Ich hätte mir fast die Hand abgerissen», sagte er. Er entschuldigte sich nicht und erfand auch keine Ausreden, warum er dort unten war. Eigentlich hätte es ihm doch peinlich sein müssen. «Hey, ich dachte, du hast kein Bier da», sagte er. «Und was ist das hier?»

Die Kiste war fast voll, und die Flaschen waren noch verschlossen. Ich hatte nicht gewusst, dass sie da waren, aber ich stöbere auch nicht viel im Keller rum. «Ein bisschen staubig», meinte Pete, nahm eine Flasche aus der Kiste und blies den Dreck ab. «Aber solange der Inhalt in Ordnung ist, ist das scheißegal, oder? Hast du einen Flaschenöffner?»

Ich dachte, ich muss etwas sagen, denn ich fand es nicht in Ordnung, wenn man im Haus eines anderen herumspaziert, ohne vorher zu fragen. Aber da ich vor allem wollte, dass er aus dem Keller verschwindet, sagte ich: «Oben ist einer.» Doch er verstand den Wink nicht.

«Ich bin noch nie in einem Pubkeller gewesen», sagte er und schaute sich um. «Hast du hier unten früher Partys veranstaltet?», fragte er und deutete auf die Tische und Gläser und alles. Ich spürte, wie ich verkrampfte. «Nein», sagte ich. «Das ist nur altes Zeug. Es ist seit Ewigkeiten hier unten.»

«Ach ja?», fragte er. «Ich wette, hier unten wurden die Orgien gefeiert.» Dann lachte er wieder dämlich und schrill. «Du wirst ja ganz rot», sagte er. «Keine Angst, ich sage nichts. Dein Geheimnis ist bei mir sicher. Hast du noch mehr Bierkisten oder so rumstehen?»

«Nein», sagte ich. Ich hatte keine Ahnung, ob es noch welche gab, aber wenn, dann wollte ich sie ihm jedenfalls nicht geben.

«Sicher?», fragte er. «Wenn ich nicht runtergekommen wäre, hätte ich die hier auch nie gefunden.» Ich dachte: «Nein, hättest du nicht», aber das behielt ich für mich. Ich sagte nur: «Die muss die Brauerei vergessen haben, als sie alles abgeholt hat. Mehr gibt es nicht.»

«Was ist dahinter?», fragte er und deutete auf die Tür am anderen Ende. Nachdem ich das Tablett mit den Futterschüsseln fallen gelassen hatte, hatte ich sie nicht wieder abgeschlossen. «Nichts», sagte ich, und weil ich wusste, dass er bestimmt selbst nachschauen will, fügte ich noch hinzu: «Nur ein alter Gang.»

«Was ist am anderen Ende?», fragte er und ging auf die Tür zu.

«Ist alles versperrt», sagte ich schnell. «Die Decke ist vor Jahren eingestürzt.» Ich war total zufrieden mit mir, dass mir das eingefallen war, und bevor er etwas sagen konnte, stieß ich mit dem Fuß gegen die Bierkiste und sagte: «Und, willst du die mit nach oben nehmen?»

Da drehte er sich um. «Logisch! Was soll sie hier unten verrotten?» Er kam zurück und hob sie hoch. «Gehen wir und zeigen den beiden, was wir gefunden haben, oder?»

Ich folgte ihm nach oben. Ich zitterte ein bisschen und war ganz verschwitzt, obwohl es kalt war im Keller. Ich guckte auf seinen Rücken, als er vor mir hochging. Er hatte breite Schultern und trug die Kiste, als würde sie nichts wiegen. Ich wusste aber, wie schwer sie sind, ich hatte früher schließlich genug davon geschleppt. Oben schaltete ich das Licht aus und machte die Tür zu.

Pete wartete nicht auf mich. Er ging geradewegs in den Biergarten, und ich hörte ihn «Trara!» rufen und die Kiste abstellen. Als ich rauskam, wirkten Cheryl und Karen total aufgekratzt. Sie grinsten mich an. Jetzt fand ich es nicht mehr so schlimm, dass er in den Keller gegangen war.

«Wo hast du die her?», fragte Karen, nahm eine Flasche aus der Kiste und wischte den Staub ab. «Igitt, die ist ja total schmutzig.»

«Daran sieht man, dass es ein guter Jahrgang ist. Wie alter Wein», sagte Pete. Er nahm zwei weitere Flaschen raus und reichte eine Cheryl. «Die waren im Keller versteckt. Ich hätte mir beim Rausholen beinahe den Hals gebrochen.» Ich hätte fast gesagt: «Schade, dass das nicht passiert ist.»

«Helles Ale?», meinte Karen, als sie das Etikett las. «Wie schmeckt das? Ich habe das noch nie getrunken.»

«Wie gutes Lager», sagte Pete. «Es ist okay.»

«Können wir es trinken?», fragte Cheryl und schaute mich an. Ich wollte gerade ja sagen, als Pete meinte: «Was glaubst du denn, warum ich es hochgeschleppt habe? Um es anzugucken, oder was?»

«Hast du wirklich nichts dagegen?», fragte Cheryl mich, und ich schüttelte den Kopf. Mir wäre es lieber gewesen, wenn sie es nicht getrunken hätten, aber es freute mich, dass sie fragte.

«Natürlich hat er nichts dagegen», meinte Pete. «Was soll es denn da unten rumstehen? Da wird es doch nur schlecht.» Er schaute mich an. «Flaschenöffner?», sagte er, als wäre ich sein Diener. Ich ging in die Küche und holte einen. «Was, keine Gläser?», fragte er, als ich zurückkam.

Cheryl meinte: «Pete, sei nicht so unverschämt!», aber Karen lachte nur. Ich ging wieder rein, um welche zu holen.

Während ich drinnen war, dachte ich, ich könnte auch etwas trinken, und schenkte mir ein Glas Kräuterlimonade ein. Sie war lecker. Ganz kalt und sprudelnd und leicht süßlich. Ich trank das Glas in einem Zug aus und schenkte mir gleich nach.

Ich nahm ein Tablett und stellte ein Pintglas für Pete und zwei kleine Gläser für Cheryl und Karen drauf. Dann nahm ich das Pintglas wieder weg und holte auch für ihn ein kleines Glas. Mir gefiel die Idee, dass er aus so einem Mädchenglas trinkt, aber dann überlegte ich es mir noch einmal und stellte doch wieder das Pintglas aufs Tablett. Sonst hätte ich nur wieder reingehen müssen, um ihm ein neues Glas zu holen. Gegen solche Kerle wie ihn kommt man nicht an.

Draußen stellte ich das Tablett auf den Tisch. Sie hatten ihre Flaschen schon geöffnet, und Pete hatte seine schon halb ausgetrunken. Sogar Cheryl und Karen hatten schon aus ihren Flaschen getrunken. Ich war ein bisschen verärgert wegen der Gläser. Ich dachte, wenigstens Cheryl hätte warten können.

«Prost, auf den Wirt», sagte Pete und schenkte sein Bier ins Glas. Karen nahm sich einfach eins, aber Cheryl sagte: «Danke.» Das freute mich. «Was trinkst du?», wollte sie von mir wissen, als sie auf meine Limonade schaute, aber bevor ich antworten konnte, meinte Pete: «Ich nehme ein Pint, danke», und lachte schrill. Karen verschluckte sich an ihrem Bier, und selbst Cheryl fand es lustig.

«Hör auf. Nicht wenn ich trinke», sagte Karen zu ihm.

«Aber echt jetzt, was ist denn das?», fragte Pete und deutete auf mein Glas.

«Kräuterlimonade», sagte ich, und er grinste schief und meinte: «Pass auf, dass du dich nicht ins Koma säufst.»

«Ich trinke auch gerne Kräuterlimonade», sagte Cheryl und lächelte mich an. «Ich auch», meinte Karen so komisch durch die Nase, als hätte sie eine Erkältung, und alle lachten.

Karen wischte sich die Augen, nahm einen Schluck Bier und verzog dann das Gesicht. «Ich mag das nicht so gerne wie Lager», sagte sie.

«Es ist kalt und knallt», meinte Pete, aber Cheryl sah ein bisschen betreten aus. «Sei nicht undankbar, Karen», sagte sie, und Karen meinte: «Bin ich nicht. Ich hab ja nicht gesagt, dass es mir nicht schmeckt, ich hab nur gesagt, dass es nicht so gerne mag wie Lager.»

Pete meinte: «Gib's mir, wenn du es nicht willst», und Karen knuffte ihn und sagte, er soll sie in Ruhe lassen. «Hast du schwarzen Johannisbeersirup?», fragte sie mich. «Dann wäre es ein bisschen so wie Lager mit Sirup.»

«Schütt doch Kräuterlimo rein», meinte Pete kichernd. Ich hätte ihm doch das kleine Glas geben sollen. Dann sagte Cheryl: «Kann man helles Ale mit Johannisbeersirup mischen? Ist das ein richtiger Drink?»

«Ist mir doch egal», meinte Karen und wurde ein bisschen gereizt. «Ich kann machen, was ich will.»

«Und wir wissen alle, was du willst, oder?», sagte Pete und lachte. Karen schlug ihm auf den Arm und meinte: «Das wirst du schon noch sehen», und er hob die Augenbrauen und sagte: «Ich kann es kaum erwarten.» Ich hatte keine Ahnung, wovon sie sprachen, aber ich nahm an, dass es etwas Schmutziges sein muss, und schaute in meine Limonade. Eigentlich wollte ich noch einen Schluck trinken, aber jetzt hatten sie mich völlig durcheinandergebracht.

Pete öffnete die nächste Flasche und schenkte sich sein Glas voll. «Gib uns auch eine», sagte Karen, und er machte zwei weitere Flaschen auf und gab sie den beiden. Dann zählte er nach, wie viele Flaschen noch in der Kiste waren.

«Elf sind noch übrig», sagte er. «Das sind fast vier für jeden. Müsste eine Weile reichen.»

«Für uns vier?», fragte Cheryl, und Pete meinte: «Bist du

blöd? Elf durch vier macht doch nicht vier. Das macht ... äh, zwei und ein bisschen.»

«Ja, aber wir sind vier und nicht nur drei», sagte Cheryl, und Pete meinte: «Ich weiß, aber er will ja keins. Oder?» Er schaute mich fragend an. Ich schüttelte den Kopf. Aber es freute mich, dass Cheryl an mich gedacht hatte.

«Du hättest trotzdem fragen müssen», sagte sie. «Es ist nicht dein Bier, oder?»

«Ich hab die Kiste gefunden», sagte er. «Sonst wäre sie da unten verrottet.»

«Wir sollten aber trotzdem fragen, ob wir etwas dafür bezahlen können», sagte Cheryl, und Karen meinte: «Ja, können wir machen.»

Pete sah sauer aus und meinte: «Das ist euer Problem», aber nicht sehr laut. Dann schaute mich Karen an und sagte: «Was willst du dafür haben?»

Sie hatte wieder diesen Blick aufgesetzt. Ich spürte, wie ich rot wurde, und sagte schnell: «Nichts, schon in Ordnung», und guckte auf den Tisch. Ich hatte ganz vergessen, was sie anhatten, aber jetzt war es mir wieder aufgefallen.

«Warum trinkst du nicht ein Bier mit uns? Es ist genug da», meinte Karen, und Pete schaute sie an, als hätte sie etwas Blödes gesagt, und meinte: «Vorsichtig. Wenn er keins will, will er eben keins.»

«Warum nimmst du nicht mal einen Schluck?», sagte Cheryl. Und dann hielt sie mir ihr Glas hin und meinte: «Hier, probier mal von mir, vielleicht schmeckt es dir ja.»

Bei dem Gedanken, aus ihrem Glas zu trinken, schnürte sich mir die Kehle zusammen. Ich brachte kein Wort hervor und schüttelte nur den Kopf. Karen grinste. «Hey, solche Angebote kriegst du nicht jeden Tag. Na los, probier mal von ihr», sagte sie, und Pete meinte: «Und was ist mit mir, Cheryl, kann ich auch mal von dir probieren?»

Cheryl wurde rot und meinte: «Ihr beiden seid eklig. Ich meinte nur, ob er mal einen Schluck will.»

«Wir wissen, was du gemeint hast», sagte Pete. «Und wenn er nicht will, springe ich gerne ein.»

«Du würdest nie nein sagen, oder?», meinte Karen, und Pete grinste und fragte: «Wieso, woran denkst du denn?», und hob seine Augenbrauen.

«Beachte sie einfach nicht», sagte Cheryl zu mir. Dann meinte sie: «Hast du überhaupt schon mal was getrunken? Ich meine was Alkoholisches?»

«Nein», sagte ich. Karen war total überrascht: «Was, noch nie? Hast du nicht mal was probiert?» Ich schüttelte den Kopf. Nein konnte ich nicht sagen, denn dann hätte ich gelogen. Aber ich hatte nur einmal was probiert, und darüber wollte ich nicht reden. Sie hätten nur gelacht. Auf jeden Fall Karen und Pete. An meinem sechzehnten Geburtstag hatte mir mein Papa ein Bier gezapft, als meine Mama gerade nicht da war. «Hier», sagte er, «du bist jetzt alt genug dafür.» Ich wollte es eigentlich nicht, aber es freute mich, dass er eins für mich gezapft hatte, denn das bedeutete, dass ich erwachsen war. Nachdem ich einen Schluck getrunken hatte, sagte mein Papa: «Wie findest du es? Besser als Radler, oder?» Ich nickte, obwohl es schrecklich schmeckte. Ich mochte es überhaupt nicht. Es war total bitter. Aber da mich mein Papa beobachtete, trank ich es schnell aus, damit er dachte, es würde mir schmecken. Und plötzlich musste ich würgen und spuckte das ganze Bier auf den Boden der Schankstube.

Mein Papa sagte: «Himmelherrgott!», und sprang zur

Seite. Ich sagte, dass es mir leidtut, und wischte alles auf, aber ich spürte, dass er von mir enttäuscht war. Er schaute mich die ganze Zeit komisch an, und als ich die Schweinerei sauber machte, sagte er nur: «Erzähl das bloß nicht deiner Mutter.» Ich sagte nichts. Seitdem habe ich auch nie wieder was getrunken.

«Hast du nun schwarzen Johannisbeersirup oder nicht?», fragte Karen.

«Du stehst auf schwarzen Sirup, was?», meinte Pete. «Du weißt doch, was man über Schwarze sagt, oder?»

«Ich habe gehört, dass das nur ein Mythos ist», sagte Cheryl, und Karen lachte. «Das würdest du nicht sagen, wenn du den Film gesehen hättest, den wir letzte Woche angeschaut haben», meinte sie. «Mein Gott! Ein weißer Typ war auch dabei, und der war auch nicht ohne.»

«Willst du mir Komplexe machen?», meinte Pete. «Es geht nicht darum, wie groß er ist, es geht darum, was man damit anstellt. Stimmt doch, Nigel, oder?» Er zwinkerte mir zu.

«Ich gucke mal, ob Johannisbeersirup da ist», sagte ich und ging rein.

Es gefiel mir nicht, wenn sie so reden. Besonders Cheryl. Es kam mir nicht richtig vor. Ich versuchte, an etwas anderes zu denken, und ging durch die Küche hinter die Theke. Mein Papa bewahrte die Flaschen für die Mixgetränke auf der Seite zum Gesellschaftsraum auf, weil die Männer in der Schankstube nur Bier tranken. Den Orangensaft hatte ich schon vor Ewigkeiten ausgetrunken, aber es war noch etwas Zitronensaft und Johannisbeersirup übrig. Ich mochte ihn nicht so gerne, und jetzt war ich froh, dass ich die Flaschen aufgehoben hatte.

«Super, das macht sie glücklich», sagte Pete, als ich sie nach draußen brachte. Dann meinte er: «In Ordnung, wenn ich noch eins nehme?», und zog eine neue Flasche Bier aus der Kiste. Ich sagte ja. Er war mit einem Mal freundlich und nicht mehr so blöd wie vorher. Vielleicht hatten Cheryl und Karen ihm gesagt, er soll nicht so unhöflich sein. Sie sahen auch ein bisschen komisch aus, so als versuchten sie, nicht zu lachen oder so. Pete gab Karen eine neue Flasche und wollte auch eine für Cheryl aufmachen, aber sie schüttelte den Kopf.

«Ich glaube, ich habe erst mal genug», sagte sie. Karen meinte: «Sei nicht doof, eins geht noch», aber Cheryl sagte: «Ich hatte schon zu viel, bevor wir hergekommen sind, und ich will mich nicht besaufen.» Ich wünschte, sie hätte das nicht gesagt. Ich mochte es nicht, wenn Karen so blöde Wörter benutzte, aber bei Cheryl war es noch schlimmer.

«Komm schon, heute ist Feiertag», sagte Pete und öffnete trotzdem eine Flasche für sie. «Du kannst dich ruhig besaufen. Oder?», fragte er mich. Da ich weder ja noch nein sagen wollte, zuckte ich nur mit den Schultern und nickte gleichzeitig.

«Na, siehst du», sagte Pete und reichte ihr die Flasche. «Runter damit.» Sie nahm die Flasche und schenkte ihr Glas voll. Dann sagte Pete zu mir: «Na los, du hängst auch hinterher.»

Eigentlich wollte ich keine Limonade mehr, aber um gesellig zu sein, trank ich noch einen Schluck. Er schmeckte komisch, irgendwie sauer, vielleicht, weil das Glas seit Ewigkeiten in der Sonne gestanden hatte. Ich wollte es nicht mehr, aber dann sagte Pete: «Komm, auf ex», und da mich alle beobachteten, trank ich es aus.

Pete hob sein Glas und sagte: «Guter Junge», und dann lachte er wieder mit seiner schrillen Lache. Ich wusste nicht, was lustig daran war. «Nimmst du noch eins?», meinte er zu mir. «Oder sollen wir etwa allein trinken?»

«Das hat dich sonst auch nie gestört», sagte Karen und gab Cheryl einen Knuff. «Warum nimmst du nicht so eins?», fragte sie mich und reichte mir ihr Glas. Sie hatte Sirup reingetan, sodass das Bier dunkler geworden war. Ich schüttelte den Kopf, aber sie drängelte mich. «Na los, probier wenigstens mal.»

«Lass doch, Karen, wenn er kein Bier mag», sagte Cheryl, und Karen meinte: «Ja, aber es schmeckt nicht wie Bier, es schmeckt wie Limo.»

«Ich mag Johannisbeere nicht», sagte ich. Eigentlich war es das Bier, das ich nicht mochte, aber das wollte ich vor ihnen nicht sagen, besonders nicht vor Pete. «Und was ist mit einem Radler?», fragte er. «Du meintest doch, du hättest auch normale Limo, oder?»

Auf die Idee war ich noch gar nicht gekommen. Früher, wenn ich hinter der Theke bedient habe, habe ich manchmal Radler getrunken, weil es so aussah, als würde ich ein richtiges Pint trinken. Die Limonade machte das Bier zwar heller, aber wenn man sie mit dunklem Bier mischte, sah es nicht viel anders aus als ein Pint Lager.

«Ja, na los, trink wenigstens ein Radler», meinte Karen. «Das ist nicht alkoholisch.» Ich sagte nichts, weil ich dachte, mit dem Bier müsste es eigentlich auch alkoholisch sein. Aber da ich mir ein total schwaches machen könnte, sagte ich okay und ging rein, um Limonade zu holen.

Pete hatte bereits eine Flasche für mich aufgemacht, als ich zurückkam, und sagte: «Komm, ich schenke es für dich ein.» Ich dachte, er wäre nur nett, aber dann füllte er fast das halbe Glas mit Bier. Er konnte auch nicht richtig einschenken, denn als er die Limonade dazuschüttete, schäumte es so stark, dass eine riesige Blume obendrauf war. Das freute mich. Ich weiß, wie man Bier einschenkt, auch wenn ich es nicht gerne trinke.

Als ich es probieren wollte, sagte Pete: «Bring lieber die Limonade rein, hier draußen wird sie nur warm.» Ich war überrascht, dass er so aufmerksam war, und brachte die Flasche zurück in die Küche, obwohl ich langsam genug davon hatte, ständig rein- und rauszurennen.

Als ich zurückkam, war nicht mehr so viel Schaum auf dem Radler. «Probier mal», sagte Pete, und Karen meinte: «Davon wachsen dir Haare auf der Brust», und dann lachte sie und sagte: «Wie bei mir.» Cheryl kicherte, und Pete lachte schrill und meinte: «Ist mir gar nicht aufgefallen.» Da wurde mir wieder ganz heiß, und ich trank einen großen Schluck Radler, um es zu überspielen.

Es schmeckte ein bisschen komisch und ganz anders als die Radler, die ich früher getrunken hatte. Aber ich dachte, es liegt wohl daran, dass es mit hellem Bier und nicht mit dunklem gemacht war. Und da es trotzdem irgendwie süßlich schmeckte, dachte ich, dass es nicht so stark sein kann. Außerdem war es angenehm kalt.

Mit einem Mal begann Karen zu husten, Bier und Sirup schossen ihr aus der Nase und spritzten überallhin. Pete lachte und Cheryl musste den Schluck, den sie gerade getrunken hatte, zurück ins Glas spucken. Zuerst dachte ich, Karen würde weinen, weil ihre Augen so stark tränten, aber dann fuchtelte sie mit ihrer Hand, damit die anderen den Mund hielten, und ich konnte sehen, dass sie auch lachte.

«Ey, du Sau», sagte Pete. «Manche Leute können sich einfach nicht benehmen, was?»

Karen holte tief Luft und rieb sich die Augen. «Hör auf, das war deine Schuld», sagte sie, aber sie lachte immer noch. Pete meinte: «Was hab ich denn gemacht? Ich hab dir nichts getan.» Er grinste und tat ganz unschuldig.

«Du weißt genau, was du gemacht hast», sagte sie und wischte ihr Oberteil ab. Es war von ihrem Prusten ganz nass geworden. Ich guckte nicht lange hin.

«Du kannst mir nicht die Schuld geben, wenn du dein Bier nicht bei dir behalten kannst», sagte Pete, und Cheryl brach wieder in Gelächter aus. Auch Karen lachte. Sie nahm ihr Glas und meinte: «Okay, dann behalt du es doch», und schüttete Pete ihren Rest auf die Brust.

Er rastete aus. «Du dämliche Scheißkuh!», rief er, schob seinen Stuhl zurück und zog an seinem T-Shirt. «Das gibt Flecken, da ist Scheißsirup drin, du dämliche Schlampe!»

Einen Augenblick dachte ich, er würde sie schlagen oder so. Aber Karen lachte noch mehr als vorher, und Cheryl liefen Tränen übers Gesicht. «Das ist nicht lustig, verdammte Scheiße!», rief Pete, aber sie konnten sich nicht einkriegen. Er betrachtete sie noch eine Weile und meinte dann: «Na schön, könnt ihr auch darüber lachen?», und schüttete sein Bier über die beiden.

Cheryl kriegte genauso viel ab wie Karen, und beide kreischten, und Cheryl wedelte irgendwie mit ihren Händen umher. Aber Pete sah nicht so aus, als würde er es lustig finden. Er sah total sauer aus. Dann schaute er mich an und meinte: «Hier, du kannst auch was haben», und schüttete den Rest seines Biers auf mich. Es war nicht mehr viel, aber es traf mich genau im Gesicht.

«Na los, zahl's ihm zurück», meinte Karen und hielt mir mein Glas hin. Ich nahm es ihr nur ab, weil ich dachte, sie würde es selbst verschütten, wenn ich es nicht mache. Aber ich wollte nichts damit tun. Ich konnte sehen, dass Pete es nicht lustig fand, außerdem mache ich nicht gerne so einen Dreck. Doch kaum hatte ich das Glas genommen, sagte er: «Wehe!» Er klang echt böse und lachte überhaupt nicht, und ich sagte: «Nein, ich wollte nicht …», und stellte es hin. Dann dachte ich, dass Karen es wieder nehmen könnte, um es über ihn zu schütten, und trank es schnell aus. Danach musste ich mich schütteln.

Pete wischte wieder über sein T-Shirt. Sein Gesicht war noch röter geworden, als es durch die Sonne und das Bier schon gewesen war. «Guck dir das an», sagte er. «Es muss ausgewaschen werden, verdammte Scheiße!» Karen und Cheryl hatten einen hysterischen Anfall, und Cheryl schnaubte komisch, als wenn sie nicht zu lachen aufhören könnte. Dann nahm Karen plötzlich Cheryls Glas und kippte es über Pete. Er sprang auf. Jetzt war er total durchnässt, das T-Shirt klebte ihm richtig an der Brust fest. «Du dämliche Schlampe!», schrie er. «Was soll der Scheiß?»

Karen und Cheryl schüttelten sich vor Lachen, als wäre es das Lustigste auf der Welt. Ich verstand nicht ganz, was so gut daran sein soll. Ich mochte Pete zwar nicht, aber mir wäre es lieber gewesen, Karen hätte das Bier nicht über ihn geschüttet. Wenn sie das mit mir gemacht hätte, hätte es mir jedenfalls nicht gefallen.

«Warum beschwerst du dich?», sagte Karen. «Du wolltest doch den Sirup auswaschen.» Sie war so am Lachen, dass sie gar nicht sah, wie Pete nach etwas suchte, was er noch verschütten konnte. Er nahm eine der Teetassen und schüttete ihr den Tee ins Gesicht. Die Tasse muss ungefähr halb voll gewesen sein, und Karen hörte auf zu lachen.

«Jetzt reicht's, du Arschloch!», schrie sie und rieb sich die Augen. «Das ist nicht lustig.»

«Nein, wenn es dich trifft, ist es nicht lustig, was?», meinte Pete. «Wenn du an der Reihe bist, macht es plötzlich keinen Spaß mehr, oder?»

«Das war Scheißtee und kein Bier!», schrie sie. «Er war noch heiß, da kann man blind von werden!» Sie brüllte ihn richtig an. Keiner lachte mehr.

«Schwachsinn!», rief Pete zurück. «Er ist längst kalt, du jammerst nur!»

«Da war Milch drin!», meinte Karen. «Wenn man die in die Augen kriegt, tut es weh! Ich habe dich nur mit Bier vollgeschüttet!»

Pete lachte jetzt wieder, aber es war nicht echt. Man merkte, dass er immer noch total wütend war. «Ach, Gottchen! Du hättest eben nicht Bier und Scheißsirup über mein T-Shirt kippen sollen!», sagte er.

«Das war dein Scheißshirt, nicht deine Augen!», meinte Karen. Der Tee tropfte ihr vom Gesicht. «Du bist wie ein kleines Kind, du kannst einfach keinen Spaß vertragen!»

«Ach, aber du, oder wie? Du lachst doch auch nicht mehr, oder?», meinte Pete, und Karen sagte: «Nein, und du wirst auch nicht mehr lachen, wenn du so weitermachst, verdammte Scheiße!»

«Was willst du denn machen, hä?», sagte Pete. «Willst du wieder anfangen?»

Ich wünschte, ich hätte sie nicht eingeladen. Ich wollte, dass sie alle gehen und mich in Ruhe lassen. Meine Mama hatte recht, es war immer das Gleiche. Die Trinkerei macht nur Probleme. Pete und Karen starrten sich an, und ich hatte das Gefühl, dass sie gleich aufeinander losgehen. Doch dann stand Cheryl auf und sagte: «Mir ist übel.»

Karen schaute sie an und meinte: «Was?», und Cheryl meinte: «Ich muss mich übergeben.» Sie war ziemlich wacklig auf den Beinen, und Pete meinte: «Ach du Scheiße, aber nicht hier, geh aufs Klo, verdammt», und schob seinen Stuhl beiseite. Cheryl meinte wieder: «Ich muss mich übergeben», und Karen schaute mich an und sagte: «Wo sind die Toiletten? Schnell!»

Ich sagte es ihr, und als Cheryl sich umdrehte und gehen wollte, stieß sie gegen die Ecke des Tabletts, das über den Tisch ragte. Pete griff danach und bekam die Zuckerdose zu fassen, doch die Teekanne rutschte runter und krachte auf den Boden.

Niemand sagte etwas. Dann meinte Pete: «Scheiße», und Cheryl rannte rein.

«Dämliche Kuh», sagte Pete, und Karen meinte: «Sie kann nichts dafür, sie ist besoffen.»

«Ich auch, aber ich bin nicht so blöd, oder?», sagte er.

«Es war ein Missgeschick», meinte Karen, und dann sagte sie zu mir: «War das eine gute Kanne?»

«Sie gehörte meiner Mama», sagte ich. Ich hätte am liebsten losgeheult. Sie war in drei Teile zerbrochen. Meine Augen wurden feucht, obwohl ich die Tränen zurückdrängte. Karen bückte sich, hob die Einzelteile auf und versuchte, sie zusammenzusetzen. «Vielleicht können wir sie reparieren», sagte sie. «Mit Sekundenkleber oder so.»

«Hör auf zu spinnen», sagte Pete. «Die ist im Arsch. Man kann eine Teekanne nicht kleben. Dann ist sie nicht mehr dicht.»

«Na ja, sie würde wenigstens wieder heil aussehen, oder?», sagte sie. Die drei großen Teile hatte sie zusammengesetzt, aber überall lagen noch kleinere Scherben herum. Ihr war wohl auch klar, dass Pete recht hatte, denn sie schaute die Teile, die sie in der Hand hatte, an und legte sie dann auf den Tisch.

«War sie alt?», fragte Karen. Ich musste an all die Male denken, wenn meine Mama die Kanne benutzt hatte, sonntags oder an Weihnachten oder wenn wir Besuch hatten. Ich nickte. «Na ja, dann ist es ja nicht so schlimm», meinte sie. «Wir kaufen dir eine neue. Nicht wahr, Pete?»

«Ja, klar», sagte er. «Wir kaufen dir eine bessere.»

Die beiden schauten mich an, und ich wusste, dass sie mich aufheitern wollten, was nett von ihnen war, denn Cheryl hatte ja die Kanne kaputt gemacht. Aber eigentlich war es nicht ihre Schuld. Wenn man betrunken ist, können solche Sachen passieren.

«Ich schaue besser mal nach, was Cheryl macht», sagte Karen.

«Wieso? Lass sie, die kommt schon klar», meinte Pete, doch Karen stand auf und sagte: «Nein, wer weiß, wo sie sich übergibt», und ging rein. Pete rief etwas hinter ihr her, hörte dann aber auf. Nach einer Weile schaute er mich grinsend an. Ich hatte das Gefühl, dass er nicht mit mir allein gelassen werden wollte.

«Was soll's», meinte er. «Scheißweiber, oder? Wer braucht die schon?» Er schüttelte den Kopf. Dann bückte er sich und zog noch eine Flasche Bier aus der Kiste. «Trinken wir eben noch was. Cheryl will bestimmt nichts mehr, oder?» Er nahm einen Schluck aus der Flasche und meinte dann: «Soll ich nachschenken?» Ich wollte nein sagen, aber er meinte nur: «Komm schon, wir Kerle müssen zusammenhalten, oder?» Ich verstand nicht, was das mit dem Bier zu tun haben sollte, aber Pete hatte schon die nächste Flasche aufgemacht. «Willst du ein richtiges oder wieder ein Radler?», fragte er. Da ich weder das eine noch das andere wollte, sagte ich: «Die Limonade ist in der Küche.»

«Na, dann hol sie», sagte Pete, und dann grinste er und meinte: «Ich schenke jetzt ein, wenn du also ein dünnes willst, solltest du dich lieber in Bewegung setzen.»

Er nahm mein Glas und begann total langsam Bier einzuschenken. Als ich ihm sagte, dass er aufhören soll, schüttete er einfach einen großen Schwall ins Glas. «Na los, beeil dich lieber», sagte er und lachte sein dämliches Lachen.

Mir ist klar, dass ich nicht darauf hätte eingehen sollen. Ich hätte das Glas ja gar nicht trinken müssen. Aber es war einfacher, das zu tun, was er sagte, also stand ich auf und lief in die Küche. Drinnen war es ganz kühl. Am liebsten wäre ich dageblieben und hätte so getan, als wäre ich allein. Aber ich konnte nicht, weil Pete immer noch Bier in mein Glas schenkte.

Ich rannte zurück, und als er mich sah, schenkte er schneller ein. «Na los, schnell, du musst an den Tisch kommen», meinte er wie ein großes Kind. Über die Hälfte des Glases war mit Bier gefüllt, und auch als ich an den Tisch kam, schenkte er weiter ein, bis die Flasche fast leer war.

«Hättest es fast nicht geschafft, was?», meinte er, setzte dann die Flasche an die Lippen und trank den Rest aus. «Wir wollen ja nichts umkommen lassen», sagte er und rülpste total laut. Ich konnte seine Bierfahne riechen. «Besser raus als rein», sagte er und grinste mich an, als wäre es total lustig. Ich fand es aber nicht lustig, achtete nicht weiter auf ihn und schenkte mir so viel Limonade in mein Glas, wie ich konnte. Viel war es nicht.

«Das kriegst du nie hoch, ohne was zu verschütten», sagte Pete. Ich versuchte es trotzdem, aber es schwappte sofort über. «Sag ich doch», meinte er. Ich wünschte, er würde endlich den Mund halten. Ich ließ das Glas auf dem Tisch stehen und schlürfte es ab.

Es schmeckte eher wie Bier als wie Radler. Eigentlich hatte ich es ja gar nicht trinken wollen. Ich hatte es nur wegen ihm getan und mehr geschluckt, als ich wollte. Weil es so bitter war und sprudelte, dachte ich einen Moment, es würde mir wieder hochkommen, aber dann ging das Gefühl weg. Nur meine Augen tränten ein bisschen. Da musste Pete lachen. «Guter Junge», meinte er. «Runter damit.»

Ich sagte nichts und nahm die Limoflasche, um das Glas damit aufzufüllen, aber Pete meinte: «Bist du ein Weichei, oder was?» Ich stellte die Flasche wieder weg. Das ärgerte mich, aber wenn ich sie wieder genommen hätte, hätte ich blöd dagestanden. Er grinste mich an, als wüsste er genau, was ich gedacht habe. «Willst du es ein bisschen süßer?», fragte er, und als ich nickte, nahm er die Zuckerdose und schüttete ein paar Löffel in mein Glas. Erst sprudelte es, dann legte es sich wieder. «Wie schmeckt es jetzt?», fragte er. Ich trank einen Schluck. Es war ein bisschen besser und schmeckte fast wie das erste Glas. «Okay», sagte ich, und Pete meinte: «Gut, dann kann noch ein bisschen Bier rein.» Ehe ich etwas tun konnte, schenkte er nach. «Prost», sagte er, lachte und trank.

Ich sagte prost, trank aber erst wieder einen Schluck, als er auf mein Glas deutete und meinte: «Na los.» Wahrscheinlich hatte ich mich mittlerweile daran gewöhnt, denn ich musste mich nicht mehr so schütteln.

Eine Weile redete keiner von uns. «Die Sonne ist ganz schön heiß», sagte ich dann, nur um etwas zu sagen. «Ja, dann fass sie lieber nicht an», meinte Pete und kicherte. Ich lachte auch ein bisschen, weil ich das echt lustig fand. Ich hoffte, dass ich den Spruch behalte, damit ich ihn mal zu jemandem sagen kann, wenn Pete nicht dabei ist. Ich trank noch einen Schluck Radler.

«Das Zeug ist nicht schlecht», sagte ich, und Pete grinste und meinte: «Wir werden noch einen Trinker aus dir machen.» Das freute mich und auch wieder nicht. Ich wollte kein Trinker sein, aber es war nett, dass er dachte, ich könnte einer werden. Er kam mir jetzt nicht mehr so übel vor. Als er einen Schluck Bier trank, überlegte ich, worüber wir noch sprechen könnten.

Dann stellte er sein Glas hin, sah mich an und meinte aus heiterem Himmel: «Ich glaube, Cheryl steht auf dich.»

Kapitel 23

Ich starrte ihn nur an. Ich dachte, ich habe mich verhört. «Wirklich. Wusstest du das nicht?», sagte er. «Sie wollte heute Nachmittag unbedingt herkommen. Sie konnte es gar nicht erwarten.»

Mir wurde wieder ganz schwindlig und heiß. «Ich wette, dass sie sich deswegen auch betrunken hat», meinte Pete. Ich wusste nicht, ob er mich auf den Arm nimmt oder nicht. Es war mir so peinlich, dass ich hinabschaute. Und nur, um etwas zu tun, trank ich noch einen Schluck.

«Was ist los?», fragte Pete. «Gefällt sie dir nicht?» Ich konnte ihn nicht anschauen. Mir war klar, dass er mich angrinste. «Erzähl mir nicht, dass sie dir nicht gefällt. Ich hab doch gesehen, wie du auf ihr Oberteil gestarrt hast.»

«Hab ich nicht», sagte ich.

«Erzähl keinen Quatsch», sagte er. «Ich hab gesehen, wie du sie angeglotzt hast, als sie nass gespritzt war und sich ihre Nippel durchdrückten.»

Ich hatte keine Ahnung, was er meinte, und fragte, ohne nachzudenken: «Ihre was?», und er meinte: «Ihre Nippel, Brustwarzen, nenn sie, wie du willst.» Ich schämte mich zu Tode. «Die waren ganz hart», sagte er. «Du weißt doch, was das bedeutet, oder? Sie werden hart, wenn ihnen kalt ist –

oder wenn sie geil sind.» Ich versuchte, so zu gucken, als wüsste ich Bescheid, aber ich kann es nicht besonders gut gemacht haben. «Verdammte Scheiße, du hast von Tuten und Blasen keine Ahnung, oder?», meinte Pete. «Hast du schon mal eine Freundin gehabt?»

Ich antwortete nicht. Am liebsten hätte ich mich verkrochen, damit er mich nicht mehr sehen konnte. «Noch nie, oder?», fragte er. Ich merkte, dass er das total lustig fand. «Sag bloß, du bist noch Jungfrau? Scheiße, wie alt bist du denn? Ich vögele rum, seit ich vierzehn bin!» Er lachte wieder dämlich.

«Und warum bist du noch Jungfrau?», fragte er. «Du siehst doch gar nicht so übel aus. Hat dir nie eine gefallen, oder bist du einfach zu schüchtern?» Ich zuckte mit den Achseln. Mein Magen zog sich zusammen. «Hey, du bist doch nicht etwa schwul, oder?», meinte Pete. Er hatte es lachend gesagt, und ich schüttelte den Kopf. Ich bin echt nicht schwul. «Gott sei Dank», sagte er. «Ich hab keinen Bock, von einem Arschficker angemacht zu werden.» Er öffnete eine neue Flasche Bier. «Ich fass es nicht, eine Scheißjungfrau.» Er grinste wieder. Dann meinte er: «Warte ab, bis ich das Karen und Cheryl erzählt habe.»

«Nein, bitte …», stotterte ich, aber er grinste nur noch breiter. «Wieso nicht? Sollen sie es nicht wissen?», meinte er, und ich sagte: «Bitte, erzähl es ihnen nicht.»

«Oh, das weiß ich noch nicht», meinte er. «Kommt drauf an, ob du nett zu mir bist.» Dann deutete er auf mein Glas. «Du trinkst dein Bier ja gar nicht. Sorry, ich meine Radler.» Ich nahm das Glas und trank einen großen Schluck. «Guter Junge», sagte Pete und bückte sich, um noch eine Flasche aus der Kiste zu ziehen. «Sind nicht mehr viele übrig», sagte er. «Bist du sicher, dass nicht doch noch irgendwo was zu trinken rumsteht?»

«Nur Limo», sagte ich.

«Scheiß drauf», meinte er. «Ich meine richtige Drinks. Kurze. Hast du nicht irgendwo einen Barschrank oder so?» Ich sagte nein. Pete seufzte und verstummte für eine Weile. Dann meinte er: «Ich sag dir was. Vielleicht lasse ich dich in Ruhe, wenn Karen und ich eins der Schlafzimmer benutzen können.»

«Wozu?», fragte ich. Er schaute mich an, als wäre ich blöd. «Wozu wohl?», sagte er. «Wozu benutzen die meisten Leute Schlafzimmer? Dass du eine Jungfrau bist, heißt noch lange nicht, dass alle anderen auch welche sind.» Er grinste. «Auf jeden Fall hättest du dann Cheryl für dich allein. Wer weiß, in ihrem Zustand lässt sie dich vielleicht mal ran.»

Ich hatte zu viel Angst, dass er etwas zu Cheryl und Karen sagen könnte, um mich darüber zu ärgern, dass er so redete. «Du erzählst es ihnen nicht, oder?», fragte ich, und er meinte: «Kommt darauf an, ob ich ein Schlafzimmer haben kann oder nicht.» Er hatte ein breites Grinsen aufgesetzt, dann schaute er hoch und meinte: «Guck mal, wer hier ist.» Als ich mich umdrehte, kamen Cheryl und Karen gerade aus der Küche.

Cheryl war völlig in sich zusammengesackt und hatte ein rotes, fleckiges Gesicht. Ihr Oberteil war klatschnass und klebte an ihr, aber da Pete mich beobachten könnte, schaute ich nicht hin. Karen kam hinter ihr her. Sie schaute Pete an, grinste und verzog das Gesicht. «Ihr geht's wieder gut. Oder, Sweetie?», sagte sie. Cheryl nickte und setzte sich. Sie sah gar nicht gut aus.

«Und, wer kann jetzt sein Bier nicht halten?», meinte Pete,

und Karen sagte: «Ach, halt's Maul, und lass sie in Ruhe. Wir wissen ja alle, was für ein Schluckspecht du bist.»

«So sieht's aus», sagte Pete, und Karen meinte: «Toller Hecht», und er wackelte mit seinen Augenbrauen und sagte wieder: «So sieht's aus», und dieses Mal lachte Karen.

«Hat sie es bis aufs Klo geschafft?», fragte er. «Ja, gerade so», meinte Karen. «Ein bisschen ist danebengegangen, aber dann hatte sie ihren Kopf über der Schüssel.» Sie schaute mich an und sagte: «Viel war's nicht. Ich hab Klopapier draufgetan, aber aufwischen konnte ich es nicht.»

«Tja, Kumpel», meinte Pete und zwinkerte mir zu, «dann hast du was für später, worauf du dich freuen kannst.» Karen sah sauer aus. «Hey, warum sollte ich es aufwischen?», sagte sie. «Ich hab schließlich nicht gekotzt, oder? Mir wäre es auch hochgekommen, wenn ich es weggewischt hätte. Ich hasse Kotze.»

«Ich mache es weg, keine Sorge», sagte ich. Doch scharf war ich auch nicht drauf. Nach den geschlossenen Veranstaltungen musste ich immer haufenweise Erbrochenes aufwischen, bei Cheryl war es allerdings nicht so schlimm. Pete grinste und meinte: «Das muss Liebe sein», und ich dachte, er würde noch etwas sagen oder dass Karen und Cheryl fragen würden, was er damit meinte. Aber sie fragten nicht. Um mich abzukühlen, trank ich noch einen Schluck. Jetzt musste ich mich gar nicht mehr schütteln. Dann sagte Cheryl, ohne aufzuschauen: «Ich mache es sauber.»

Wir guckten sie alle an. «Ach, guck mal, sie lebt noch», sagte Pete. Karen sagte ihm, er soll sich verpissen.

«Alles in Ordnung, Sweetie?», fragte sie und legte einen Arm um Cheryl. Ich sah, wie sich ihre Brüste bewegten, als sie sich nach vorn beugte, und schaute weg, bevor Pete mich sah. Allmählich glaubte ich, dass Karen seine Freundin war oder so.

Cheryl nickte, sagte aber nichts mehr. «Willst du was trinken?», fragte Karen. «Wasser oder eine Tasse Tee oder so?»

«Lager oder Ale?», meinte Pete.

Karen warf ihm einen bösen Blick zu. «Eine schöne Tasse Tee?», fragte sie. Mir fiel auf, dass sie leicht lallte. Ich hoffte, dass sie sich nicht auch übergeben muss. Zwei Haufen wollte ich nicht aufwischen. Cheryl saß noch immer vorgebeugt in ihrem Stuhl und nickte. «Kannst du ihr eine Tasse Tee machen?», fragte Karen mich. «Einen richtig starken.»

Ich nickte, dann fiel mir die Teekanne ein. «Die Kanne ist kaputt», sagte ich. Ich wurde wieder ganz traurig, aber Pete sagte nur: «Du brauchst doch keine. Du benutzt sowieso nur Teebeutel. Keine Ahnung, warum du vorhin überhaupt eine Kanne genommen hast. Ich nehme nie eine.»

«Du bist eben ein Schwein», sagte Karen, und Pete meinte: «Und was bist du dann, eine Sau?», und Karen meinte: «Ach, verpiss dich.» Ich hoffte, dass sie nicht wieder einen Streit anfangen, freute mich insgeheim aber, dass sie böse zu ihm war. Vielleicht war sie ja doch gar nicht seine Freundin. Dann fiel mir ein, was er wegen des Schlafzimmers gesagt hatte, und ich versuchte, an etwas anderes zu denken.

«Ich mache Tee», sagte ich, und Karen meinte: «Willst du vielleicht auch was essen, Sweetie? Du fühlst dich bestimmt besser, wenn du was im Magen hast.» Pete kicherte und sagte: «Nicht nur im Magen», und Karen meinte, ohne ihn anzugucken: «Halt dein Maul. Und, willst du was essen?»

Cheryl schüttelte nur den Kopf, aber Pete sagte: «Kümmer dich nicht um sie. Aber ich hätte nichts dagegen. Was ist mit diesen Hotdogs, von denen du vorhin gesprochen hast?», fragte er mich. «Ich könnte jetzt einen vertragen.» Dann schaute er Cheryl an, grinste, und meinte: «Was meinst du, Cheryl? Lust auf einen schönen, dicken, fettigen Hotdog?»

«Jetzt halt endlich die Klappe und lass sie in Ruhe!», rief Karen. «Dir würde es auch nicht gefallen, wenn du dich gerade übergeben hättest, oder?», und Pete meinte: «Habe ich aber nicht», und lachte, als wäre das total lustig. Cheryl saß immer noch zusammengekrümmt da und sagte, ohne aufzuschauen: «Leck mich.»

«Na also, ihr geht's schon wieder besser», sagte Pete. «Aber du beeilst dich lieber mit den Hotdogs, Nigel», meinte er und zwinkerte mir zu. «Oder ich erzähle ihnen, worüber wir gerade gesprochen haben.»

Ich wäre am liebsten davongelaufen. «Was soll das jetzt bedeuten?», fragte Karen misstrauisch.

«Ach, das ist unser kleines Geheimnis», meinte Pete. «Männergespräche.» Karen warf ihm einen finsteren Blick zu, und ich sagte: «Ich mache die Hotdogs», ehe er noch etwas sagen konnte. Als ich aufstand, wurde mir plötzlich total schwindlig. Nicht so wie damals bei der Arbeit, als Karen vor mir saß. Sondern richtig schwindlig. Ich musste mich am Stuhl abstützen, um nicht umzukippen.

«Hoppla, sieht so aus, als wäre noch jemand besoffen», sagte Pete. «Musst du auch kotzen?»

Ich wusste es nicht. So hatte ich mich noch nie gefühlt. Alles drehte sich. Ich schloss die Augen, doch da wurde es nur schlimmer, und ich machte sie wieder auf. Pete und Karen lachten über mich, aber mir war so übel, dass ich mich nicht darum kümmerte.

«Du bist ganz weiß geworden», sagte Karen. «Setz dich

lieber hin, sonst kippst du noch um.» Das hätte ich auch getan, aber dann meinte Pete: «Lass ihn, dem geht's gut, er hat nur ein bisschen Bier getrunken. Wenn er ein paar Hotdogs verdrückt hat, geht's ihm wieder prima. Oder?»

Die Übelkeit ließ ein bisschen nach. Ich fühlte mich immer noch komisch, aber nicht mehr so schlimm. «Ich mache Tee», sagte ich, und Pete meinte: «Na also. Er macht Tee. Und vergiss die Hotdogs nicht.» Ich streckte den Daumen hoch und ging in die Küche.

Da ich ihnen nicht zeigen wollte, dass ich betrunken war, versuchte ich, ganz gerade zu gehen. Aber ich fühlte mich immer noch komisch. Und der Biergarten kam mir auch irgendwie anders vor. Alles war total grell, und wenn ich etwas anguckte, sah es ganz verschwommen aus. Und beim Gehen hatte ich das Gefühl, als würden meine Beine nicht zu mir gehören. Ich fragte mich, ob es an der Sonne lag, denn eigentlich fühlte ich mich nicht betrunken. Jedenfalls nicht so betrunken, wie manche Leute aussahen, wenn sie betrunken waren. Ich konnte Pete und Karen lachen hören, aber ich konzentrierte mich lieber auf meine Schritte, anstatt mich umzuschauen. Beim Reingehen knallte ich gegen den Türrahmen, aber ich spürte nichts und tat so, als wäre nichts geschehen.

Nach der Helligkeit draußen war es in der Küche zuerst so dunkel, dass ich nichts sehen konnte. Doch es war kühl und angenehm, und ich lehnte mich an und machte die Augen zu. Aber da wurde mir wieder so komisch, als würde ich in einem Karussell sitzen oder so, und machte sie wieder auf. Ich wusste nicht mehr, warum ich reingekommen bin, dann fiel mir der Tee ein, und ich setzte den Kessel auf. Ich nahm neue Tassen und ein anderes Tablett, weil ich alles draußen stehengelassen hatte. Da ich die Tassen nie benutze, waren sie ein bisschen verstaubt, sodass ich sie kurz abwischte. Dann suchte ich nach der Teekanne. Als mir einfiel, dass sie kaputtgegangen war, wurde ich wieder ganz traurig, bis das Gefühl verflog und mir wieder wohler war.

Ich steckte Teebeutel in die Tassen und setzte Wasser auf. Dann stellte ich den Ofen an. Weil ich dringend pinkeln musste, ging ich wieder aufs Männerklo.

Es war total hell, und wenn man vor dem Pinkelbecken stand, strahlte einem die Sonne direkt ins Gesicht, obwohl im Fenster Milchglas ist und es geputzt werden musste. Es war echt angenehm. Dann kam Pete rein und verdarb alles.

«Du hier?», meinte er und stellte sich genau neben mich. «Das ist das Problem mit Bier. Kaum ist es drin, pisst man es schon wieder an die Scheißwand.» Ich sagte nichts. In diesem Moment wünschte ich, ich wäre oben auf die Toilette gegangen. «Du siehst immer noch ein bisschen mitgenommen aus, mein Junge», sagte Pete. «Pass auf, dass du nicht reinfällst.»

Kaum hatte er zu pinkeln begonnen, ließ er einen fahren. «Raus damit», meinte er und lachte. Es roch echt fies. Ich hielt die Luft an und versuchte zu pinkeln, aber ich konnte nicht. Es war mir schon immer unangenehm, wenn dabei jemand neben mir steht. Selbst als ich hinter der Theke gearbeitet habe, bin ich immer nach oben auf die richtige Toilette gegangen. Außer wenn die Stripperinnen dran waren und ich wusste, dass niemand reinkommt, bis sie fertig sind. Mein Papa war deswegen manchmal ein bisschen sauer, weil es länger dauerte. Aber ich kann einfach nicht, wenn Leute neben mir stehen. Ich finde es irgendwie unanständig.

Pete hatte kein Problem damit. Er hörte sich wie ein Wasserhahn an. Und da er auch genauso spritzte, rückte ich ein bisschen weg. «Wo willst du hin? Bist du schüchtern, oder was?», meinte er, und dann schaute er an mir hinab. Das ist auch ein Grund, warum ich Kneipenklos nicht mag. Jeder guckt. «Hey, ich muss schon sagen, die gute Cheryl kann sich echt glücklich schätzen», sagte er grinsend. Dann schüttelte er seine Tropfen ab, wobei er mich wieder vollspritzte, und machte seine Hose zu. «Hast du immer noch nicht angefangen?», fragte er. «Also doch schüchtern, was?» Ich sagte nein und wünschte, er würde gehen. Tat er aber nicht.

Die Hände wusch er sich auch nicht. Er stand einfach rum und schaute sich um. «Hast du hier keine Kondomautomaten?», fragte er. «Verdammte Scheiße, ein Pub ohne Präser?» Ich musste an das denken, das ich im Biergarten gefunden hatte, und bekam panische Angst, dass sie ihn gefunden haben könnten. Natürlich wusste ich eigentlich, dass ich ihn weggeworfen hatte. Aber für einen Moment war ich mir nicht mehr ganz sicher.

«So viel zu Safer Sex», meinte Pete. «Nur gut, dass ich schon welche besorgt habe, was?» Ich schaute mich nicht um, konnte aber hören, wie er auf seine Tasche klopfte. «Die reichen auch für dich, falls du Glück hast mit Cheryl. Ein Pfund pro Stück. Kannst auch ein paar mit Geschmack haben, wenn du willst. Was meinst du, wie viel du brauchst: fünf, sechs?» Er lachte. Dann meinte er: «Können Karen und ich jetzt ein Schlafzimmer haben oder nicht?»

Sofort begann sich wieder alles zu drehen. «Ich weiß nicht», sagte ich.

«Warum nicht? Wo liegt das Problem?», fragte er, und ich sagte: «Ich habe das Zimmer nicht gesaugt.»

«Na und?», meinte er. «Ich will vögeln und nicht die Scheißfusseln auf dem Teppich zählen! Komm schon, sei nicht so eine trübe Tasse. Außerdem tue ich es ja nicht nur für mich, oder? Ich verhelfe dir auch zu deiner Chance mit Cheryl, oder? Hey, ich organisiere hier alles, und du machst ein Gesicht wie eine Scheißhaustür. Du willst doch nicht für immer Jungfrau bleiben, oder?»

Ohne es zu wollen, schüttelte ich den Kopf. Er hatte mich total durcheinandergebracht. «Also, was ist jetzt? In deinem Alter wird es sowieso Zeit, dass du deine Unschuld verlierst. Karen und ich machen uns ein bisschen vom Acker und lassen dich mit Cheryl allein. Das ist deine große Chance. Die wird es dir so richtig besorgen, das verspreche ich dir.»

Ich wusste nicht, was das bedeuten soll. Auf jeden Fall nicht genau. Ich hatte so eine Ahnung, dass es etwas Unanständiges ist und mit Frauen zu tun hat, denn manchmal habe ich im Pub Männer so reden gehört, wenn keine Frauen dabei waren. Einmal sagten ein paar Stahlarbeiter, dass sie es richtig besorgen würden, aber sie hatten nicht gesehen, dass meine Mama da war. Sie warf die Männer raus. «Und wenn du weiter solche Ausdrücke benutzt, brauchst du dich hier gar nicht mehr blicken lassen», rief sie, als einer sie beschimpfte. «Sonst besorge ich es dir!»

«Und, was meinst du?», fragte Pete und wartete, dass ich etwas sagte. Mir fiel nichts ein. «Ich weiß nicht», sagte ich wieder.

«Du weißt nicht?», meinte er. «Und ich weiß nicht, was mit dir los ist, echt nicht! Da draußen sitzt eine Frau, die dich praktisch anfleht, sie zu vögeln, und du weißt nicht, ob du willst oder nicht? Glaubst du, du kannst was Besseres kriegen, oder was?»

«Nein … ich meine … nein», sagte ich. Mir gefiel es nicht, dass er so redete, aber er hatte mich so durcheinandergebracht, dass ich nicht mehr wusste, was ich denken soll.

«Okay, was ist dein Problem?», fragte er. «Ich will dir helfen, einen wegzustecken, und du benimmst dich wie ein Trottel. Willst du, dass ich rausgehe und Cheryl sage, dass du nicht auf sie stehst? Willst du das?»

«Nein!», sagte ich.

«Sicher?», meinte er.

«Ja!», sagte ich, und er grinste. «Na gut, dann wär das also geklärt. Wir Kerle müssen zusammenhalten, oder?» Er schlug mir auf den Rücken. «Bis gleich», sagte er und ging raus.

Am liebsten wäre ich hinter ihm hergelaufen, aber meine Hose war noch auf. Deshalb blieb ich einfach stehen. Jetzt kam mir alles zu grell vor und verwirrte mich. Ich machte die Augen zu, und die Sonne brannte heiß auf mein Gesicht. Dann konnte ich endlich pinkeln und fühlte mich besser. Ich wünschte, ich hätte gekonnt, als Pete noch da war, denn es war genauso laut wie bei ihm. Mit geschlossenen Augen hörte es sich an, als würde ich am Strand oder an einem Fluss oder so stehen. Es kam mir vor, als könnte ich eine Ewigkeit, und als ich fertig war und die Augen aufmachte, war es, als wäre Pete nie da gewesen.

Kapitel 24

Ich fühlte mich total gut. Ich wünschte, ich könnte mich die ganze Zeit so fühlen und würde mir nicht immer Sorgen machen oder wegen allen möglichen Sachen traurig werden wie sonst. Als ich zurück in die Küche kam, konnte ich gleich die Hotdogs riechen. Sie rochen lecker. Ich schaute in den Ofen, aber da sie noch nicht fertig waren, goss ich den Tee auf, denn das Wasser kochte schon längst. Draußen konnte ich sie lachen hören, und es klang echt nett. So als wenn man Freunde dahatte, die sich amüsierten. Als ich das heiße Wasser in die Tassen schenkte, spritzte mir ein bisschen auf die Hand, aber selbst das tat nicht besonders weh.

«Die Kellnerin kommt», sagte Pete, und dann zeigte er auf meine Hose und brach in Lachen aus. «Guckt mal, er hat sich nass gemacht», meinte er. «Zum Pinkeln muss man ihn rausnehmen!»

Ich schaute hinab und sah den nassen Fleck neben dem Reißverschluss. Ich hatte keine Ahnung, wie er da hingekommen ist, denn ich war vorsichtig gewesen. Aber alle starrten mich an. Gerade an der Stelle! Karen meinte: «Lass ihn in Ruhe», aber sie lachte auch. Ich stellte das Tablett ab und setzte mich schnell hin. Meine gute Laune war wieder weg.

«Er braucht Windeln», sagte Pete, und ich sagte: «Das ist vom Wasserhahn», und er meinte: «Quatsch, du hast dich vollgepisst. Erst kann er nicht, und dann macht er sich voll.»

«Hör auf, Pete, er kann nichts dafür», sagte Karen, aber ich merkte, dass sie es lustig fand. Cheryl wagte ich gar nicht anzugucken.

«Und, was ist mit den Hotdogs?», fragte Pete. «Ich verhungere, und die gute Cheryl muss sich auch was reinstopfen, oder?»

Karen gab ihm einen Knuff, und die beiden grinsten, als wenn das lustig wäre. «Sie sind noch nicht fertig», sagte ich. Ich wünschte, ich hätte den Fleck früher gesehen, dann hätte ich so tun können, als würde ich etwas auf die Stelle spritzen.

«Danke, mir geht's gut», sagte Cheryl. Sie sah nicht mehr so schlimm aus, aber ihr Gesicht war immer noch ein bisschen geschwollen, und sie sprach ziemlich undeutlich.

«Ich habe Tee gemacht», sagte ich, weil noch niemand eine Tasse genommen hatte. «Tee?», meinte Pete. «Was ist los mit dir, es ist noch Bier da.»

«Cheryl wollte Tee», sagte Karen, und Pete meinte: «Hör auf, sie muss mit dem weitermachen, mit dem sie aufgehört hat», und Cheryl verzog das Gesicht und meinte: «Ach, ich will nicht ...», aber Pete sagte: «Komm schon, du hast frei heute, scheiß drauf. Wenn du Tee trinkst, fühlst du dich noch mieser. Man muss einfach dranbleiben, ehrlich.»

Karen meinte: «Pete, sie will nicht.» Aber er sagte nur: «Natürlich will sie», und schenkte Bier in ihr Glas. «Was ist mit dir? Auch noch eins?», fragte er mich. Ich wollte nein sagen, aber da hatte er schon eine neue Flasche aufgemacht und mein Glas nachgefüllt. Er schenkte es total voll, sodass keine Limonade mehr reinpasste, und dann nahm er die Zuckerdose und tat ein paar Löffel rein. «Bitte schön. Ist außerdem billiger als Limonade.»

«Was ist mit dem Tee?», fragte ich, und Pete meinte: «Vergiss den Tee. Dafür ist es sowieso zu heiß, oder? Wir können ihn später trinken, wenn es kalt wird. Solange die Sonne noch scheint, können wir Bier trinken.»

«Na schön, wenn jeder eins nimmt, nehme ich auch noch eins», sagte Karen.

«Dachte ich mir doch», meinte Pete und reichte ihr eine Flasche. «Du meckerst rum, wenn ich trinke, aber du schluckst auch ganz gut, oder?»

«Sonst trinkst du alles weg», sagte Karen. «Du hattest sowieso schon mehr als wir. Wie viele Flaschen sind denn noch da?»

Pete griff unter seinen Stuhl und zog die Kiste hervor, und als er sah, dass sie leer war, machte er ein langes Gesicht. «Scheiße! Das war's», sagte er. «Ich dachte, es wären noch ein paar drin.» Er schaute auf die Flaschen, die er gerade verteilt hatte, als wollte er sie zurückfordern. «Hatte jemand mehr, als ihm zustand, oder wie?», meinte er.

«Ja, du», sagte Karen, und Pete meinte: «Quatsch, das liegt daran, dass du alles verschüttet hast, du dämliche Kuh! War echt 'ne tolle Idee!»

«Ach, hör auf rumzujammern», sagte Karen. «Du hattest mehr als wir alle zusammen.»

«Stimmt doch gar nicht!», meinte er, und Karen sagte: «Das wäre aber das erste Mal.» Pete zeigte ihr den Stinkefinger, doch sie sah es nicht, weil sie sich das Gesicht rieb. «Mein Gott, ist das heiß», meinte sie. «Ich kriege einen Sonnenbrand.»

«Soll ich einen Schirm holen?», fragte ich. Unten bei den Stühlen liegen ein paar Schirme, auf denen CINZANO steht und die man in die Mitte der Tische steckt. An die hätte ich schon früher denken sollen, denn sie sehen total gut aus, wie in der Werbung. Außerdem war mir auch heiß. Aber Karen sagte: «Nein, ich will braun werden», und streckte dann ihren Arm aus. «Ich habe schon ein bisschen Farbe bekommen, oder?» Pete meinte: «Du siehst aus wie ein Krebs.»

«Ach, leck mich», sagte sie.

«Also, sonnen wir uns jetzt oben ohne oder nicht?», fragte Karen nach einer Weile.

«Nicht hier», meinte Cheryl, und Karen lachte und sagte: «Warum nicht? Ich mache es jedenfalls», und schaute mich wieder an, als würde sie über mich lachen und mich gleichzeitig herausfordern. «Ich fange an, wenn du willst», sagte sie und begann, ihr Oberteil hochzuziehen. Ich sah ihren Bauch, und für einen Augenblick glaubte ich auch, den Ansatz ihrer Brüste zu sehen. In meinen Ohren summte es, und mein Kopf wurde heiß. Dann meinte Pete: «Hey, pack sie wieder ein», und zog ihre Hände weg, sodass das Oberteil runterfiel und die Brüste wieder bedeckte.

«Was ist denn mit dir los?», wollte Karen wissen. Sie lächelte, als wüsste sie es bereits.

«Das ist hier keine Stripshow, oder?», sagte er, und Karen meinte: «Was ist los? Im Urlaub macht das jeder», und er sagte: «Meinetwegen, aber du bist jetzt nicht im Urlaub, oder? Du bist in seinem Garten.» Es war lustig, ihn so gereizt und nervös zu erleben. Das geschah diesem Angeber ganz recht.

«Na und?», sagte Karen. «Nigel hat nichts dagegen, wenn ich mich oben ohne sonne, oder, Nigel?»

«Das kann ich mir vorstellen. Aber ich habe was dagegen», sagte Pete, und ohne darüber nachzudenken, sagte ich: «Wenn sie will, kann sie es aber machen.» Pete warf mir einen bösen Blick zu, und ich schaute zu Boden, denn ich dachte, er würde mich schlagen oder so.

«Hey, er ist gar nicht so schüchtern, wie er aussieht, oder, Cheryl?», sagte Karen, und Cheryl meinte: «Ich weiß nicht», und beide lächelten mich an. Dann meinte Pete: «Er hält aber lieber seine Fresse. Klar?», sagte er zu mir. «Steck deine Scheißnase nicht in fremde Angelegenheiten, sonst wird sie dir ganz schnell gebrochen! Verstanden?»

«Oh, hört euch den tollen Hecht an», sagte Karen total sarkastisch, und Pete meinte: «Ich rede nicht mit dir, verdammte Scheiße, ich rede mit ihm», aber sie sagte: «Und, was willst du machen? Ihm eine knallen?»

Ich wünschte, sie würde den Mund halten, denn ich merkte, dass er kurz davor war. Ich sagte, dass ich es nicht so gemeint hatte, aber Pete sagte nur: «Ich weiß genau, was du gemeint hast, also komm mir jetzt nicht noch so klugscheißerisch! Sonst knallt es nämlich wirklich gleich, du dämliche Schwuchtel!»

«Hör auf, so mit ihm zu reden!», sagte Karen. «Er hat dir nichts getan!», und Pete meinte: «Das will ich ihm auch nicht geraten haben! Und ich rede mit ihm, wie es mir passt, klar? Glaub ja nicht, ich wüsste nicht, was diese Scheißkneipe früher gewesen ist! Jeder wusste, was hier abgeht! Der Laden wurde wegen der ganzen Nutten fast geschlossen! Das war praktisch ein Scheißpuff hier!»

«Nein, das stimmt nicht! Sei ruhig! Halt den Mund!», brüllte ich, und Pete rief: «Dann komm doch, du Scheißjungfrau!», und sprang auf. Karen packte ihn und versuchte, ihn festzuhalten, und Cheryl half ihr, und beide riefen: «Nicht, Pete, hör auf!», aber er hörte nicht. Er trat nach mir und verfehlte mich nur, weil die beiden ihn zurückzogen, traf dafür aber mein Stuhlbein, und dann kippte ich hintenüber.

Ich knallte voll mit dem Kopf auf den Boden. Es tat nicht besonders weh, aber ich fühlte mich so komisch, dass ich einfach mit dem Stuhl liegen blieb. Dann halfen mir Karen und Cheryl hoch und fragten, ob es mir gutgeht, aber ich hätte am liebsten geweint. Ich versuchte, die Tränen zu unterdrücken, sie sollten nicht sehen, wie ich mich fühlte. Sie zogen mich hoch, fragten, ob ich mir wehgetan habe, aber das machte es nur schlimmer.

«Du dämliches Arschloch, warum hast du das getan?», schrie Karen. Sie war sauer auf Pete. «Alles in Ordnung, er hat sich nichts getan», verteidigte sich Pete, aber Karen schrie: «Woher willst du das wissen? Du hast ihn umgetreten! Das sieht dir ähnlich, ein paar Bier, und du wirst zu einem scheiß Schläger!»

Pete sagte, dass das Bier nichts damit zu tun hat, aber Karen wollte nichts davon hören und beschimpfte ihn, und ich saß nur mit geschlossenen Augen und gesenktem Kopf in meinem Stuhl und wünschte, sie wären nie gekommen. So hatte ich mir den Besuch nicht vorgestellt – alle schrien und stritten. Ich fühlte mich, als wäre ich wieder ein Kind.

Dann hörte ich Karen sagen: «Na los, mach schon!» Eine Weile lang sagte niemand etwas, aber dann sagte Pete: «Hey, tut mir leid, dass ich dich getreten habe. Ich habe es nicht so gemeint.»

Am liebsten hätte ich gesagt: «Ach ja, und das, was du gesagt hast, hast du auch nicht so gemeint, oder wie?», aber ich wollte ihn nicht daran erinnern. Natürlich wusste ich, dass es Pete eigentlich gar nicht leidtut. Ich bin ja nicht blöd. Aber es war schön, dass sie alle nett zu mir waren, wenn Sie wissen, was ich meine. Als ich die Augen wieder aufmachte, kniete Cheryl neben mir und hatte einen Arm um mich gelegt, und Karen stand gebückt vor mir. Alle waren sehr rücksichtsvoll, als würden sie mich wirklich mögen.

Ich war immer noch ein bisschen traurig, aber nicht mehr so schlimm. Es war wie früher als Kind, wenn man hingefallen war oder sich gestoßen hatte und es wie verrückt wehtat, aber dann die Mama kam und etwas Butter draufgemacht hat und es nach einer Weile nicht mehr so wehtat, und man sich ganz behaglich fühlte, weil sich jemand um einen kümmerte.

«Wieder alles gut?», fragte Cheryl, und ich nickte und schaute weg, weil ich ihr genau in den Ausschnitt gucken konnte und außerdem eine ihrer Brüste mein Bein berührte, was mir vorher gar nicht aufgefallen war.

«Wie geht es deinem Kopf?», fragte Karen. Ich hob meine Hand und berührte die Beule. Es tat weh, und das sagte ich auch. Karen schaute sich die Beule an und sagte: «Es blutet aber nicht. Gut, dass du einen dicken Schädel hast», und ich sagte: «Soll ich Butter draufmachen?», und da lachten alle, als hätte ich einen Witz gemacht. Deshalb lächelte ich schnell, als hätte ich es lustig gemeint.

Dann sagte Pete: «Riecht es hier verbrannt?» Wir schnupperten alle. Ich konnte auch etwas riechen. «Hast du die Hotdogs in den Ofen getan?», fragte Karen, und ich dachte nicht mehr an meinen Kopf und rannte in die Küche.

Drinnen roch es total verbrannt. Der Geruch wurde noch stärker, als ich den Ofen ausschaltete und aufmachte. Mit einem Geschirrhandtuch nahm ich das Backblech raus. Die

Hotdogs waren total verkohlt, besonders die, die hinten auf dem Blech lagen. Vorne waren sie einigermaßen in Ordnung. Ich nahm ein Messer, kratzte die schlimmsten Stellen ab, legte sie auf einen Teller und brachte sie raus.

Pete schaute sie an und meinte: «Der Kohlenmann war da», aber Cheryl sagte, dass sie es mag, wenn die Hotdogs gut durch sind, und Karen stimmte ihr zu. Als Pete dann von einem abbiss und sich den Mund verbrannte, lachten Karen und Cheryl und sagten, es würde ihm recht geschehen, wenn er so gierig ist. Ich musste daran denken, was er über mich und den Pub gesagt hatte, und lachte auch. Aber nicht zu sehr, sonst würde er noch wütend werden und mich wieder treten. Er trank seine Bierflasche aus und schüttelte sie. «Tja, das war's dann wohl», meinte er und rülpste. Mir gefiel das nicht, aber Karen und Cheryl schien es nichts auszumachen. Wir anderen hatten noch etwas Bier übrig, und Pete schaute auf Cheryls Glas und sagte: «Du willst deins nicht mehr, oder?» Er wollte sich das Glas nehmen, doch Karen schlug ihm auf die Hand. «Finger weg», sagte sie. «Sie trinkt es noch. Du hattest sowieso mehr als wir.» Obwohl sie recht hatte, schaute er nun mich an und sagte: «Was ist mit dir, Nigel? Willst du deins noch?»

Erst wollte ich nein sagen, doch dann dachte ich, dass ich kein Bier mehr kriegen würde, wenn ich ihm meins gebe, und irgendwie hatte ich noch Lust auf welches. Aber ich kam nicht dazu, etwas zu sagen, weil Karen meinte: «Ja, er will seins auch noch.»

Pete seufzte und sagte: «Schon in Ordnung, ich hab ja nur gefragt.» Er sah genervt aus. Dann schaute er auf seine Uhr und meinte: «Bald machen die Pubs wieder auf.» Mir wurde kalt. Es konnte nur bedeuten, dass er gehen will.

«Öffnen sie am Feiertag nicht später?», fragte Karen, aber Pete meinte: «Nicht alle. Manche haben den ganzen Tag auf. Irgendwo finden wir bestimmt einen.»

«Kannst du nicht noch ein bisschen warten?», sagte Karen, aber er sagte: «Nein, kann ich nicht. Wenn man nachmittags anfängt und dann eine Pause einlegt, fühlt man sich wie Scheiße. Man muss durchmachen, sonst kommt man nie wieder richtig rein.»

Karen sagte, er soll den Mund halten und noch einen Hotdog essen, was er auch tat. Aber er sah nicht glücklich aus. Ich wusste, dass er nicht mehr lange bleiben würde, wenn er nichts mehr zu trinken bekommt. Vor kurzem wollte ich noch, dass sie alle verschwinden, aber jetzt nicht mehr. Denn jetzt verstanden wir uns gerade wieder. «Vielleicht finde ich noch was», sagte ich.

«Was, mehr Bier?», meinte Pete total begeistert. Als ich nein sagte, war es mir peinlich, denn sie schauten mich alle an. «Es könnte doch noch eine Flasche da sein.»

«Was für eine?», wollte Pete wissen.

«Weiß ich nicht», sagte ich, und er meinte: «Scheiß drauf, ist auch egal. Hol sie her!»

Da ich vorher gesagt hatte, dass nichts zu trinken da ist, und jetzt meinte, es ist doch noch etwas da, kam ich mir ein bisschen blöd vor. Aber es war tatsächlich noch eine Flasche im Pub, und als ich gesagt hatte, dass ich nicht weiß, was für eine, hatte ich es ernst gemeint, denn sie war ausländisch und hatte ein komisches Etikett. Als meine Mama damals von meinem Papa verlangt hatte, dass er den Pub verschönern soll, damit gehobenere Gäste kommen, hat er eine Flasche von diesem Zeug gekauft. Aber niemand wollte es trinken, und nachdem es eines Abends ein Kerl vom Stahlwerk probiere und sagte, es würde abscheulich schmecken, hat es erst recht keiner mehr bestellt. Mein Papa räumte die Flasche in einen der Schränke unter der Theke und vergaß sie. Als meine Mama dann wollte, dass ich alle Flaschen ausschütte, hat sie auch nicht mehr daran gedacht, und erst als ich Ewigkeiten danach die Dartpfeile suchte, um ein Spiel zu machen, fand ich die Flasche wieder.

Es sah aus wie Gin oder Wodka und hatte ein echt schönes Etikett, das irgendwie exotisch wirkte. Den Sumpfhühnern hatte ich sie nicht geben wollen, weil es mir wie eine Verschwendung vorkam, und nun war ich froh darum. Ich nahm sie aus dem Schrank und ging wieder nach draußen. Als Pete die Flasche sah, meinte er sofort: «Tequila, großartig! Jetzt kommen wir zur Sache!» Er war total aufgeregt, und Cheryl und Karen auch. Ich war echt zufrieden mit mir.

«Hast du Tonic da?», fragte Pete, und ich schüttelte enttäuscht den Kopf. Aber er meinte: «Macht nichts, es ist noch Limonade übrig, oder? Damit geht's auch.» Er grinste Karen und Cheryl an und sagte: «Wunderbar! Wir können Rapido machen!»

Als ich losging, um die Limonade aus der Küche zu holen, rief Pete hinter mir her: «Bring auch ein Handtuch mit!» Ich hatte keine Ahnung, wozu er ein Handtuch braucht, denn er hatte ja nichts verschüttet. «Ein Handtuch?», rief ich, und er meinte: «Ja, du weißt schon, so ein Lappen, mit dem man sich die Hände abtrocknet.» Ich holte eins und gab es ihm gemeinsam mit der Limoflasche. Ich war froh, dass ich eine große gekauft hatte.

«Na los, macht eure Gläser leer», sagte Pete, und Karen und Cheryl tranken ihr Bier aus. «Du auch, Nigel», sagte er. «Das wird dir gefallen.» Ich trank mein Bier so schnell aus, wie ich konnte, weil er jetzt echt freundlich war und sich nicht lustig machte oder so. Ich konnte mein Glas nicht so schnell austrinken wie Karen und Cheryl und musste mich ein bisschen schütteln, aber irgendwann war es auch leer. Pete schenkte etwas Tequila in sein Glas und füllte es mit Limonade auf. Dann wickelte er das Handtuch um den Boden des Glases, legte oben seine Hand drüber und knallte es voll auf den Tisch.

Ich zuckte zusammen, denn damit hatte ich nicht gerechnet, aber Cheryl und Karen kicherten nur. Das Zeug im Glas zischte und sprudelte, und Pete trank es in einem Zug aus und meinte: «Ahh, wunderbar!»

«Na los, mach uns auch einen», sagte Karen, und er machte noch einmal das Gleiche und gab ihr das Glas. Sie trank es auch in einem Zug aus, genauso wie Cheryl. Sie kicherte und meinte: «Es ist mir in die Nase geschossen», und dann schenkte Pete mein Glas voll, knallte es auf den Tisch und gab es mir.

Bis zu diesem Moment hatte ich das Zeug gar nicht trinken wollen. Ich hatte einfach nur mitgemacht, und als ich das Glas anschaute, musste ich daran denken, wie der Stahlarbeiter das Gesicht verzogen hatte, und traute mich nicht, es zu probieren. Aber dann meinte Karen: «Na los, sonst sprudelt es nicht mehr!» Da sie mich alle anschauten, hielt ich einfach die Luft an und trank einen Schluck. Es schäumte total und schoss mir direkt in die Nase, sodass ich husten musste. Ich hatte gedacht, es wäre scheußlich, aber es schmeckte eher wie Limonade, nur nicht so süß. Und als Pete meinte: «Na los, auf ex!», kippte ich es in einem Zug runter.

Meine Augen tränten ein bisschen, aber mehr nicht. Pete meinte: «Guter Junge!», und ich grinste ihn an. Ich fühlte mich wieder gut, echt super. Er machte sich bereits einen neuen, und Karen erzählte, dass sie einmal einen Film gesehen hatte, in dem sich jeder mit Rapido betrinkt. «Ein Western?», fragte Pete, und sie sagte: «Nein, es war ein ausländischer Film. Die Frau darin wurde wahnsinnig und hat sich ein Auge ausgestochen, und dann wurde sie in eine Irrenanstalt gesteckt, und ihr Freund hat sie mit einem Kissen umgebracht.»

«Wie, hat er sie damit geschlagen?», meinte Cheryl, und Karen begann so heftig zu lachen, dass ich dachte, sie würde ersticken. «Nein, du blöde Kuh», sagte sie. «Er hat es ihr aufs Gesicht gedrückt, bis sie keine Luft mehr bekam.»

«Keine schlechte Idee», sagte Pete, und Karen meinte: «Ja, genau, kannst du ja mal versuchen», aber sie machten nur Spaß. Cheryl trank noch einen Rapido und sagte dann: «Warum hat er sie umgebracht?»

«Weil sie verrückt geworden ist», meinte Karen.

«Hört sich bescheuert an», sagte Cheryl, und Karen meinte: «Ja, war es auch. Außerdem hatte der Film Untertitel, man hat kaum kapiert, was eigentlich passiert. Aber dafür waren eine Menge Sexszenen drin.»

«Klingt ganz wie ein Film nach meinem Geschmack», sagte Pete. Er hatte mir gerade einen Rapido gemacht, den ich dieses Mal gleich in einem Schluck trank. Ohne nachzudenken, sagte ich: «Ich habe so ein Video.»

Die Worte waren mir einfach rausgerutscht. Jetzt schauten mich alle an, und Pete meinte: «Was, einen Porno?» Er hatte ein Grinsen aufgesetzt. Ich konnte nicht glauben, dass ich das Video erwähnt hatte, das ich doch eigentlich geheim halten wollte. Ich wollte nein sagen, aber er meinte: «Du hast echt einen Porno? Das kleine, geile Schwein guckt sich Pornos an!»

Ich hätte mir am liebsten die Zunge abgebissen. Ich konnte Cheryl und Karen nicht mehr anschauen. Ich wartete, dass sie etwas sagen, dass sie mich krank oder pervers oder so schimpfen.

«Ist er gut?», fragte Karen.

«Keine Ahnung. Ich hab ihn nicht gesehen», sagte ich ein bisschen überrascht. «Der Mann hat ihn mir aus Versehen gegeben.»

«Na klar, jede Wette», meinte Pete. «Das sollen wir dir glauben?»

«Erinnerst du dich an den Film, den wir letzte Woche gesehen haben?», fragte Karen Pete. «Verdammte Scheiße, einer der Typen hatte so ein Riesenteil, dass mir allein vom Zugucken die Tränen gekommen sind. Gott weiß, wo die Frau den hingesteckt hat.»

«Dahin, wo sie auch alles andere gesteckt hat», sagte Pete, und alle lachten. Dann sagte er: «Wie wäre es, wenn wir mal reinschauen?» Ich bekam panische Angst und sagte: «Ich weiß nicht, wo das Video ist», aber er lachte nur und meinte: «Wer's glaubt, wird selig.»

«Wenn da was Komisches drin vorkommt, gucke ich den Film nicht», sagte Cheryl. «Ich mag es nicht, wenn sich Leute gegenseitig mit Nadeln stechen oder so.»

«Verdammte Scheiße, es ist ein Porno und nicht *Emergency Room*!», meinte Pete, aber Cheryl sagte: «Du weißt genau, was ich meine», und Karen sagte: «Ja, ich weiß, solche Filme will ich auch nicht sehen.»

Ich hatte keine Ahnung, wovon sie sprachen, aber was

wäre, wenn in dem Film solche Sachen vorkommen? Ich hatte ihn ja nicht gesehen. «Ich weiß nicht, was darin vorkommt», sagte ich. «Ehrlich.» Ich hoffte, das würde sie abhalten, aber dem war nicht so.

«Na schön», meinte Pete und stand auf. «Es gibt nur eine Möglichkeit, um das herauszufinden.»

Kapitel 25

Es war echt komisch, mit ihnen nach oben zu gehen. Sie waren so laut, dass mir die Wohnung gar nicht mehr wie mein Zuhause vorkam. Aber das Wohnzimmer sah schön aus, die Sonne schien durch die Fenster, und ich war froh, dass ich aufgeräumt hatte. Obwohl ihnen das gar nicht auffiel. Pete setzte sich sofort auf das Sofa vorm Fernseher und meinte: «Okay, dann leg mal das Video rein.»

Karen setzte sich neben ihn, und Cheryl nahm den Sessel meiner Mama. Das war ein bisschen komisch, aber ich war froh, dass sie dort saß und nicht Pete. Als ich den Fernseher anmachen wollte, war vor meinen Augen alles verschwommen, sodass ich die Knöpfe nicht richtig erkennen konnte. Aber ich schaffte es, und dann versuchte ich mich zu erinnern, was ich mit dem Video gemacht hatte. Ich wusste, dass ich es an einem sicheren Ort versteckt hatte, aber mir fiel nicht mehr ein, wo. Ich hasse es, wenn mir solche Dinge nicht mehr einfallen. Ich hatte das Gefühl, mein Kopf muss durchgespült werden. Ich fragte mich sogar, ob ich das Video zurück in den Laden gebracht und die Sache vergessen hatte. Aber daran hätte ich mich bestimmt erinnert.

Ich wühlte durch die Videos, die auf dem Boden lagen, obwohl ich mir ziemlich sicher war, dass es nicht dabei ist.

Die Titel konnte ich sowieso nicht richtig erkennen. Pete meinte: «Was ist los?», und ich sagte: «Ich kann es nicht finden.» Ich kam mir total blöd vor. «Erzähl mir nichts», meinte Pete, und ich wollte ihm gerade sagen, dass ich es ernst meine, als mir einfiel, dass ich es in die Anrichte getan hatte. Ich war so froh, dass ich es gleich holte und erst dann dachte, ich hätte auch weiter so tun können, als hätte ich es vergessen.

Aber ich stand richtig neben mir. Wie ferngesteuert steckte ich das Video in den Recorder. «Ich hoffe nur, der Film ist gut», meinte Pete, und Karen sagte ihm, er soll den Mund halten. «Ich hasse diese Filme, wo sie nur so tun als ob», sagte er, und ich sagte: «Ich kann auch einen anderen einlegen, wenn du willst. Ich habe auch *Bambi*, wenn ihr wollt», sagte ich. Sie starrten mich an.

«Meinst du den echten *Bambi*-Film?», fragte Pete. «Ja», sagte ich, «mit Klopfer und so.»

Niemand sagte etwas. Dann lachten sie sich mit einem Mal kaputt. Ich hatte keine Ahnung, was an meinen Worten lustig gewesen war, aber da ich wohl einen Witz gemacht hatte oder so, begann ich auch zu lachen. Sie kriegten sich gar nicht mehr ein. Pete und Karen kreischten vor Lachen, und Cheryl machte diese komischen Schnaubgeräusche, hielt sich den Bauch und stöhnte und prustete dann wieder laut los. Nach einer Weile rieb sich Pete die Augen und meinte: «O Scheiße, ich kann nicht mehr. Nigel, du bist ein verdammtes Genie.» So etwas zu sagen, fand ich echt nett von ihm. Aber mir war immer noch nicht klar, welchen Film sie sehen wollen. «Soll ich jetzt *Bambi* einlegen oder den anderen Film?», fragte ich, und da prusteten wieder alle los.

«Ich glaube, *Bambi* gucken wir mal irgendwann anders, Nigel», sagte Pete, nachdem er wieder sprechen konnte. Als ich den Film dann starten wollte, meinte er: «Einen Moment, hat jemand die Gläser mitgenommen?»

Da wir sie vergessen hatten, sagte er zu mir: «Geh runter und hol sie, Nigel. Und das Handtuch.» Ich stand auf, um loszugehen, aber dann meinte er: «Ich helfe dir», und stand auch auf. Ich sagte ihm, dass ich es allein schaffen würde, denn es waren ja nur vier leere Gläser. Durch die Arbeit im Pub konnte ich viel mehr Gläser auf einmal tragen. Aber er sagte: «Nein, schon in Ordnung», und schob mich regelrecht raus auf den Flur.

Ich dachte, er hätte es eilig, und wollte sofort die Treppe runter, aber er packte mich am Arm und sagte: «Lauf nicht weg. Wo sind denn die Schlafzimmer?» Ich wusste nicht, was er meint, aber dann sagte er: «Du hast gesagt, wir können eins haben», und ich erinnerte mich. «Komm schon, starr mich nicht so an», sagte er. «Du kannst jetzt keinen Rückzieher mehr machen.»

Ich glaubte nicht, dass ich ihm gesagt hatte, er könnte eins haben, jedenfalls nicht eindeutig. Aber so wie er da vor mir stand, konnte ich kaum richtig denken. Dann meinte er: «Ich habe Cheryl nicht gesagt, dass du eine Jungfrau bist, oder?», was nicht stimmte, denn er hatte mich so genannt, als er mich getreten hatte. Ich fragte mich, ob ich das sagen soll, aber er meinte nur: «Ach, scheiß drauf», und zeigte auf die Tür neben ihm. «Was ist dadrin?» – «Badezimmer», sagte ich. «Und hier?», meinte er und ging zur nächsten Tür.

«Das war das Schlafzimmer von meinen Eltern», sagte ich, womit ich andeuten wollte, dass er nicht reingehen soll. Doch er machte bereits die Tür auf. Ich mochte es nicht, dass er einfach so reinstürzte, und folgte ihm, aber bevor ich etwas sagen konnte, meinte er: «Ja, das passt. Schönes, großes Doppelbett. Großartig!»

«Das kannst du nicht haben!», sagte ich. «Es war das Zimmer meiner Eltern!»

«Was für Zimmer gibt's denn noch hier oben?», fragte er, und ich sagte: «Nur noch meins», und er meinte: «Willst du das hier für dich und Cheryl haben?»

«Nein!», sagte ich, und er: «Was ist dann dein Problem? Ihr beide nehmt deins, und ich und Karen nehmen dieses, okay?»

So hatte ich es nicht gemeint, und das wusste er genau! «Das war das Zimmer meiner Eltern!», sagte ich, aber er meinte nur: «Ja, ich weiß, das hast du schon gesagt.» Dann grinste er und sagte: «Keine Angst, wir machen schon nichts kaputt», und ging raus. Ich folgte ihm, denn er durfte das Zimmer oder das Bett von meiner Mama und meinem Papa nicht nehmen, er durfte einfach nicht! Doch er ging schnurstracks zurück ins Wohnzimmer und machte die Tür zu.

Ich blieb im Flur stehen. Ich hörte, wie Cheryl und Karen über etwas lachten, was Pete gesagt hatte, und dachte, ich würde explodieren. Und ehe ich etwas dagegen tun konnte, rief ich: «Du Scheißkerl!»

Ich konnte nicht glauben, dass ich das gesagt hatte. Ich hatte so ein Wort noch nie benutzt. Niemals. Ich wurde ganz starr und wartete darauf, dass etwas Schlimmes passiert. Aber nichts geschah. Da sie im Wohnzimmer die ganze Zeit lachten und redeten, hatten sie mich wohl nicht einmal gehört. Es war, als hätte ich gar nichts gesagt. Eine Weile stand ich noch dort im Flur, dann ging ich nach unten.

Der Biergarten wirkte verlassen und komisch. Überall

standen leere Gläser und Tassen und so weiter rum, aber niemand war dort. Ein dicker grüner Brummer war in einer der Flaschen gefangen. Ich schüttelte sie. Der Brummer landete mit dem Rücken in dem Bierrest am Boden. Ich kam mir gemein vor, denn er hatte mir nichts getan und konnte zu allem nichts dazu. Als ich die Flasche auf dem Boden auskippte, war der Brummer total nass und hatte die Beine zusammengerollt. Ich versuchte, ihn aus der Bierlache zu stupsen. Er zappelte umher, brummte leise und sah total traurig aus. Da nahm ich die Flasche und zerquetschte ihn.

Ich wurde wieder ganz traurig. Die Sonne war immer noch total heiß und grell, und mir verschwamm alles vor den Augen. Ich setzte mich auf den Stuhl, auf dem Cheryl gesessen hatte. Er war richtig warm, und wenn ich daran dachte, dass ihre nackten Beine ihn berührt hatten, wurde mir ganz anders. Ich musste daran denken, wie Karen mir ihre Bräune – und praktisch alles andere – gezeigt hatte, und dann wusste ich auf einmal nicht mehr, warum ich eigentlich traurig war. Ich nahm die Gläser und ging wieder nach oben.

Pete lag vor dem Videorecorder auf dem Boden. «Dafür, dass du den Film nicht gesehen hast, muss er verdammt weit zurückgespult werden», meinte er. Er stand auf und setzte sich neben Karen. «Hast du keine Fernbedienung?» Ich sagte nein und stellte die Gläser auf den Couchtisch. Karen schaute sie an und meinte: «Igitt, daraus trinke ich nicht, die sind schmutzig! Außerdem wissen wir nicht, wer welches gehabt hat.»

Das war mir echt peinlich, denn sie hatte recht. Ich hätte die Gläser wenigstens schnell ausspülen können. Ich hatte keine Ahnung, was ich mir dabei gedacht hatte, sie so schmutzig hochzubringen. «Ja, nehmen wir ein paar saubere», sagte Pete. «Das ist ein Pub hier, du musst Unmengen an Gläsern haben.»

Haben wir auch, aber ich hatte langsam genug davon, ständig rauf- und runterzulaufen. Meine Mama hatte unsere besten Gläser – die, die wir selbst benutzten – in der Anrichte aufbewahrt. Als ich vier davon rausnahm, meinte Pete: «Oh, die guten Gläser.» Da ich immer noch ein bisschen sauer auf ihn war, sagte ich: «Es sind die besten, also sei vorsichtig mit ihnen.» Aber er grinste nur und sagte: «Er meint dich, Cheryl, weil du seine Teekanne kaputt gemacht hast.»

Ich hatte aber gar nicht Cheryl gemeint. Ich hatte bis zu diesem Moment nicht einmal mehr an die Teekanne gedacht. Cheryl sagte: «Bitte …», als wollte sie nicht daran erinnert werden. Ich auch nicht, aber das war Pete wahrscheinlich egal. Er war so damit beschäftigt, Rapido zu machen, dass er nicht sah, wie ich eine Grimasse schnitt.

Als ich mich umdrehte, sah ich, dass Cheryl mich beobachtete. Sie grinste, und ich grinste zurück. Das war ein echt gutes Gefühl. Als würde sie auf meiner Seite stehen.

Den nächsten Rapido trank ich wie die anderen in einem Zug aus. Erst als ich fertig war, wurde mir klar, dass ich gar keinen mehr gewollt hatte. Für einen Augenblick dachte ich, mir wird schwindlig oder übel oder so. Aber dann ging es vorbei, und ich fühlte mich ein bisschen benommen, aber ganz in Ordnung.

«Okay, dann schauen wir uns mal dieses Video an», sagte Pete, und ich hockte mich auf den Boden, um es anzumachen.

Ich konnte die Knöpfe nicht genau erkennen, aber irgendwie muss ich den richtigen gefunden haben, denn das Video begann zu laufen. Als ich wieder aufstand, drehte sich alles, sodass ich mich schnell hinsetzte. Ich fühlte mich echt komisch. Alles schien irgendwie zu kommen und zu gehen, wenn Sie wissen, was ich meine. Zuerst achtete ich nicht einmal auf den Film. Ich konnte die Musik hören, die ganz kratzig klang, und dann Gespräche, aber mehr nicht. Dann hörte ich Pete lachen, und Karen meinte: «Ach du Scheiße!», und Cheryl kicherte irgendwie entsetzt. Als ich meine Augen aufmachte, sah ich eine Menge Leute auf dem Bildschirm, die alle keine Sachen anhatten. Ich weiß nicht, ob ich eingeschlafen war, denn ich konnte mich nicht daran erinnern, diese Szene beim ersten Mal gesehen zu haben. Es war ein heilloses Durcheinander aus Armen, Beinen und anderen Körperteilen, und ich konnte kaum erkennen, was was war. Ich schaute hinüber zu Karen und Cheryl und Pete. Sie grinsten, als würden sie eine Quizshow oder so angucken.

«Halt das Band an, schnell! Nigel, spul zurück!», rief Pete, und Cheryl und Karen meinten: «O nein», aber beide lachten. Ich rührte mich nicht, und Pete meinte: «Scheiße, gleich ist es vorbei», und sprang auf den Boden. Er muss die Taste für den Schnellvorlauf erwischt haben, denn das Video lief plötzlich schneller, und alle lachten. Dann spulte er es zurück, und da mussten sie auch lachen. Es sah aber auch echt lustig aus. «Ich wette, eine Zeitlupe gibt es auch nicht», sagte er, und ich schämte mich ein bisschen, weil er recht hatte. Er spulte es ein bisschen zurück, drückte dann auf Pause und meinte: «Zeit für den nächsten Rapido.»

Ich wollte keinen mehr und sagte: «Ich nehme nur Limonade», aber er meinte: «Sei kein Weichei, du kriegst auch einen.» Da mir dazu nichts einfiel, schaute ich auf das eingefrorene Bild auf dem Fernseher. Ich konnte nicht sagen, was es war, denn es war eine Nahaufnahme und total verschwommen.

Pete gab mir den Rapido, aber ich trank nur einen kleinen Schluck und stellte das Glas hin. Da sie jetzt wieder das Video anguckten, fiel es keinem auf. Ich versuchte, nicht hinzuschauen, aber ich konnte nicht anders. Wenn der Fernseher an ist, muss man einfach hingucken, oder? Nach einer Weile begannen Pete und Karen zu tuscheln, und sie schaute zu mir rüber. Ich guckte ganz schnell weg und tat so, als hätte ich es nicht gesehen. Sie kann es nicht bemerkt haben, denn sie sagte nichts. Die beiden tuschelten wieder miteinander und kicherten, dann sagte Pete: «Okay, ihr beiden, bis gleich.» Als er mit diesem dämlichen Grinsen im Gesicht aufstand, dachte ich im ersten Moment, die beiden wollen ganz gehen. Aber dann sagte Karen: «Ja, bis in zwei Minuten, so wie ich ihn kenne», und Pete meinte: «Ach ja?», und sagte dann: «Wir versuchen, nicht zu laut zu sein.» Und da wusste ich, dass sie ins Schlafzimmer gehen wollen.

Ich überlegte, was ich sagen könnte, um sie davon abzuhalten, aber mir fiel nichts ein. Karen sagte: «Kommst du klar, Sweetie?» Cheryl meinte: «Ja, kein Problem», und die beiden grinsten sich an. Dann gingen Pete und Karen raus, und ich war mit Cheryl allein.

Kapitel 26

Ich hörte, wie die Schlafzimmertür meiner Eltern auf- und zuging. Ich hatte gedacht, ich könnte es nicht ertragen, wenn Karen und Pete in dem Zimmer sind, aber es machte mir nichts aus. Ich konnte nur noch daran denken, dass ich mit Cheryl allein war. Jetzt, wo nur noch wir hier waren, kam mir das Wohnzimmer leer vor, und ich wünschte, Pete und Karen würden zurückkommen. Ich wusste nicht, was ich sagen soll. So sehr ich mich auch bemühte, mir fiel einfach nichts ein. Ich saß total angespannt da und tat so, als würde ich den Film anschauen. Aber als ich sah, was dort vor sich ging, musste ich wegucken. Es war schon schlimm genug gewesen, als Karen und Pete noch da waren, aber jetzt, wo nur noch Cheryl und ich den Leuten dabei zuschauten, wie sie unanständige Sachen machten, war es echt komisch und peinlich.

Aus dem Augenwinkel beobachtete ich Cheryl. Sie saß immer noch ein bisschen zusammengesackt in ihrem Sessel, das Gesicht gerötet. Als ich gerade etwas sagen wollte, fiel mir wieder auf, dass ihre Arme und Beine ganz nackt waren, und das erinnerte mich an das Video, sodass ich vergaß, was ich sagen wollte. Ohne nachzudenken, meinte ich dann: «Willst du noch einen Rapido?»

Die Idee kam mir total gut vor. Einfach die Party wieder ankurbeln und so. Sie sah mich an und meinte: «Okay», und erst in dem Moment fiel mir ein, dass ich gar nicht genau wusste, wie man ihn macht. Ich hatte keine Ahnung, wie viel ich einschenken oder wie hart ich das Glas auf den Tisch knallen muss oder so. Und eigentlich wollte ich keinen mehr.

Aber jetzt hatte ich sie gefragt und konnte nicht nur einen für sie und keinen für mich machen. Da in meinem Glas noch etwas war, zwang ich mich, es auszutrinken, doch schon nach einem Schluck musste ich würgen. Mir wurde ganz kalt, ich musste einen Moment still sitzen. «Alles in Ordnung?», fragte Cheryl. Es freute mich, dass sie sich Sorgen macht, aber ich wollte nicht, dass sie denkt, mir wäre wegen der Rapidos schlecht oder so. Besonders weil sie mehr getrunken hatte als ich. Deshalb sagte ich bloß, dass alles in Ordnung ist, und stand auf, wobei ich beinahe umgekippt wäre.

Ich dachte, mir würde wirklich übel werden. Mir war ganz heiß und kalt, ich schwitzte und musste mich auf die Lehne des Sofas setzen. Am liebsten hätte ich gesagt, dass ich keinen Rapido mehr will, aber ich traute mich nicht, den Mund aufzumachen. Dann kicherte Cheryl und sagte: «Bist du ein bisschen besoffen?», und ich schluckte und sagte: «Nein, alles in Ordnung», und stand wieder auf, aber etwas vorsichtiger diesmal. Ich setzte mich auf Petes Platz auf dem Sofa, und Cheryl gab mir ihr Glas. Ich hätte es beinahe fallen gelassen, denn als sie sich vorbeugte, konnte ich ihre Brüste sehen, jedenfalls einen großen Teil von ihnen. Ich schaute wieder weg und versuchte mich zu erinnern, ob Pete zuerst den Tequila oder die Limonade ins Glas geschüttet hatte. Ich wusste nicht, ob es einen Unterschied macht, aber vielleicht war es wichtig. Wie bei diesen Damengetränken, wo man blaues und rotes Zeug in ein Glas tut und beides sich nicht vermischt.

Schließlich nahm ich zuerst den Tequila, weil ich ja etwas tun musste und nicht wollte, dass Cheryl denkt, ich habe keine Ahnung. Ich schenkte sicherhaltshalber eine ordentliche Portion ein, tat dann etwas Limonade dazu, bedeckte das Glas mit einer Hand und knallte es auf den Tisch. Ich hatte Angst, dass es kaputtgeht oder nicht richtig funktioniert, aber es sprudelte genauso wie bei Pete. «Oh, du bist ja ein echter Profi», meinte Cheryl, was mich total freute. Ich sagte: «Auf ex», und sie lachte und trank das Glas in einem Zug aus. Dann verzog sie das Gesicht und sagte: «Gott, wieviel Tequila war denn dadrin?» Aber sie grinste, und ich wusste, dass es ihr gefallen hatte. «Ein bisschen», sagte ich, und sie sagte: «Ja, und ein bisschen mehr», und wir lachten beide. Ich hoffte, dass ich drum herumkommen würde, noch einen zu trinken, aber Cheryl meinte: «Na los, jetzt bist du dran.»

«Ich habe noch», sagte ich, aber sie meinte: «Das ist ungerecht. Du kannst nicht nur mir einen geben.» Dann legte sie eine Hand vor den Mund und kicherte. Ich wusste nicht, was sie daran lustig fand, aber ich grinste trotzdem. Obwohl ich nicht glaubte, dass ich noch einen Rapido vertragen würde. Aber da Cheryl mich beobachtete, hielt ich wie als Kind, wenn man etwas essen musste, was man nicht mochte, die Luft an und trank mein Glas ganz schnell aus. Danach war mir echt übel, und Cheryl sagte: «Na los, du liegst immer noch einen zurück.» Ich hätte fast gesagt, dass ich nicht mehr kann, aber ich wollte mich nicht blamieren und dachte, ich könnte es vielleicht geschickt anstellen. Ich drehte mich so, dass Cheryl nicht sehen konnte, was ich mache, und schenkte kaum Tequila in mein Glas. Es sprudelte trotzdem, und Cheryl meinte: «Auf ex», und jubelte, als ich es in einem Zug austrank. Ich fragte sie, ob sie noch einen will, aber sie sagte nein, grinste dann und meinte: «Du willst mich betrunken machen, oder? Ich weiß, was du vorhast.»

«Nein, will ich nicht», protestierte ich. «Ehrlich!» Ich wollte nicht, dass sie das denkt. Aber sie sagte: «Schon in Ordnung, war nur Spaß.» Dann lachte sie und sagte: «Ich bin sowieso schon besoffen. Und du?»

Ich wusste es nicht. Da ich noch nie betrunken war, konnte ich es nicht genau sagen. Es gefiel mir nicht, dass ich betrunken sein könnte, doch Cheryl schien es egal zu sein, und abgesehen davon, dass ich mich ein bisschen komisch fühlte, hatte ich total gute Laune. «Ein bisschen», sagte ich, und sie meinte: «Eher ein bisschen mehr», und mit einem Mal begannen wir wieder zu lachen.

Ich fühlte mich total wohl und war glücklich. Da saß ich mit Cheryl im Wohnzimmer, und wir lachten beide wie die Leute in der Werbung. Es war großartig. Jetzt war ich froh, dass Karen und Pete verschwunden waren, und es war mir überhaupt nicht mehr peinlich, dass wir allein waren. Dann guckte Cheryl zum Fernseher und sagte: «Ich weiß nicht, wie die so etwas tun können.»

Durch die Rapidos und so hatte ich das Video total vergessen. Als ich auf den Bildschirm schaute, erkannte ich kaum etwas, weil meine Augen nicht mehr scharf sehen konnten. Aber da klar war, dass die Leute immer noch unanständig waren, fragte ich: «Soll ich es ausmachen?»

«Nein, schon in Ordnung», sagte sie. «Es macht mir nichts aus. Ich kann nur nicht verstehen, wie jemand so etwas vor der Kamera tun kann. Man würde doch meinen, dass denen die Lust vergeht, wenn ihnen jemand zuschaut, oder?»

Ich sagte ja. Ich war ein bisschen überrascht, dass ich das Video nicht ausschalten soll, aber während ich noch versuchte, mir daraus einen Reim zu machen, hörte der Film auf. Das war mir eigentlich ganz recht, aber ohne ihn schien es plötzlich total still zu sein. Ich fragte sie, ob sie ein anderes Video sehen will, aber sie meinte: «Nein, muss nicht sein. Wenn man einen gesehen hat, kennt man alle, oder?» Zuerst fand ich ihre Meinung ein bisschen komisch, denn ein Western ist schließlich etwas ganz anderes als *Star Wars* oder so. Dann wurde mir klar, dass sie unanständige Filme gemeint haben muss, und fühlte mich schlecht, denn ich wollte nicht, dass sie denkt, ich hätte mehr als einen. Das wollte ich ihr erzählen, aber da lächelte sie mich nett, aber auch irgendwie komisch an und sagte: «Und, was machen wir jetzt?»

Mir fiel nichts ein. «Lust auf einen Hotdog?», fragte ich, und sie kicherte und meinte: «O ja, die Masche kenne ich.» Sie guckte mich total seltsam an und sprach auch wieder so undeutlich wie vorhin, als ihr übel geworden war. Ich hoffte, dass sie sich nicht wieder übergeben muss. «Welche Masche?», fragte ich, und sie sah mich ein bisschen enttäuscht an und meinte: «Egal.»

Ich machte den Fernseher aus. Danach kam es mir so dunkel im Zimmer vor, dass ich die Vorhänge aufzog. Mir brummte der Schädel, und ich ging schnell zurück zum Sofa. «Das ist unfair», sagte sie, «da kriegst du allein die ganze Sonne ab.» Sie hatte recht, denn das Sofa stand genau vor dem Fenster. «Willst du die Plätze tauschen?», fragte ich, aber sie meinte: «Schon gut, da ist Platz für uns beide», und dann kam sie rüber.

Sie setzte sich so nah, dass sie mich fast berührte. «Das ist schön», sagte sie, legte den Kopf zurück und machte die Augen zu. Es war wirklich schön. Wir saßen da, als wäre es unsere Wohnung und wir wären verheiratet oder so. Dann machte sie die Augen wieder auf und sah, dass ich sie angucke, obwohl ich so schnell, wie ich konnte, wegschaute.

«Was ist los?», meinte sie. Sie hatte wieder dieses komische Lächeln aufgesetzt.

«Nichts», sagte ich.

«Warum bist du so nervös?», fragte sie. Ich wusste nicht, was ich sagen soll, und meinte nur: «Bin ich nicht.»

«Doch, bist du», sagte sie. «Musst du aber nicht.» Ich guckte auf meine Hände, wusste aber, dass sie mich anschaut. Ich konnte kaum noch still sitzen. «Wie lange wohnst du hier schon alleine?», fragte sie.

Das war das zweite Mal in zwei Tagen, dass mir jemand diese Frage stellte. Es brachte mich total durcheinander. «Ungefähr drei Jahre», sagte ich. Ich konnte immer noch ihren Blick spüren.

«Fühlst du dich nicht einsam?», fragte sie.

«Nein», sagte ich.

«Überhaupt nicht?», meinte sie, und ich schüttelte den Kopf. Ich wünschte, sie würde nicht weiter darüber reden. «Aber ist es nachts nicht ein bisschen unheimlich?», fragte sie, und ich sagte: «Nein.» Ich rede nicht gerne über solche Dinge, und ich muss ein bisschen genervt gewirkt haben, denn sie meinte: «Es ist ja ganz nett hier und so. Nur ein bisschen … ruhig.»

«Das macht mir nichts. Ich mag es ruhig», sagte ich, und sie meinte: «Ja, aber du triffst nie andere Leute.»

«Doch, ich treffe eine Menge Leute», sagte ich. Das stimmt auch. Da gibt es Willy im Laden, die Leute im Imbiss und der Zeitungshändler, den ich nicht mag. Und die ganzen Leute bei der Arbeit. Man kann also echt nicht sagen, dass ich keine Leute treffe.

Eine Weile sagte Cheryl nichts. Dann rückte sie ein Stückchen näher und meinte: «Und was ist mit einer Freundin?»

«Was?», fragte ich.

«Eine Freundin», meinte sie. «Hast du schon mal eine gehabt?»

Ich wusste nicht, was ich sagen soll. Ich hatte Angst, dass sie mich so nennt, wie Pete mich genannt hat.

«Komm schon», sagte sie. «Mir kannst du es erzählen.»

Das wollte ich auch, ich wollte nur nicht, dass sie denkt, ich wäre komisch oder so. «Keine richtige», sagte ich.

«Was meinst du damit, keine richtige?», fragte sie. Ich schaute sie an, um zu gucken, ob sie lacht. Machte sie aber nicht. Sie hatte sich zu mir gedreht und ein Bein aufs Sofa gelegt, das fast meins berührte. Ich spürte, wie heiß es in der Sonne geworden war, und da wurde mir selbst heiß. Ich fühlte mich total verschwitzt.

«Eine Frau, die hier gearbeitet hat», sagte ich. «Was, eine Kellnerin?», fragte sie. Ich kam total durcheinander. «Nein», sagte ich. «Was dann?», fragte sie, und ich hatte wieder das Gefühl, völlig neben mir zu stehen und einem Fremden zuzuschauen und zuzuhören. «Eine Stripperin», sagte ich.

«Ihr hattet Stripperinnen hier?», meinte Cheryl grinsend. «Dann hatte Pete also doch recht damit, dass es so eine Art Puff war?»

«Nein!», sagte ich. «Das stimmt nicht, so war es nicht!», und sie hörte auf zu grinsen.

«Schon gut, Nigel, tut mir leid», sagte sie. «Das wollte ich nicht.» Sie war weggerückt, als hätte sie Angst vor mir oder so, was blöd war, und ich fühlte mich echt schlecht. Ich sagte: «Tut mir leid, ich wollte nicht laut werden», und sie meinte: «Schon gut, ich hätte das nicht sagen sollen.» Dann lächelte sie und sagte: «Ich glaube, wir sollten noch einen Rapido trinken», und so machte ich uns welche und tat dieses Mal auch Tequila in meinen.

«Dann bist du also mit einer Stripperin zusammen gewesen?», meinte Cheryl, nachdem wir ausgetrunken hatten. «Du bist echt ein stilles Wasser, oder?»

«Ich bin eigentlich nicht mit ihr zusammen gewesen», sagte ich. Ich wünschte, es wäre so gewesen, denn sie sah beeindruckt aus und überhaupt nicht geschockt. Aber ich konnte sie nicht anlügen. «Eine von ihnen war echt nett, ganz anders als die anderen», sagte ich und erzählte, wie Maureen mich immer ihren Freund genannt hatte.

Cheryl schaute mich an, als würde sie erwarten, dass ich noch mehr zu erzählen hatte oder so, und als ich nichts mehr sagte, meinte sie: «Und deswegen war sie deine Freundin?»

Ich nickte. Nachdem ich es erzählt hatte, kam es mir auch ein bisschen blöd vor. Aber Cheryl lachte nicht.

«Hast du sie mal geküsst?», fragte sie. Ich schüttelte den Kopf und spürte, wie ich rot wurde. «Hast du ihr gerne dabei zugeschaut, wenn sie sich ausgezogen hat?»

«Ich habe ihr nie zugeschaut», sagte ich. Ich wollte nicht, dass sie einen falschen Eindruck bekommt. «Ich habe keiner von den Frauen zugeschaut.»

«Was, nie?», fragte sie. «Warum nicht?»

Fast hätte ich gesagt: «Weil meine Mama es nicht erlaubt hat», aber dann hätte ich ein bisschen blöd ausgesehen, deshalb sagte ich: «Es hätte meiner Mama nicht gefallen.» Aber das klang auch nicht viel besser.

«Hat deiner Mutter das mit den Stripperinnen denn sonst gefallen?», fragte Cheryl. Sie sprach noch undeutlicher als vorher.

«Nein», sagte ich.

«Warum nicht?», meinte sie. «Es ist doch nichts Falsches daran, wenn man einer Frau dabei zusehen will, wie sie sich auszieht. Das ist etwas ganz Natürliches.» Sie hatte eine Hand auf meinen Arm gelegt. Es gefiel mir, es machte mich aber auch ein bisschen verlegen.

«Das hat mein Papa auch gesagt», erzählte ich ihr. «Er meinte, es wäre nur ein bisschen Spaß, aber das wollte meine Mama nicht hören. Doch sie hatte keine andere Wahl, denn es kamen immer weniger Gäste.» Mir war klar, dass ich den Mund halten und über etwas anderes reden sollte, aber ich konnte nicht. Ich hatte diese Sachen noch nie jemandem erzählt. Ich hätte auch gar nicht gewusst, wem. Aber Cheryl hörte richtig zu, als wäre sie total interessiert. Ich wollte es ihr erzählen, selbst wenn es mich traurig machte.

Also erzählte ich von den geschlossenen Veranstaltungen. Wie sie anfingen und so weiter. Cheryl sagte nichts, außer «Schlechte Manieren», als sie einmal rülpste. Ich erzählte ihr, wie meine Mama immer sauer wurde und wie mein Papa mit den Gästen immer mehr zu trinken begann. Und dann kam ich an die Stelle, wo mein Papa von der Polizei verwarnt wurde, und hörte auf. Über das, was danach kam, wollte ich nichts erzählen. Nicht einmal Cheryl.

«Und dann?», fragte sie, und ich sagte: «Das war's.» Sie

sah ein bisschen enttäuscht aus und meinte dann: «Hat dein Vater danach mit den geschlossenen Veranstaltungen aufgehört?»

«Ihm war klar, dass er sie nicht mehr im Pub machen konnte», sagte ich. Das war nicht gelogen.

«Und was ist mit den Stripperinnen? Hat er die noch auftreten lassen?»

«Noch eine Weile», sagte ich.

«Wolltest du echt nie zuschauen?», fragte sie. Ich zuckte nur mit den Schultern. «Warum hast du es dann nicht getan? Deine Mama hätte es doch nie erfahren, wenn du mal hingeguckt hättest.» Sie schaute mich an und grinste. «Du hast doch mal hingeguckt, oder?»

Mein Gesicht glühte. «Nur manchmal. Wenn ich nicht rechtzeitig rauskam», sagte ich.

Cheryl starrte mich immer noch an. Ich konnte sie nicht angucken. «Erzähl mir, was sie gemacht haben», sagte sie.

«Was meinst du?», fragte ich, und sie sagte: «Die Stripperinnen. Was haben sie gemacht?»

«Sich einfach ausgezogen und solche Sachen», sagte ich.

«Was für Sachen?», fragte sie. Sie lächelte und saß jetzt so nah, dass ihr Bein mich berührte. «Unanständige Sachen», sagte ich. «Tanzen.» Ich dachte nicht mehr darüber nach, was ich sagte. Ich fühlte mich total komisch.

«Hat es dir gefallen?», fragte sie. Mir wurde wieder schwindlig. Ich wollte nein sagen, aber stattdessen nickte ich. In mir kribbelte alles, so als wenn man an der höchsten Stelle einer Achterbahn ist und weiß, dass man gleich den Berg runterrauscht und der Magen oben bleibt. Sie nahm meine Hand und zog sie an sich. Dann legte sie sie auf eine ihrer Brüste und drückte sie. «Gefällt dir das?», fragte sie.

«Ja», sagte ich.

«Du zitterst», sagte sie, und ich entschuldigte mich: «Tut mir leid», und wollte die Hand wegziehen. Aber sie meinte: «Schon gut», und legte sie wieder zurück. «Ich wette, du hast noch nie eine Frau geküsst, oder?», fragte sie, und ich nickte. «Würdest du es gerne tun?», fragte sie, und ich nickte wieder. Als sie sich zu mir beugte, konnte ich ihr genau in den Ausschnitt gucken, und dann war ihr Gesicht direkt vor meinem, und sie küsste mich.

Ihre Lippen fühlten sich total hart und rau an und nicht weich, wie man es erwarten würde. Ich dachte, sie würde die Lippen zulassen, doch ehe ich wusste, was geschah, steckte sie mir ihre Zunge in den Mund. Ich war ein bisschen überrascht, denn ich hatte nicht gewusst, dass man das machte, aber es fühlte sich nicht eklig an oder so. Sie wackelte die ganze Zeit mit ihrer Zunge herum, und ich war mir nicht sicher, ob ich meine zur Seite schieben soll oder so. Eine Weile versuchte ich es, dann gab ich auf. Durch die Drinks und den Lippenstift und weil sie sich übergeben hatte, schmeckte ihr Mund total süß. Sie roch nach Parfüm und ein bisschen nach Schweiß, aber trotzdem gut, und ich dachte die ganze Zeit: *Ich küsse Cheryl, ich küsse Cheryl.* Meine Hand lag immer noch auf ihrer Brust und hatte sich ein bisschen verkrampft, weil Cheryl sich so weit nach vorne gebeugt hatte, aber ich wollte sie nicht wegnehmen. Als ich meine Augen aufmachte, war ihr Gesicht so nah, dass mir schwindlig wurde, und ich machte sie schnell wieder zu. Dann spürte ich ihre Hand auf meinem Bein, ziemlich weit oben, und sie streichelte mich irgendwie. Ich öffnete wieder die Augen, und sie machte jetzt auch ihre auf, rückte mit ihrem Kopf ein Stückchen zurück und fragte: «Sind Karen und Pete in deinem Zimmer?» – «Nein», sagte ich, und sie nahm meine Hand, stand auf und sagte: «Dann komm.»

Es war wie in einem Traum. Ich ging mit ihr aus dem Wohnzimmer und auf den Flur. Ohne die Sonne war es kälter, und aus dem Schlafzimmer meiner Eltern kamen komische Geräusche, so eine Art Stöhnen und Quieken. «Das kann es nicht sein», meinte Cheryl lächelnd und ging zur Tür meines Zimmers, und mit einem Mal wurde mir klar, was gleich passieren würde.

«Komm», sagte Cheryl und zog an meiner Hand, und ich machte einen Schritt nach vorn und dann noch einen. In dem Moment klopfte es unten an der Tür.

Kapitel 27

Ich fühlte mich, als hätte ich eine kalte Dusche abgekriegt. «Was war das?», meinte Cheryl. «Die Tür», sagte ich. «Wer ist das?», fragte sie. «Keine Ahnung», sagte ich. Wir standen da, und dann klopfte es wieder. *Bong bong.*

«Willst du gucken, wer es ist?», fragte Cheryl. Sie schwankte ein bisschen, als könnte sie nicht mehr gerade stehen. Mir ging es ähnlich. Es lag daran, dass wir stehen geblieben waren. Wenn ich mich bewegte, kam ich klar, und deshalb sagte ich: «Okay», und ging runter.

Sobald ich ihre Hand losließ, hatte ich das starke Gefühl, dass ich etwas falsch mache, dass ich bei ihr bleiben und warten sollte, bis derjenige, der unten vor der Tür stand, wieder verschwand. Doch während ich noch überlegte, was ich machen soll, war ich schon die Treppe runter.

Dieses Mal dachte ich nicht daran, erst durchs Fenster zu schauen, denn ich hatte es eilig. Ich ging geradewegs zur Tür und machte sie auf. Und da standen die beiden und strahlten mich an, als hätten sie sich seit dem vergangenen Tag nicht von der Stelle gerührt. Der Mann und die Frau von der Heilsarmee.

«Hallo, wir sind's wieder!», sagte die Frau. «Tut mir leid, wenn wir dich stören, aber wir waren gerade unterwegs zur

Abendversammlung, und da dachte ich mir, lass uns doch mal bei dem netten jungen Mann vorbeischauen, vielleicht kriegen wir ihn dazu, dass er mitkommt.»

Ich schaute sie nur an. Ich wusste, dass ich schwankte, aber ich konnte nichts dagegen tun.

«Wenn deine Freundin noch hier ist, kann sie gerne mitkommen», meinte sie. «Wenn du lieber nicht willst, ist es auch gut. Wir wollen dich nicht drängen. Aber es ist ein so schöner Abend, dass es doch schade wäre, wenn du hier ...», sagte sie, und da gab es hinter mir einen Krach, als wäre ein Stuhl oder ein Tisch umgefallen.

Die beiden schauten an mir vorbei in die Schankstube, und das Lächeln fiel ihnen regelrecht aus dem Gesicht. Ich konnte hören, wie Cheryl fluchte und versuchte, sich aufzurappeln, aber ich tat so, als wäre nichts geschehen.

«... ganz allein bist, wollte ich sagen», beendete die Frau ihren Satz, schaute mich wieder an und versuchte zu lächeln. Aber sie konnte nicht. Jedenfalls nicht richtig. Der Mann guckte immer noch an mir vorbei, aber ich drehte mich nicht um, selbst dann nicht, als Cheryl wieder umkippte.

«Äh, ja, wie ich sehe, hast du noch Besuch», sagte die Frau. Sie sah aus, als hätte ihr jemand ins Gesicht getreten. «Dann wollen wir dich nicht aufhalten. Komm, George», sagte sie. «George!», wiederholte sie ein bisschen gereizt, denn er starrte immer noch in die Schankstube. Er war total rot geworden, und als sie weggingen, sagte er nicht auf Wiedersehen oder so, sondern nickte mir nur zu.

Ich schloss und verriegelte die Tür und drehte mich dann um. Cheryl saß zwischen einem umgekippten Tisch und einem umgekippten Stuhl auf dem Boden. «Tut mir leid», sagte sie. «Bin gestolpert.» Sie sah total verquollen und matschig aus, aber darauf achtete ich kaum. Ein Träger ihres Oberteils hing runter, und eine ihrer Brüste war praktisch rausgefallen. Ich muss darauf gestarrt haben, denn sie schaute an sich hinab und meinte: «Ups», und zog den Träger wieder hoch, wozu sie zwei oder drei Anläufe brauchte. Dabei lachte sie die ganze Zeit.

«War das die Heilsarmee?», fragte sie, nachdem sie es geschafft hatte. Ich nickte. «Zuerst dachte ich, es wäre die Polizei. Ich hab mich zu Tode erschreckt.» Sie saß immer noch auf dem Boden, das Gesicht rot und verschwitzt, und schaute mich mit diesem Lächeln an.

«Hilfst du mir hoch?», fragte sie, und ich ging zu ihr. Ihre Hand war heiß, und als ich zog, kam sie mir total schwer vor. Ich kriegte sie ein Stückchen hoch, aber dann begann sie zu kichern und sackte wieder zurück, sodass ich schließlich neben ihr auf dem Boden landete. Ohne es zu wollen, begann ich sie zu küssen und ihre Brüste anzufassen. Als ich mit den Händen unter ihr Oberteil fuhr, gab es ein Reißgeräusch, und Cheryl meinte: «Sachte.»

Ich hörte sofort auf. Ihr Oberteil klaffte an einer Seite auf, es war unter der Achsel gerissen. Ich ließ sie los und sagte: «Tut mir leid, tut mir leid», und wollte aufstehen, aber sie hielt mich am Arm fest.

«Schon gut», sagte sie. «Mach nur ein bisschen langsamer.» Doch ich konnte nicht glauben, was ich getan hatte. Ich erkannte mich nicht mehr. Dann fiel mir wieder die Heilsarmee ein, und ich schaute zum Fenster, um mich zu vergewissern, dass die beiden uns nicht beobachteten. Am liebsten hätte ich mich verkrochen. Die Frau hatte jeden Grund gehabt, mich so anzugucken, wie sie es getan hatte. Ich war wie ein Tier.

Ich wollte wieder sagen, dass es mir leidtut und dass ich ihr ein neues Oberteil kaufe, aber Cheryl meinte: «Ist egal.» Sie lächelte immer noch und beugte sich zu mir, als wollte sie mich wieder küssen, aber ich musste an blaue Uniformen denken und wandte meinen Kopf ab.

«Guck mich nicht an», sagte ich.

«Du musst nicht traurig sein», sagte sie, und ich hätte weinen können, weil sie total lieb klang. Als würde sie sich echt Sorgen machen. Dadurch fühlte ich mich noch schlechter. «Komm schon, Kopf hoch», meinte sie, aber ich konnte sie trotzdem nicht angucken, auch dann nicht, als sie sich am Tisch hochzog. Ich blieb einfach dort sitzen. Ich dachte, sie wollte gehen, aber das tat sie nicht.

«Nigel», sagte sie, und als ich hochschaute, begann sie zu tanzen.

Zuerst wusste ich nicht, was sie da machte, denn kaum dass sie anfing, kippte sie beinahe um und musste kichern. Dann kam sie wieder ins Gleichgewicht und versuchte es erneut. Sie sang auch, keine richtigen Worte, nur irgendwie «Dah dah dah, de dah dah dah», und während ich überlegte, welches Lied das ist, begann sie, den Träger ihres Oberteils von der Schulter zu streifen.

Ich wollte ihr sagen, dass sie aufhören soll, aber ich bekam kein Wort heraus. Cheryl lächelte und begann, auch den anderen Träger runterzuziehen, bis beide lose um ihre Ellbogen hingen. Sie hatte ihre Arme verschränkt und hielt das Oberteil fest, und dann ließ sie es runtergleiten. Während es tiefer und tiefer rutschte, sang und tanzte sie. Mit einem Mal zog sie eine Seite ganz runter und zeigte mir ihre Brust. Die ganze. Sie war groß und rund und viel weißer als ihr restlicher Körper und hatte einen großen, rosafarbenen Nippel. Sie bedeckte sie ganz schnell wieder und machte dann das Gleiche mit der anderen Brust, alles im Rhythmus zur Musik. Sie lächelte mich genauso an wie die echten Stripperinnen, genauso wie die Nutten die Männer anlächeln, nur betrunkener, und ich rief: «Nicht! Hör auf!»

Als ich versuchte aufzustehen, hätte ich fast den Tisch umgerissen. Ich setzte mich wieder hin. Cheryl hatte aufgehört zu tanzen. Sie sah total verwirrt aus.

«Was denn?», fragte sie. Sie hielt immer noch das Oberteil hoch.

«Nicht», sagte ich.

«Wieso? Was ist los?», fragte sie. Jetzt klang sie ein bisschen gereizt.

«Nichts», sagte ich. «Ich möchte nur nicht, dass du das machst.»

Sie schaute mich komisch an. «Ich dachte, es gefällt dir», sagte sie und zog die Träger ihres Oberteils wieder hoch. Sie taumelte ein bisschen, fiel aber nicht hin. Man merkte, dass sie sauer war. «Vorhin warst du doch noch so wild. Stimmt was nicht mit dir?»

«Nein!», sagte ich, und sie meinte: «Was dann? Du hast gesagt, dass du früher den Stripperinnen zugeguckt hast», und ich sagte, ohne nachzudenken: «Nicht hier drin.»

Ich verstummte sofort. Ich dachte, ich würde damit durchkommen, denn Cheryl setzte sich auf einen Stuhl und schwieg eine Weile.

Dann fragte sie: «Was meinst du damit: nicht hier drin?»

«Nichts», sagte ich.

«Doch», sagte sie. «Wo hast du ihnen zugeguckt, wenn nicht hier?»

«Nirgends», sagte ich und konnte sie nicht anschauen. Aber ich spürte, dass sie mich anschaute. Und lächelte.

«Du hast ihnen irgendwo anders zugeguckt, nicht wahr?», meinte sie.

«Nein, ehrlich nicht!», sagte ich, aber sie lachte nur.

«Warum wirst du dann rot?», fragte sie.

«Werde ich nicht!», sagte ich, und sie meinte: «Doch, wirst du. Komm schon, wo hast du ihnen zugeguckt? Hast du durchs Schlüsselloch geschaut, wenn sie sich umgezogen haben, oder was?»

«Nein!», rief ich.

«Wo dann?», fragte sie.

«Keine Ahnung!», sagte ich, und sie meinte: «Komm schon, mir kannst du es erzählen.»

Ich schüttelte den Kopf.

«Warum nicht?», fragte sie. Ich schaute zu Boden und war völlig durcheinander. Hätte ich doch bloß nichts gesagt.

«Ist es ein Geheimnis?», fragte Cheryl, und ich nickte. «Jetzt musst du es mir erzählen», meinte sie, und als ich nichts sagte, kam sie zu mir und setzte sich vor mich auf den Boden. «Komm schon, Nigel», sagte sie und legte ihre Hände auf meine Knie. «Mir kannst du es doch erzählen, oder? Ich werde es nicht weitersagen. Versprochen. Vertraust du mir nicht?»

Sie beugte sich vor und versuchte, mir in die Augen zu schauen, aber ich wollte den Kopf nicht heben, obwohl ich ihren Atem spürte. Ich nickte wieder. «Dann erzähl es mir», sagte sie. «Na los.»

Sie rutschte näher und legte einen Arm um mich. Wir saßen direkt in der reinscheinenden Sonne. Ich konnte sehen, dass wir im Staub auf dem Boden Spuren hinterlas-

sen hatten, und dachte, dass ich diese Stelle beim Saubermachen wohl vergessen hatte. Alles kam mir irgendwie verschwommen und gleichzeitig total klar vor. Über Cheryls
Oberlippe konnte ich feine blonde Härchen sehen. Es sah
wie ein Schnurrbart aus. Das war mir vorher gar nicht aufgefallen.

«Soll ich es dir zeigen?», fragte ich.

Sie machte ein Gesicht, als wollte sie etwas Komisches
sagen, aber sie sagte nur: «Na, dann los.» Ich stand auf und
half dann ihr hoch. Wir schafften es ohne Probleme, doch
bei mir drehte sich alles. Ich musste einen Moment warten,
ehe ich losgehen konnte. Wir lehnten uns aneinander. «Wo
gehen wir hin?», fragte Cheryl.

«Hier runter», sagte ich und machte die Kellertür auf.

Sie verzog ihr Gesicht und meinte: «In den Keller?»

«Schon in Ordnung», sagte ich. «Es ist nicht dunkel.»

Ich ging die Treppe runter. Da Cheryl noch meine Hand
hielt, musste sie mitkommen. Als wir unten waren, blieben wir stehen. Cheryl zitterte. «Was willst du mir zeigen?»,
fragte sie.

Ich dachte, dass sie sich vielleicht wie Pete fragte, was die
ganzen Tische und Stühle dort unten machen, aber sie achtete gar nicht darauf.

«Hier fanden die geschlossenen Gesellschaften statt»,
sagte ich.

Sie sah total verwirrt aus. «Was, hier unten?», sagte sie.
«Ich dachte, du hättest gesagt, sie fanden in der Schankstube
statt.»

«Zuerst», sagte ich. «Aber nachdem die Polizei da war,
wusste mein Papa, dass es oben nicht mehr geht. Also
machte er hier unten weiter. Er sagte, er hat keine Wahl,

er muss etwas tun, damit Gäste kommen. Ich glaube aber, dass er unbedingt weitermachen wollte. Es hat ihm Spaß gemacht.» Wenn ich daran dachte, konnte ich noch Bier und Zigaretten riechen. Ich schloss die Augen und konnte mir wieder vorstellen, wie voll es hier unten gewesen war, konnte die ganzen redenden und lachenden und feiernden Männer und meinen Papa vor mir sehen, der in der Ecke stand und Bier zapfte.

«Alles in Ordnung?», fragte Cheryl. Ich öffnete die Augen. Ich schwankte so sehr, dass ich mich auf einen Stuhl hinter dem nächsten Tisch setzte. Cheryl setzte sich auch, aber nur auf die Kante. «Nigel, geht's dir gut?», fragte sie wieder, und ich nickte. Aber eigentlich ging es mir nicht gut.

«Hier war es immer knallvoll», sagte ich. «Donnerstag-, Freitag- und Samstagabend. Man konnte sich nicht mehr bewegen. Dann auch an anderen Abenden. Wenn die Stripperinnen kamen.»

«Die Stripperinnen kamen auch hier runter?», fragte Cheryl. «War es nicht zu kalt?» Sie hatte die Arme verschränkt und zitterte ein bisschen.

«Wenn alles voll war, nicht», erzählte ich ihr. «Mein Papa musste sogar Styroporplatten auf die Fässer legen, damit das Bier nicht zu warm wurde. Außerdem hat er einen Heißlüfter in den Gang gestellt und Licht gelegt, damit sie sich dort umziehen können.»

Cheryl schaute sich zum Gang um. Die Tür war immer noch offen. «Was ist dahinter?», fragte sie. Ich antwortete nicht.

«Er hatte zwei oder drei an einem Abend», sagte ich.

«Was?», meinte Cheryl.

«Stripperinnen», sagte ich. Ich wünschte, sie würde mich

nicht ständig mit Fragen löchern. «Nachdem die Polizei da gewesen war, ließ mein Papa sie nicht mehr im Pub auftreten. Er sagte, es würden mehr Leute hier runterkommen, wenn sie auf sie warten müssen. Sie kamen immer erst kurz vor der Sperrstunde und gingen dann direkt hier runter. Die Stripperinnen, meine ich. Damit meine Mama sie nicht sehen konnte, falls sie in die Schankstube kam. Aber das machte sie nicht. Damals ist sie schon nicht mehr in die Schankstube gegangen. Aber mein Papa wollte trotzdem, dass die Stripperinnen direkt hier runterkommen. Nur zur Sicherheit.»

Ich hielt inne. «Ich glaube aber, sie wusste, dass er sie immer noch kommen ließ», sagte ich nach einer Weile, «denn einmal habe ich gehört, wie sie sich stritten und meine Mama sagte: ‹Und glaub ja nicht, ich weiß nicht, was unten im Keller mit diesen Flittchen vor sich geht! Ich bin ja nicht dumm›, und mein Papa sagte: ‹Nein, aber du bist auch nicht schön genug, um so viel Leute anzuziehen wie sie.›»

Ich rieb die Tränen weg, die mir gekommen waren. «Am Anfang bin ich mit runtergegangen, um zu helfen», erzählte ich Cheryl. «Wir hatten hier unten keine richtige Theke. Mein Papa stand einfach hinter einem Tisch mit einem Fass, und ich bin hin und her gelaufen, um die Bestellungen der Leute aufzunehmen. Ich wartete immer so lange, bis die Stripperin ihren Kopf aus dem Gang steckte, um meinem Papa mit einem Nicken zu zeigen, dass sie fertig ist. Während er eine Kassette einlegte, bin ich dann gegangen und habe mich oben auf die Kellertreppe gesetzt, bis die Musik und der Jubel und so vorbei waren. Es war dunkel, aber man konnte unten das Licht sehen. Das hat mir immer gefallen.»

Und manchmal, nur ein- oder zweimal, aber nicht oft, bin ich die Treppe runtergegangen, obwohl die Musik noch lief. Das hat mir auch gefallen.

Ich schaute zu Cheryl. Sie sah so müde aus, als würde sie gleich einschlafen. Aber dafür zitterte sie zu sehr. Ich schaute wieder weg. «Eines Abends sagte mir mein Papa, dass er meine Hilfe unten nicht mehr braucht», erzählte ich. «Ich glaube, er dachte, ich hätte meiner Mama von den Stripperinnen erzählt. Hatte ich aber nicht. Meine Mama hat kaum noch mit mir gesprochen, seit ich ihm im Keller geholfen habe. Egal, was ich machte, es war immer falsch. Doch als an diesem Abend alle Gäste nach unten gingen, kam er einfach zu mir und meinte: ‹Du musst heute nicht runterkommen. Geh ins Bett.›»

Ich kann mich noch ganz deutlich daran erinnern. Er hat mich nicht richtig angeguckt. Er wirkte irgendwie nervös. Ich schaute zu, wie die Gäste lachend in den Keller marschierten, und fühlte mich wie früher als Kind in der Schule, wenn im Sportunterricht die Fußballmannschaften gewählt wurden. Während die beiden Kapitäne immer abwechselnd auswählten, wen sie in ihrer Mannschaft haben wollen, waren ich und ein oder zwei andere immer die Letzten gewesen. Und am Ende war, abgesehen von mir, keiner mehr übrig. Als ich zuschaute, wie alle in den Keller gingen, fühlte ich mich wieder genau so.

Dann kam eines Abends Maureen wieder. Sie war seit Ewigkeiten nicht dagewesen, und ich freute mich total, als sie reinkam. Aber dieses Mal redete sie nicht mit mir. Sie kam kurz vor der Sperrstunde mit zwei anderen Frauen rein und lächelte und grinste die Männer an. Als einer meinte, lange nicht gesehen, sagte sie, sie muss ihr Bußgeld abzahlen, was Gelächter auslöste. Kurz bevor sie in den Keller ging, schaute sie rüber und zwinkerte mir zu, aber das war alles.

Wenig später gingen auch die ganzen Männer runter. Mein Papa sagte nicht einmal gute Nacht zu mir, sondern wartete nur, bis die anderen unten waren, und meinte dann: «Lass die Gläser bis morgen stehen.» Das sagte er jetzt jedes Mal, wenn eine geschlossene Veranstaltung war. «Geh ins Bett.»

Das machte ich aber nicht. Ich fühlte mich so komisch, weil ich Maureen gesehen hatte, dass ich alle Gläser einsammelte und abspülte. Auch nachdem ich sie weggeräumt hatte, ging ich noch nicht ins Bett. Ich setzte mich an einen der Tische. Die Kellertür war zu, sodass ich nichts hören konnte, aber ich musste die ganze Zeit daran denken, was wohl dort unten passierte. Ich stand auf und legte ein Ohr an die Tür, konnte aber nur so ein Rauschen hören, als würde man sein Ohr an eine Muschel halten.

Ich hatte mir nicht überlegt, nach unten zu gehen. Ich tat es einfach. Eben stand ich noch vor der Tür, und plötzlich war ich auf der Treppe. Ich machte die Tür hinter mir zu, damit meine Mama nichts hören kann, und ging langsam runter. Vor diesem Abend hatte ich nie sehen wollen, wie sich Maureen auszieht. Es war mir immer peinlich, wenn ich daran dachte. Doch jetzt, wo es im Keller passierte, war es irgendwie etwas anderes. Mir gefiel der Gedanke nicht, dass Maureen vor allen anderen tanzte, aber nicht vor mir. Sie hatte gesagt, ich wäre ihr Freund.

Kurz bevor ich unten war, hielt ich inne. Ich war die Treppe nicht weit genug runtergegangen, um etwas sehen zu können, aber ich blieb einfach stehen. Ich war total nervös. Da die Musik lief und Gejohle und Geschrei zu hören waren, wusste ich, dass eine Stripperin dran war. Es war echt laut. Dann ertönte großer Jubel, und ich ging ganz nach unten und guckte um die Ecke.

Zuerst konnte ich nicht sehen, welche es war, weil ein paar Männer davorstanden. Als sich dann einer von ihnen bewegte, sah ich, dass es eine andere Stripperin war und nicht Maureen. Ihren Namen kannte ich nicht. Sie war noch sehr jung und ignorierte mich immer. Sie hatte überhaupt nichts an und hockte auf Händen und Knien auf einem Tisch. Einer der Männer saß hinter ihr und hatte ein langes, rosafarbenes Ding in der Hand, das wie eine Spielzeugrakete aussah und mit dem er an ihr rumspielte. Sie lachte, und die anderen lachten auch. Auch mein Papa, der mit einem halbvollen Bierglas vor der Bar stand. Er war total rot. Dann ging am anderen Ende des Kellers die Tür zum Gang auf, und Maureen kam mit einem Mann raus. Die beiden hatten ihre Arme umeinandergelegt, und sie hatte nur Reizunterwäsche an. Er gab ihr einen Kuss, und sie lachte und schob ihn weg, lächelte dann einen anderen Mann an, der aufstand und zu ihr kam. Die beiden gingen in den Gang, und während sie die Tür zumachte, fing er schon an, sie überall zu befummeln.

Mir wurde schlecht. Am liebsten wäre ich reingestürmt und hätte um mich geschossen und sie alle, so wie sie da saßen, der Reihe nach umgebracht. Ich lief wieder hoch und machte oben nicht einmal die Kellertür zu. Als ich auf der Theke ein paar saubere Gläser stehen sah, fegte ich sie runter. Dann trat ich einen Tisch um. Ich weinte und wollte noch mehr kaputt machen, als ich meine Mama runterkommen hörte.

Sie konnte nicht schnell gehen. Ich hätte den Tisch aufrichten und so tun können, als wären die Gläser unabsichtlich kaputtgegangen, aber ich rührte mich nicht. Die Kellertür machte ich auch nicht zu. Ich stand einfach da und weinte. Meine Mama kam in ihrem Morgenrock durch die Küche. Sie hatte ihren verärgerten Blick aufgesetzt, der aber sofort wegging, als sie mich sah. «Was ist denn los, um Himmels willen?», fragte sie.

«Nichts», sagte ich. Sie schaute auf die zerbrochenen Gläser und den umgekippten Tisch und meinte: «Was ist passiert?» Dieses Mal sagte ich nichts. Dann schaute sie zur Kellertür, und der verärgerte Blick kam zurück. Man konnte die Musik von unten hören. «Ist dein Vater da unten?», fragte sie. Ich nickte. «Geh in dein Zimmer», sagte sie und ging zur Tür. Ich schaute zu, wie sie die Treppe hinabstieg, und lief dann nach oben.

Aber ich ging nicht in mein Zimmer, sondern setzte mich draußen in den Flur. Eine Ewigkeit konnte ich nichts hören, dann fing mit einem Mal ein Gebrüll an. Am Anfang wusste ich nicht, wer es ist, und erst als es lauter wurde, wurde mir klar, dass es meine Mama war. Jetzt riefen auch andere Stimmen durcheinander, aber nicht so laut. Unten ging die Pubtür auf, und ich hörte Schritte und immer noch dieses Gebrüll, dann krachte etwas, und jemand begann zu schreien. Die Männer riefen: «Hör auf, hör auf», und nach einer Weile legte sich das Schreien. Aber das Gebrüll ging weiter, selbst nachdem der andere Lärm vorbei war. Dann brach auch das ab, und ich hörte Schritte, die durch die Küche zur Treppe kamen. Ich versteckte mich in meinem Zimmer, ließ die Tür aber einen Spalt weit offen. Meine Mama ging vorbei, ihr Haar war total durcheinander, sie weinte und hatte einen roten Fleck im Gesicht. Ihre Schlafzimmertür knallte zu, und alles wurde still. Einen Augenblick blieb ich, wo ich war, dann ging ich wieder in den Flur. Ich schaute zum Schlafzimmer meiner Mama, um sicherzugehen, dass sie nicht wieder rauskam, und als ich mich umdrehte, stand mein Papa am Fuß der Treppe. Er sagte nichts und stand einfach nur da und guckte hoch zu mir. Ich weiß nicht, warum er mich so anguckte. Es war nicht meine Schuld. Ich hatte nichts getan.

Ich ging zurück in mein Zimmer, zog mich aus und legte mich ins Bett, aber ich konnte nicht schlafen. Eine Weile konnte ich meinen Papa herumhantieren hören, und später krachte es ein- oder zweimal. Dann war es wieder ruhig, und während ich noch überlegte, ob ich runtergehen soll oder nicht, schlief ich ein.

Am nächsten Morgen weckte mich meine Mama auf. Sie war total hysterisch und wollte, dass ich runtergehe. Sie hatte üblen Mundgeruch. Ich fühlte mich schlecht, weil es mir auffiel, aber ich konnte nichts dagegen tun. Als ich in die Schankstube kam, sah ich meinen Papa auf einer Bank liegen. Seine Brust und sein ganzes Gesicht waren mit Erbrochenem bedeckt. Zuerst dachte ich nur, meine Mama würde wegen der Schweinerei ausflippen, aber dann sah ich, dass er sich überhaupt nicht rührte.

Bei der Untersuchung wurde festgestellt, dass er im Schlaf an seinem eigenen Erbrochenen erstickt ist. Er war eben ein Trinker, sagte man. Niemand sprach über die geschlossenen Veranstaltungen, nicht einmal meine Mama, nicht einmal mit mir, also sagte ich auch nichts. Bei der Beerdigung waren nur ich und meine Mama und ein paar Tanten und Onkels. Kein Gast aus dem Pub, keiner von seinen Saufkumpanen, wie meine Mama sie nannte. Sie schickten nicht einmal Blumen.

Danach ging ich eine Ewigkeit nicht in den Keller. Als meine Mama dann dachte, wir würden den Pub verkaufen, sagte sie mir, ich soll besser den Keller «aufräumen». Das tat ich aber nicht. Ich konnte nicht. Als ich runterging und die Tische und Stühle und Aschenbecher sah, wollte ich nichts anfassen. Im hinteren Keller gab es ein Heizgerät. Es stand vor zwei Abteilen, in denen Matratzen lagen, die total nach Parfüm rochen.

Ich brachte das Heizgerät in den Hauptkeller, ließ die Matratzen aber in den Abteilen. Ich wusste nicht, was ich sonst mit ihnen machen soll. Dann trug ich die ungeöffneten Fässer und Kisten nach oben, damit die Brauerei sie abholen konnte. Ich dachte, den Rest kann ich aufräumen, wenn wir den Pub verkaufen, aber dazu kam es ja nie.

Jedenfalls erzählte ich das alles Cheryl. Ich dachte, sie würde es verstehen. Doch als ich fertig war und sie anschaute, saß sie immer noch auf der Stuhlkante und starrte ins Leere. Dann blinzelte sie und meinte: «Können wir jetzt hochgehen? Ich friere.»

Das war alles. «Warum guckst du mich so an?», fragte sie ein bisschen unruhig. Bevor ich etwas sagen konnte, meinte sie dann: «Was ist das?»

Ich lauschte. Eine Art Gewinsel, aber total leise. Als wir geredet hatten, konnte man es nicht hören. Erst als wir still waren. «Nichts», sagte ich.

«Doch, da ist was, ich kann es hören», meinte Cheryl. «Wie Weinen. Und Stimmen.» Sie lauschte wieder und schaute dann zum Gang. «Es kommt von dort», sagte sie leicht verwirrt. «Was ist das?»

«Tiere», sagte ich.

«Tiere?», meinte sie. «Was für Tiere?»

«Einfach Tiere», sagte ich.

Sie guckte mich an, als würde sie erwarten, dass ich sage, war nur Spaß oder so. «Hör auf, du machst mir Angst!», sagte sie und schaute wieder zum Gang. «Da ist es wieder!», meinte sie. Sie klang jetzt richtig panisch und sprang auf. «Das gefällt mir nicht!»

Als sie hochgehen wollte, hielt ich sie am Arm fest und sagte: «Nicht.» Sie riss sich los, und ich sagte: «Cheryl!», und versuchte, sie zu fassen, doch sie rief: «Lass mich!», entwand sich mir und lief zur Treppe. Sofort kam sie aus dem Gleichgewicht und fiel gegen die Fässer vor der Wand. Ich packte sie, sie schrie und wehrte sich. Sie machte einen solchen Lärm, und ich wollte nur, dass sie aufhört und still ist. Ich hielt sie mit einer Hand fest und wollte ihr die andere auf den Mund legen, aber wenn ich nicht aufgepasst hätte, hätte sie mir mit dem Holzhammer, mit dem mein Papa immer die Fässer angestochen hat, den Schädel eingeschlagen. Er hatte seit Ewigkeiten dort herumgelegen, und jetzt versuchte Cheryl, mich wieder damit zu schlagen, aber ich hielt ihr Handgelenk fest. Doch den Hammer wollte sie nicht loslassen. Ich brauchte beide Hände, um ihn ihr wegzunehmen, und als ich ihn hatte, stieß sie mich zurück und lief los. Ich bekam ihr Oberteil zu fassen, aber sie drehte und wand sich, bis es zerriss. Während ich die Hälfte ihres Oberteils in der Hand hatte, rannte sie mit schaukelnden Brüsten die Stufen hoch. Sie hatte einen Vorsprung, und als ich oben in der Schankstube war, schrie sie wie eine Wilde und rüttelte an der Tür. Doch die war noch verriegelt. Und als ich zu ihr ging, kamen mit einem Mal Karen und Pete aus der Küche gerannt.

Die beiden hatte ich ganz vergessen. Ihre Kleidung war

ganz durcheinander, und Pete stand ein großes Büschel Haare ab. «Was ist hier los, verdammte Scheiße?», meinte er, aber Karen lief nur zu Cheryl. Sie hielt sie fest, doch Cheryl wusste wohl nicht, wer es war, denn sie schrie wie am Spieß. Karen nahm sie in den Arm und sagte: «Alles in Ordnung, alles in Ordnung», und dann weinte sich Cheryl die Augen aus.

«Was hast du mit ihr gemacht, du Arschloch!», brüllte Karen mich an. «Was hast du gemacht, verdammte Scheiße!»

Ich wollte «nichts» sagen, brachte aber kein Wort hervor. «Scheißperverser», zischte Pete. «Ich wusste, dass du ein Irrer bist!» Als er auf mich zukam, hob ich meine Hände, und Karen meinte: «Pass auf, Pete, er hat einen Hammer!»

Ich hatte gar nicht gewusst, dass ich den Hammer noch in der Hand hielt. Pete wich zurück und packte sich ein Billardqueue. «Na schön!», meinte er. «Du willst anfangen, ja? Dann komm, fang an, du Arsch. Komm!» Ich schüttelte den Kopf und ließ den Hammer fallen, aber er kam trotzdem mit dem Queue auf mich zu.

Dann rief Cheryl total hysterisch: «*Geh nicht in seine Nähe, geh nicht in seine Nähe.*» Karen sagte: «Schon gut, Pete wird mit ihm fertig», aber Cheryl geriet wieder völlig aus der Fassung. «Ich will weg, ich will nur weg von hier!», sagte sie und versuchte sich loszureißen.

«Alles in Ordnung, er kann dir nichts mehr tun», meinte Karen und guckte mich an, als wäre ich Abschaum, aber dann sagte Cheryl: «*Nein*, ich will hier weg, da ist irgendwas im Keller!»

«Im Keller?», meinte Karen. «Was denn?», und Cheryl sagte: «*Geräusche*, komische *Geräusche*!»

«Sie ist besoffen», meinte Pete. «Ich bin unten gewesen, da ist nichts.»

«Doch, ich habe es gehört, aus dem Gang kommen Geräusche!», schrie Cheryl, und Karen meinte: «Schon gut, Kleines», zog ihr das zerrissene Oberteil hoch und schaute dann Pete an. «Was für ein Gang?», fragte sie.

«Woher soll ich das wissen?», meinte er. Dann guckte er mich an. «Wovon redet sie? Was ist da unten?» Ich sagte nichts. «Na schön, gehen wir und schauen nach», sagte er.

Cheryl wurde wieder hysterisch, und selbst Karen sah jetzt ein bisschen beunruhigt aus. «Du gehst doch nicht da runter, oder?», sagte sie, und Pete meinte: «Ich bin schon einmal unten gewesen, oder?»

«Und was ist mit ihm?», fragte Karen und deutete auf mich.

«Mach dir um ihn keine Sorgen», sagte Pete, kam zu mir und schlug mich.

Er hatte seine Faust genommen und nicht das Billardqueue, aber es tat ganz schön weh. Der Schlag traf mich genau auf der Nase, vor meinen Augen wurde es total hell, und dann lag ich auf dem Boden. Pete hob den Hammer auf und gab ihn Karen. «Wenn er Ärger macht, knall ihm damit eine», sagte er zu ihr.

«Du lässt ihn doch nicht hier oben mit uns, oder?», fragte Karen.

«Der macht doch nichts», meinte Pete, aber Karen sagte: «Ist mir egal, ich bleibe nicht hier oben mit ihm!»

Pete sah sauer aus, meinte aber: «Okay, okay, meinetwegen, dann nehme ich ihn mit nach unten!»

Er packte mich am T-Shirt und zog mich hoch. «Du zerreißt es», sagte ich, und er meinte: «So ein Pech», und schob mich Richtung Kellertür. Meine Nase tat höllisch weh und blutete wie verrückt. «Nein, ich will da nicht runter!», sagte ich, aber er reagierte nicht.

«Ich will da nicht runter! Bitte!», rief ich und versuchte mich loszureißen, aber Pete gab mir nur einen Schubs und meinte: «Halt's Maul, runter mit dir!» Ich stand jetzt in der Tür, und er stieß mich mit dem Queue, sodass ich die Kellertreppe runtergehen musste. «Bitte!», sagte ich. Dann stieß mich Pete so hart, dass ich fast gefallen wäre.

Er kam die Treppe hinter mir her und hielt das Queue vor sich. Als wir unten waren, blieb er stehen, schaute sich um und meinte: «Und, was hat die dämliche Schlampe gemeint?» Ich sagte nichts. Er hatte mir mit dem Queue wehgetan. «Ach, hör auf zu heulen, verdammt!», sagte er.

Er schien vor allem an den Getränkekisten interessiert zu sein, die überall rumstanden. Dann sah er den Gang. «Schauen wir mal da rein», meinte er.

«Er ist versperrt, da ist nichts drin, ehrlich!», sagte ich, und Pete meinte: «Na, dann wirst du auch nichts dagegen haben, wenn wir mal nachschauen, oder?»

Er schlug mich wieder mit dem Queue, sodass ich keine andere Wahl hatte. Als wir zum Spülbecken kamen, schaute Pete auf die leeren Packungen Hundefutter. «Was ist denn das?», fragte er. «Du hast keinen Hund, oder?» Ich sagte nichts. Er stieß mich. «Weiter!»

Ich ging in den Gang, Pete folgte mir. Bei dem Lärm, den wir machten, waren wir schon fast am Ende, ehe man das Gewinsel hören konnte. Pete blieb stehen.

«Was ist das, verdammte Scheiße?», meinte er und lauschte. Er guckte mich komisch an. «Was hältst du dadrinnen, hä? Hast du da Hunde oder so eingesperrt, du krankes

Arschloch?» Er lauschte noch eine Weile, runzelte die Stirn und umklammerte das Queue fester. «Weiter», sagte er.

Wir gingen bis zum Ende. Das Geräusch war weg. Sie mussten uns gehört haben. Pete betrachtete die Tür. «Ich dachte, der Gang wäre versperrt? Und was ist dann dahinter?», fragte er.

«Nichts, ehrlich», sagte ich.

«Aufmachen!», meinte Pete.

Ich schüttelte den Kopf. «Da ist nichts drin, bitte nicht! Bitte!», sagte ich, aber er schlug mir total fest mit dem Queue auf die Fingerknöchel und sagte: «Mach sie auf!»

Die Hand, die er geschlagen hatte, tat so weh, dass ich die Riegel nur mit der anderen aufmachen konnte. Und meine Augen tränten so sehr, dass ich nicht sehen konnte, was ich tat. Am unteren Riegel schrammte ich mir die Finger auf. Ich zog mich hoch und lutschte das Blut ab. Pete hielt das Queue mit beiden Händen, als wäre er jederzeit bereit, damit zuzuschlagen.

«Na los», sagte er und deutete auf die Tür. Ich schob sie auf. Drinnen war es so dunkel, dass ich nichts sehen konnte. Kein Geräusch war zu hören. «Wo ist der Lichtschalter?», fragte Pete, aber dann sah er ihn selbst. Nachdem er das Licht angemacht hatte, stieß er mich so hart mit dem Queue durch die Tür, dass ich fast reingestürzt wäre.

Ich blieb direkt vor dem Tablett stehen. Es lag noch da, wo ich es fallen gelassen hatte. Die Schüsseln waren alle umgekippt, doch das Hundefutter hatte sich über den Boden verteilt und mit dem Wasser vermischt, sodass es total eklig aussah. Vor meinen Augen war alles verschwommen, aber ich wollte sie nicht reiben. Ich guckte nur auf das Tablett, denn ich wollte nicht sehen, was mich dazu gebracht hatte, es fallen zu lassen. Aber ich konnte nicht anders. Irgendetwas zwang mich aufzuschauen.

Das Rothaarige hatte sich nicht gerührt, seit ich es das letzte Mal gesehen hatte. Es hing direkt vor dem Gitter, seine Füße baumelten in der Luft. Seine Strümpfe waren zu einem Seil zusammengebunden und an das obere Gitterkreuz geknotet. Man konnte sehen, dass es Strümpfe waren, denn der Fuß des einen hing runter: Sie waren so fest gespannt, dass man kaum erkennen konnte, wie sie sich in seinen Hals gruben. Seine Zunge hing raus, und sein Gesicht war total rot geworden, aber das Schlimmste waren seine Augen. Sie waren wie bei einem Frosch hervorgetreten, und das Weiße war ganz rot und blutunterlaufen. Aber sie waren immer noch blau. Ich kam nicht darüber hinweg, wie blau sie waren.

Hinter mir hörte ich ein Geräusch. Ich schaute mich um. Pete stand im Keller. Sein Gesicht war kreideweiß, und er starrte mit offenen Mund auf das Rothaarige. Im Schritt seiner Jeans war ein großer, nasser Fleck. Das Geräusch, das ich gehört hatte, war sein Pipi, das auf den Boden tropfte.

Die anderen hatten kein Wort gesagt. Sie schauten nur Pete an, als könnten sie es nicht glauben. Dann meinte das Dicke: «Gott sei Dank!»

Pete zuckte zusammen, und als er das Dicke anguckte, klammerte es sich ans Gitter und rief: «Hol uns hier raus, Kumpel!» Dann schrien sie alle durcheinander und brüllten Pete an, dass er sie rausholen soll. Er schaute von einem zum anderen, guckte dann mich an, und seine Augen wurden noch größer.

«Schlag ihn, na los, knall ihm eine mit dem Stock!», schrie das Dicke, aber Pete ging jetzt rückwärts zur Tür und starrte mich immer noch an. Dann schaute er noch einmal das Rothaarige an, drehte sich plötzlich um und lief davon. Aber er hielt das Queue quer vor sich, und das verkeilte sich in der Tür. Ein Krachen ertönte, als Pete dagegen knallte und zurückgeschleudert wurde, dann fiel das Queue klappernd zu Boden, und Pete machte ein komisches Geräusch, schaute mich an, rappelte sich auf und rannte wieder davon.

Ich konnte seine Schritte im Gang hören. Das Dicke schrie hinter ihm her, dann auch das Schwarze und das alte Weib. Alle rüttelten wie die Wilden an ihren Gittern. Ich schaute auf das Rothaarige und rannte auch los. Pete konnte ich nicht sehen, aber als ich durch den Gang lief, hörte ich vor mir lauten Krach, und als ich in den Keller kam, lag er am anderen Ende in einem Stapel Stühle. Er sah mich und brüllte und warf einen Stuhl nach mir. Ich blieb stehen und duckte mich, obwohl der Stuhl nicht einmal in meiner Nähe landete, und als ich wieder aufschaute, verschwand Pete die Treppe hoch.

Man konnte immer noch den Lärm aus dem hinteren Keller hören, aber jetzt war es nicht mehr so schlimm. Sie konnten mich ja nicht verfolgen oder so. Ich ging vorsichtig die Stufen hoch, falls Pete noch etwas werfen wollte, aber das machte er nicht. Die Kellertür oben war offen, und ich blieb ein paar Stufen davor stehen, rang nach Atem und lauschte. Als ich nichts hören konnte, ging ich weiter.

Die Schankstube war leer. Die Tür stand sperrangelweit auf, ich konnte sehen, dass es draußen immer noch hell und sonnig war. Ich hörte, wie um die Ecke des Pubs ein Wagen gestartet wurde. Erst wurde der Motor abgewürgt, aber dann kam er auf Touren und jagte wie in einem Film mit quietschenden Reifen davon.

Danach war es still. Meine Nase hatte fast aufgehört zu bluten. Ich tupfte sie mit meinem T-Shirt ab und rieb mir die Augen. Ich hatte Kopfschmerzen. Nach einer Weile machte ich die Tür zu und ging nach oben. Im Wohnzimmer nahm ich das unanständige Video aus dem Recorder. Ich machte mir keine Mühe, es zu verstecken, legte nur ein anderes ein und drückte auf Start.

Dann setzte ich mich aufs Sofa und schaute zu, wie Bambi geboren wird.